AF614524

DE

L'ASSISTANCE COMMUNALE

EN

FRANCE

13117. — Imp. Rouillé-Ladevèze, rue Chaude, 6, Tours.

DE
L'ASSISTANCE COMMUNALE
EN
FRANCE

PAR

Fleury RAVARIN

AVOCAT A LA COUR D'APPEL DE PARIS
DOCTEUR EN DROIT
DIPLÔMÉ ET LAURÉAT DE L'ÉCOLE DES SCIENCES POLITIQUES
LAURÉAT DES CONCOURS DE LA FACULTÉ DE DROIT DE LYON

PARIS
L. LAROSE ET FORCEL
Libraires-Éditeurs
22, RUE SOUFFLOT, 22

1885

INTRODUCTION

Base économique de l'assistance; son organisation en France et à l'étranger; ses ressources financières.

Dans toutes les sociétés, il est des individus qui sont dans l'impossibilité de subvenir aux besoins multiples de notre nature, et pour qui le problème de l'existence se pose chaque jour, pressant et inévitable. Toute la vie de l'homme peut se résumer en deux termes, le besoin et la satisfaction; comme intermédiaire, apparaît l'effort, le travail, qui les relie l'un à l'autre. Cette nécessité de mettre notre activité en mouvement, dans le but de satisfaire nos besoins, véritable loi de l'humanité, se heurte, pour beaucoup, à des obstacles, qui ont pour résultat de rendre le travail ou inefficace ou impossible. Les uns, malgré l'intensité de leurs efforts, voire même leur énergie morale, ne peuvent subvenir à l'entretien de leur famille, et sont dans un état permanent de demi-indigence. Les autres, s'ils réussissent, d'ordinaire, à pourvoir aux besoins essentiels, sont exposés à tomber dans l'indigence, dès que le travail vient à leur manquer, ou une maladie à les atteindre. Beaucoup enfin, par l'infirmité même de leurs organes, sont condamnés à l'inaction; le travail, qui eût constitué leur unique moyen d'existence, leur est interdit. Tel est le cas des vieillards sans ressources, des infirmes, des enfants abandonnés.

Voilà les faits que l'examen de la société nous révèle dans toute leur brutalité, et ils s'étalent aux yeux d'une façon si manifeste, que la langue a trouvé des expressions variées, pour définir ces tristes situations, où végètent tant d'êtres humains. Pauvreté, indigence, misère, paupérisme ! Voilà, certes, un vocabulaire fort riche. Pour le vulgaire, ces expressions répondent à une même idée. Si l'on consulte les spécialistes, on voit qu'elles revêtent un sens différent, parfaitement défini.

La pauvreté consiste techniquement dans un état de gêne, où les ressources suffisent, à la rigueur, aux besoins, à condition de réfréner ceux-ci, de les contenir dans d'étroites limites. C'est dire que cet état est quelque chose de relatif, de contingent, comme nos besoins eux-mêmes On peut même affirmer que la pauvreté constitue la situation normale de l'immense majorité des hommes, même dans nos riches sociétés modernes. L'indigence est quelque chose de plus ; c'est la privation du nécessaire ; c'est un état de souffrance, parce qu'elle consiste dans la privation des choses indispensables à la vie, et peut devenir intolérable. Elle forme d'ailleurs l'exception dans une société. La misère, c'est l'indigence à un coefficient plus élevé ; c'est un mal qui atteint l'homme moral, énerve son activité, diminue chez lui le sentiment de la responsabilité, et le pousse, de degré en degré, à perdre toute conscience de son être. Comme dernière note de cette gamme discordante, arrive enfin le paupérisme, qu'on peut définir la misère à l'état permanent, sévissant, comme un mal endémique, sur une partie de la population. C'est dans les villes manufacturières, au sein des populations ouvrières, condensées sur d'étroits espaces, par les nécessités du travail industriel, que cette forme nouvelle de la misère a fait son apparition.

En présence de ces maux indéniables, on s'est demandé si la société devait intervenir et, par un sacrifice volontaire ou forcé, apporter l'appoint de ses secours aux individus qui ne peuvent se suffire eux-mêmes; le problème de l'assistance publique s'est posé du jour où des hommes se sont groupés en un corps régulièrement organisé.

Nous ne toucherons pas ici à la charité privée; celle-ci a sa base, sa justification, dans un sentiment de notre nature, et la morale nous en fait un devoir. La question de l'assistance publique se présente sous un aspect différent, infiniment plus délicat. Il s'agit de savoir si la société a l'obligation d'intervenir par les organes qu'elle a constitués, dans les œuvres de charité, si elle ne sort pas de son rôle, en transformant en service public, en fonction administrative, ce qui semble, au premier chef, relever de la compétence des particuliers.

Ici, nous retrouvons les deux doctrines qui dominent tous les problèmes sociaux: d'une part, celle qui, voyant dans la collectivité un être bienfaisant, salutaire, cherche à élargir le plus possible sa sphère d'action; de l'autre, celle qui, persuadée que l'action de l'État est de sa nature pernicieuse, limite son intervention aux seuls cas où elle est indispensable. Pour nous, et en prenant le point de vue spécial de l'assistance, nous dirons que la vérité est entre ces deux opinions extrêmes. Dans un pays comme le nôtre, où « les tendances altruistes » sont si développées, nous n'hésitons pas à reconnaître l'obligation pour la société d'intervenir dans les œuvres d'assistance. Sans doute la charité privée possède une supériorité incontestable; le secours matériel qu'elle donne, a l'avantage de se doubler d'un secours moral; ceux qui la distribuent, sont poussés par un sentiment généreux, qui leur permet d'exercer sur l'indigent une influence salutaire, autrement mieux que le fonctionnaire d'une administration publique. Néanmoins, la charité privée ne saurait suffire à tout. Elle peut avoir ses défaillances, se laisser guider par des idées étroites, répandre le secours comme condition d'une communauté d'idées religieuses ou politiques. Il y a certaines branches d'assistance, comme le traitement des malades, qui exigent une organisation matérielle bien conçue, disposant de ressources financières abondantes. La charité individuelle elle-même, dans la difficulté où elle est de s'exercer en parfaite connaissance de cause, est heureuse de trouver une organe de transmission, constitué par les pouvoirs publics pour recueillir ses offrandes, et les faire parvenir, par une voie sûre et éclairée, au soulagement des misères qu'elle a en vue. Voilà autant de raisons qui justifient un concours administratif, et certes elles sont assez fortes, pour imposer silence aux plus fervents adeptes de l'initiative privée.

La seule concession que nous ferons à ces derniers, c'est que cette intervention de l'autorité publique doit revêtir un caractère subsidiaire, et s'effacer là où sa présence n'est pas rendue nécessaire par l'existence de misères laissées sans soulagement. Comme elle ne peut agir qu'en prélevant sur les fonds publics des sommes obtenues par voie de coercition, et que d'autre part, l'exercice de la charité a pour principe une spontanéité incontestable, il serait injuste de recourir à la taxation d'office, générale ou locale, tant que les particuliers consentent, de plein gré, à abandonner une portion de leurs revenus en œuvres d'assistance. Si la société intervient, pour suppléer aux lacunes de l'initiative privée, qu'elle prenne bien garde de ne pas employer son autorité à la poursuite d'un but étranger à celui qu'elle énonce. Pour certains esprits, l'impôt n'est pas seulement un moyen de subvenir aux jouissances communes, c'est un instrument précieux pour opérer une distribution moins inégale des richesses. Lorsqu'on s'en sert dans un but d'assistance, il semble que le danger soit grand de verser dans cette doctrine.

Ces raisons si péremptoires, pour justifier l'intervention sociale, en matière d'assistance, ne sont pas les seules. Il y a dans notre organisation économique des motifs nouveaux, qui appellent, en une certaine mesure, ce concours de l'autorité publique. Nous devons les signaler, ne fût-ce que pour préciser leur portée, car plusieurs d'entre eux ont été présentés par l'école socialiste avec une exagération qu'ils ne comportent pas. La liberté du travail, sa division, la substitution des machines au travail manuel, voilà certes de grandes conquêtes de l'industrie moderne; et pourtant elles ont suscité de virulentes récriminations de la part de réformateurs utopistes qui ont vu là les causes de la misère de l'ouvrier. Contre la liberté du travail, c'est Louis Blanc qui prend la parole; il lui reproche d'avoir créé « l'enfantement progressif de la misère », et il regrette presque l'organisation corporative, qui, si elle fermait à l'ouvrier les larges horizons, avait du moins l'avantage de lui procurer une existence assurée, une quiétude sans alarme. L'objection a du vrai, mais elle dépasse la mesure, en ce qu'elle omet de comparer les immenses bienfaits de l'organisation actuelle aux inconvénients secondaires qu'elle comporte. Des griefs formulés en ce sens, retenons seulement cette idée, que l'organisation présente du travail entraîne un déchatnement des inégalités individuelles, qui sont dans la nature des choses, et qu'il peut être de bonne justice de tendre la main à ceux qui, moins bien doués, sont condamnés à rester dans les bas-fonds.

A la division du travail, qui transforme l'ouvrier « *intégral* » en ouvrier « *parcellaire* », Karl Marx reproche de parquer celui-ci dans une spécialité fâcheuse, qui le met dans l'impossibilité de se retourner, au cas de chômage. Nier ce fait serait téméraire; mais, comme plus haut, c'est un mal qui dérive d'un bien inestimable. C'est à la société d'en effacer les effets funestes, par une sage distribution de secours aux époques de crises.

Quant à l'invasion des machines dans nos ateliers, elle ne va pas sans engendrer des malaises; de Sismondi s'est chargé, il y a longtemps, d'en faire la démonstration. Les transitions, surtout au début de l'ère industrielle moderne, ont amené des souffrances, en dépossédant de leur gagne-pain de nombreux ouvriers. Aujourd'hui, le mal se produit sous une autre forme. La grande tendance de l'industrie est d'immobiliser d'immenses capitaux en installations de toute sorte, de substituer le capital fixe au capital circulant, comme disent les économistes. Aux sommes considérables qu'il fallait jadis consacrer à l'achat des matières premières, au payement des salaires, l'industrie substitue l'intérêt d'un capital fixe énorme, qui entre pour une faible part dans les frais de production annuels, mais qu'il faut amortir très rapidement. Obligée de ne jamais laisser dans l'inaction ces coûteux engins, elle se livre à des surproductions, qui amènent des engorgements, des crises commerciales; pour l'ouvrier, c'est le chômage, et avec lui, la misère, s'il n'a pas su épargner au temps de la prospérité.

Sans souscrire aux véhémentes attaques dirigées contre

l'organisation moderne du travail, nous croyons qu'il est telle situation où l'ouvrier le plus prévoyant est condamné à la souffrance, si la charité ne lui vient en aide. Grâce à la prévoyance réalisée sous forme d'épargne ou d'assurance, il pourra bien améliorer son sort, conjurer les dangers, mais rarement il réussira à se mettre complètement à l'abri des éventualités de l'avenir. S'il voulait s'assurer contre tous les risques qui peuvent peser sur lui, risques d'accident, de maladie, de mort prématurée, de chômage, d'incendie, s'il voulait laisser à sa veuve une pension, pour l'époque de sa mort, son salaire aurait grand'chance d'y passer tout entier. Quant à l'épargne, elle exige une dose de vertu, d'énergie morale, que l'ouvrier des villes possède bien rarement. Si le paysan est séduit par le lopin de terre qui borde son champ, par l'espoir de s'établir dans une chaumière qui soit sienne, l'ouvrier urbain n'a pas ces bienfaisantes séductions. Le livret de la caisse d'épargne ne l'attire pas au même degré. Le régime déplorable de l'habitation prise à loyer, dans une maison souvent malsaine, au milieu d'une promiscuité repoussante, nous semble peu propre à développer chez lui cet esprit de sage économie, grâce auquel il évitera de tomber à la charge de l'assistance publique. Voilà, à notre sens, de très graves considérations (et on en pourrait présenter bien d'autres), qui font à chacun de nous en particulier une obligation de prêter attention au sort des classes laborieuses, et à l'autorité publique d'intervenir, quand les particuliers restent au-dessous du devoir moral qui leur incombe.

Ayant répondu à cette première question : la société doit-elle s'occuper d'œuvres d'assistance? il faut en résoudre une seconde, celle de la charité légale. Nous la posons en ces termes : convient-il que le législateur inscrive dans les lois positives, à la charge de la collectivité, l'obligation de pourvoir aux besoins du pauvre, et proclame, par une déclaration solennelle de principes, le devoir des uns, le droit des autres?

Ici les opinions sont partagées parmi les théoriciens; la pratique elle-même a consacré des solutions différentes. Dans les pays de race anglo-saxonne, on a poussé la logique jusqu'au bout. Voyant dans l'étude des faits sociaux les éléments d'une dette de la société envers ses pauvres, on n'a pas hésité à inscrire dans les textes le droit à l'assistance, la créance légale que les malheureux peuvent faire valoir sur les caisses publiques. Mon devoir envers vous, disent les philosophes, est votre droit sur moi, comme vos devoirs envers moi sont mes droits sur vous. D'autres esprits, effrayés du danger qu'il y a à poser le principe de l'assistance obligatoire, engendrant un véritable droit, ont essayé de se soustraire à ces conséquences, en disant que, si la bienfaisance est un devoir imposé à la société, le pauvre n'a pas la faculté d'en exiger la réalisation. Il y aurait là une sorte d'obligation naturelle, constituant une vraie dette pour le débiteur, sans la garantie de l'action pour le créancier, comme on dit dans la langue du droit. Telle est l'opinion de MM. de Gérando et Thiers, peut-être difficile à accepter pour ceux qui tiennent aux définitions exactes, mais, assurément, plus rassurante au point de vue des résultats.

Pour nous, il est souverainement dangereux de traduire sous la forme d'une dette légale, inscrite dans les textes et reconnue par la société, le principe d'un secours à accorder aux pauvres. Les bruyantes déclarations de principe, surtout dans un pays comme le nôtre, où les mots sont doués d'un si grand prestige, produisent toujours de fâcheux résultats, en faisant naître des espérances irréalisables. Ici surtout, il y aurait un très réel danger à procéder ainsi. En assurant à l'ouvrier un droit à l'assistance, droit en vertu duquel il pourra se présenter devant le juge, comme en Angleterre, pour réclamer une liquidation de sa créance alimentaire, on le pousse à l'imprévoyance, on l'habitue à ne plus compter sur lui-même; on lui enlève sa liberté, en le rendant dépendant. Comme on écarte de son esprit le tableau des misères qui résulteront de son imprévoyance, on l'incite à considérer l'économie et la tempérance comme des vertus à l'usage des niais et des sots. Et ce ne sont pas là des affirmations gratuites de notre part; ceux qui ont vu fonctionner en Angleterre le régime de la charité légale, sont prêts à nous renseigner sur les tristes résultats que produit fatalement une telle législation. Les enquêtes anglaises, faites à diverses époques, pour réformer les *Poor laws*, ont révélé des faits vraiment incroyables. La paroisse de Sunderland, sur une population de 17,000 habitants, en comptait 14,000 légalement pauvres. Les chansons populaires sont là, pour témoigner que des théories comme celle de la charité légale, ne restent pas sans écho, mais qu'elles font une profonde impression sur l'esprit des classes ouvrières. On cite souvent une strophe bien connue, qui forme le refrain d'une chanson des mineurs de New-Castle, et où cette idée jaillit d'une façon cynique (1).

Le système de la charité légale est fâcheux, en ce qu'il amène l'autorité qui distribue l'assistance, à s'immiscer dans les actes de l'individu, à les contrôler, à

(1) *Hang sorrow, cast away care, The parish is bound us for ever.* Ce qui veut dire : « Au diable le souci, au diable le chagrin! La paroisse n'est-elle pas chargée de tous nos besoins? »

les critiquer. Dès l'instant que la commune alloue un secours, il est naturel qu'elle prétende en constater l'opportunité, et cherche, en substituant sa prévoyance à celle de l'individu, à prévenir les faits qui le rendront nécessaire. C'est ainsi qu'il existait autrefois en Bavière une loi qui autorisait la commune à formuler son opposition au mariage des gens qui, n'ayant pas de fortune, n'offraient pas des garanties suffisantes pour entrer en ménage. Cette législation était fondée sur la responsabilité des communes vis-à-vis de leurs pauvres. On empêcha bien les mariages, mais on ne put mettre obstacle au concubinage, et le résultat fut que, de 1835 à 1860, la très catholique Bavière offrit au monde le spectacle peu moral de 21 naissances illégitimes pour 100 enfants venus au monde (1).

En Angleterre, la charité légale donna lieu à des abus non moins graves. Dans le même ordre d'idées, c'était la commune qui exerçait au nom de la fille-mère l'action que la loi lui donnait contre son séducteur. Le travail forcé dut être apporté comme correctif indispensable à un système d'assistance légale qui créait au pays de si lourdes charges, et le statut d'Elisabeth de 1601, qui constitue la pièce maîtresse de l'institution, l'avait organisé d'une façon si sévère, que les secours publics étaient réclamés par ceux-là seuls qui en avaient un urgent besoin, les pauvres impotents. Les actes législatifs qui suivirent, au XVIIe et au XVIIIe siècle, accrurent encore la sévérité

(1) Cette loi a été modifiée en 1862, et abrogée en 1868. Depuis la natalité illégitime en Bavière a décru; mais les mœurs survivent souvent aux lois qui les ont faites, et le taux moyen des naissances illégitimes en ce pays est encore de 13 0/0, chiffre considérable, puisque en France la moyenne est seulement de 7,17 0/0.

des dispositions originaires ; l'entrée au *workhouse*, exigée comme condition de toute allocation de secours, avec sa maigre pitance, son travail forcé, effrayaient l'indigent et écartaient de son esprit tout désir d'obtenir une assistance aussi chèrement achetée. Ce régime rigoureux produisit de bons résultats, et le paupérisme baissa dans de si fortes proportions, qu'on crut pouvoir se départir sans danger de la sévérité du système. On se mit à distribuer les secours avec un esprit plus débonnaire et plus libéral, en s'écartant des prescriptions d'Elisabeth. « Le résultat fut, dit un illustre anglais, M. Fawcett, ancien membre du cabinet Gladstone, que le paupérisme prit des proportions assez alarmantes pour menacer l'Angleterre, vers 1832, d'une banqueroute nationale, et d'une ruine permanente (1). » En 1767, des gardiens (*guardians*) furent nommés pour protéger le pauvre contre la parcimonie des fonctionnaires paroissiaux (*overseers*). Le Gilbert's act leur permit même de procurer du travail aux indigents à proximité de leur habitation, et de combler l'insuffisance des salaires. Enfin l'East's act supprima le *workhouse test*, c'est-à-dire l'obligation pour les pauvres valides d'entrer dans l'établissement, s'ils voulaient obtenir l'assistance. De ce système devaient naître les abus les plus graves, le plus attentatoires à la liberté. On imposa aux fermiers l'emploi, comme manœuvres, d'indigents inscrits, dont le travail peu productif était fort onéreux pour le patron. La libre circulation des travailleurs se trouvait gênée

(1) *Travail et salaires*, traduit par M. Arthur Raffalowich. — C'est donc à tort qu'on reporte à la reine Élisabeth l'origine de la charité légale en Angleterre et des abus qu'elle a engendrés. A vrai dire, les maux qu'elle a fait peser sur ce pays, résultent plutôt de la perversion qu'a subie l'idée première du système, et du relâchement avec lequel on en a appliqué les principes.

par les *laws of settlement*. L'indigent ne pouvant obtenir du secours que dans une commune déterminée, si le travail y faisait défaut, il n'avait pas la faculté de se déplacer pour aller chercher de l'ouvrage ailleurs, car là on l'eût traité comme un étranger.

La nouvelle loi des pauvres, de 1834, apporta un remède à cette législation, en édictant, pour l'indigent capable de travailler, de rigoureuses restrictions au droit d'être secouru. On laissa aux paroisses la faculté de subordonner l'octroi de l'assistance à l'entrée au *workhouse*.

De ce court exposé des lois des pauvres en Angleterre, il résulte que la charité légale conduit l'autorité publique à commettre de véritables attentats contre la liberté individuelle. Cette institution ne doit pas exciter notre envie d'imitation, car nos voisins seraient fort aises de pouvoir s'en débarrasser, si elle n'avait, pour justifier son existence, une possession d'état plus que séculaire. Pour les Anglais c'est un titre à la vie, que la consécration du temps. Née des circonstances, la suppression des couvents, qui jusque-là avaient été des centres d'aumônes importants, l'institution a survécu, malgré les attaques que les économistes ont dirigées contre elle. L'effort actuel du gouvernement est d'en réduire les funestes effets par des mesures d'application bien conçues (1). Je sais bien que tous n'ont pas jugé aussi sévèrement le système, et qu'on a rapporté à son application le peu de

(1) M. Fawcett dit (*op. cit*.): « Je crois que l'expérience prouve qu'avec une bonne et stricte administration du *poor law*, l'assistance peut être restreinte aux cas où elle est réellement nécessaire, et que le paupérisme est moins encouragé que ce ne serait le cas, si le pauvre n'avait d'autres ressources qu'une charité faite sans discernement et sans organisation. »

vitalité relatif que les théories socialistes ont acquis dans la Grande-Bretagne. Que cette remarque soit fondée, je ne le conteste pas; mais il n'y a pas, dans cet argument de fait, de quoi justifier une institution qui réunit contre elle des chefs d'accusation aussi lourds que ceux formulés plus haut.

De la charité obligatoire, on peut dire que ces deux mots protestent d'être accouplés ensemble; l'épithète gâte le substantif. Elle déprave le donataire, qui ne la trouve jamais suffisante, non moins que le donateur qui est contraint de la faire. Il est de l'essence de la charité d'être libre, spontanée; c'est ce qui fait sa vertu morale, sa force sociale. « C'est à tort, disait déjà Malthus, qu'on décore du nom de charité les sommes immenses qu'on répand en Angleterre, en vertu d'une taxe. Il y manque le caractère distinctif de la véritable bienfaisance et, comme on doit s'y attendre, en forçant des actions, dont l'essence est d'être libres, cette profusion tend à dépraver ceux de qui on l'exige comme ceux à qui elle est destinée. »

Lorsqu'on va au fond des choses, on reconnait de suite que l'indigent n'a pas droit à l'assistance, parce que nul n'a droit de réclamer pour lui-même et de consommer le bien d'autrui. C'est là un corollaire logique du droit de propriété.

Violation de la liberté individuelle, violation de la propriété, voilà donc le double terme de ce régime de la charité légale. La justice et l'intérêt social commandent de conserver à l'assistance publique son caractère facultatif, comme l'a fait la législation française.

Chez nous, on a toujours refusé d'admettre comme un dogme économique, le principe de l'assistance obligatoire. A deux reprises, il est vrai, notre législation a dévié de ces sages préceptes : sous la Révolution et en 1848. A la première de ces dates, tout un système de secours, sur lequel je reviendrai, fut organisé dans cet ordre d'idées. A la seconde, le gouvernement provisoire fut contraint, sous la pression de l'émeute, de reconnaître à la population parisienne le droit au travail et par voie de conséquence, le droit à l'assistance. L'Assemblée qui vint après, ne put moins faire que d'inscrire dans la Constitution ce principe funeste, dont la mise en œuvre n'a pas été réalisé, fort heureusement, d'une façon permanente.

Ces deux exceptions mises à part, l'assistance publique est restée en France facultative. Le législateur a pensé que l'homme étant un être libre, devait conserver la responsabilité de ses actes; lui accorder un droit au secours, ce serait diminuer celle-ci. Il n'a admis une dérogation au principe que pour les enfants abandonnés et les aliénés indigents. Là, en effet, la responsabilité étant absente, il n'y avait pas à craindre de la paralyser.

Encore, dans ces deux cas, l'assistance ne peut-elle pas être obtenue par voie directe. L'obligation pèse indirectement sur la commune du domicile de secours, et c'est l'autorité supérieure qui, au moyen de l'inscription d'office au budget communal, est seule en état de vaincre le refus de la commune à assister l'aliéné ou l'enfant abandonné. Pour tous autres individus en situation de demander des secours, l'assistance demeure facultative de son essence. La loi espère bien que les personnes morales qu'elle organise pour faire face aux besoins collectifs, s'occuperont de ces infortunes, au moyen de larges subventions; mais l'individu n'a aucun moyen légal de triompher d'un refus d'assistance. Les inconvénients du système contraire nous dispensent de préconiser les avantages de ce dernier.

Pour l'enfant abandonné et l'aliéné, il était indispensable d'écrire dans la loi le principe de l'assistance obligatoire. D'abord, il fallait donner à l'autorité la faculté de briser, le cas échéant, la résistance des communes, auxquelles une contribution serait réclamée. Ensuite, la loi ayant fixé celle qui, dans chaque espèce, doit supporter la charge du secours, il fallait au cas où l'assistance aurait été administrée par un autre établissement, ouvrir à ce dernier une action récursoire contre l'établissement public légalement tenu.

Ce dernier aspect de la question mérite, à mon avis, d'être examiné avec soin, et j'y reviendrai ailleurs avec plus de détail. On verra que, pour diminuer les charges que fait peser sur les finances des villes la présence de nombreux étrangers, beaucoup de gens voudraient voir organiser un système de recours contre l'établissement chargé, au moins moralement, d'assister ces personnes. Quand on parle ainsi, on oublie, selon moi, sur quelle base est édifié notre système d'assistance; on perd de vue qu'il répudie toute idée d'obligation. En droit civil, il ne viendrait à l'idée de personne d'autoriser celui qui paye une dette inexistante en l'acquit d'un tiers, d'exercer un recours contre ce dernier. Cette notion de bon sens transportée dans notre domaine conserve toute sa force; elle implique pour un hôpital ou un bureau de bienfaisance l'impossibilité de réclamer à une commune des frais d'assistance, que celle-ci eût pu refuser, si l'indigent s'était adressé directement à elle.

La nécessité des secours publics étant reconnue, à quelle autorité convient-il de confier le soin de fournir les fonds nécessaires pour y faire face, puis d'en faire la répartition? Deux systèmes très opposés ont été suivis dans notre pays. Les assemblées de la Révolution, dans le dessein de mieux répartir les charges, afin d'effacer les inégalités de situation qui résultent de la richesse si variable des diverses régions, se sont efforcées de réunir entre les mains de l'État toutes les ressources dont la charité pourrait disposer. En Angleterre, on a aussi proposé d'établir une taxe des pauvres nationale, et d'enlever aux localités la charge du paupérisme. Cette conception me semble défectueuse. Confier à l'État le soulagement des pauvres, c'est les exposer de plein gré, au risque de n'être point du tout secourus. Puis, en admettant que l'État s'acquitte fidèlement de sa charge, ne va-t-il pas être obligé de passer, pour la distribution des secours, par l'intermédiaire des autorités locales? Dès lors, il sera à craindre que celles-ci ne se livrent à un véritable assaut des caisses publiques, pour arracher, une part plus grande, d'autant plus généreuses dans leurs largesses, que celles-ci ne leur coûteront rien.

Mieux vaut soustraire le gouvernement à une tentation dont le résultat serait la désorganisation d'un important service public.

La conception opposée qui prévaut en France, consiste à placer l'organisme administratif chargé de distribuer l'assistance, au sein de l'association communale. Il y a là un groupe naturel, une sorte de famille agrandie, qui me semble répondre admirablement aux conditions qu'exige ce difficile service. « Le ressort administratif de l'État et même du département, disait le rapporteur de la commission d'enquête à l'Assemblée nationale, M. Tallon, est trop vaste, pour qu'il leur soit possible d'entrer dans le détail des investigations qu'exige l'attribution individuelle des secours. Une pareille entreprise aurait d'ailleurs l'inconvénient de nécessiter la création d'une multitude de fonctionnaires, dont le traitement absorberait une notable partie des ressources. Chaque commune, au contraire, connaît les misères qu'il est de son devoir de soulager, et peut le faire sans frais inutiles, en établissant un bureau de bienfaisance, qui offre toutes les garanties suffisantes. » Plus loin, il ajoutait : « Nous n'attendons de l'État et du département qu'un concours financier, consistant à attribuer les ressources qui seront inscrites à leur budget, mathématiquement aux divisions et subdivisions territoriales, dans la proportion du chiffre de la population. »

Ces conclusions méritent d'être hautement approuvées, à condition qu'on y joigne une observation importante. Le système qui centralise dans la commune toutes les ressources de l'assistance, est susceptible d'une application complète pour les grandes cités, où tous les maux, toutes les infirmités se retrouvent en assez grand nombre, pour qu'on leur affecte un service spécial. Mais, dans les petites communes, il est d'évidence qu'on ne peut songer au traitement des aliénés, ni même à l'éducation des enfants abandonnés. Force est donc, pour ces services, d'élargir le cercle de l'assistance, et d'en confier l'exécution à une circonscription plus étendue, par exemple au département, ne laissant comme charge à la commune qu'une contribution pécuniaire. C'est ce qui a été fait chez nous.

Cette conception est si naturelle, que nous la retrouvons partout, avec des variantes, qui tiennent à l'organisation administrative générale de chaque pays. En Angleterre, notamment, l'assistance, qui était, à l'origine, exclusivement paroissiale, a dévié peu à peu de son principe, sous l'influence de causes étrangères. On sait que la paroisse anglaise a conservé ses formes antiques, qui la rapprochent beaucoup de nos anciennes communautés d'habitants. Les citoyens se réunissent en assemblée générale (*vestry*) sous la présidence du juge de paix, comme nos paysans de l'ancien régime le faisaient sous la surveillance du délégué du seigneur, et le vote a conservé sa base populaire. Mais ce régime se prêtant fort mal aux multiples difficultés de l'administration, et le gouvernement s'efforçant d'étendre son action, sans porter trop brutalement la main sur les institutions existantes, on a détaché certains services pour les confier à des commissions distinctes, embrassant le territoire de plusieurs paroisses. L'assistance est au nombre de ces services, ainsi enlevés à la direction de l'assemblée de *vestry*. Les fonds d'une seule paroisse n'auraient pu suffire aux dépenses considérables que nécessite l'érection d'un *workhouse*. Il y a là en effet un établissement immense, qui se subdivise en fractions très complexes; il n'est pas seulement une maison de travail pour les indigents valides, comme nos dépôts de mendicité, c'est aussi un hôpital pour les malades, un hospice pour les vieillards et infirmes, une prison pour les mendiants, une école d'apprentissage pour les enfants. Force était donc de constituer des circonscriptions plus vastes, des *Unions de paroisse*. Chaque localité envoie son délégué, et leur réunion forme le *Board of guardians*, c'est-à-dire la commission chargée de diriger le service.

En Allemagne, nous trouvons une organisation assez semblable. La loi d'Empire du 6 juin 1870, qui se borne d'ailleurs à poser des principes, dont elle abandonne l'application aux lois locales, laisse le service de l'assistance à sa place naturelle, dans la commune; mais, elle recommande l'organisation d'un système cantonal.

Les *Orts-armenverbände* forment une sorte de syndicat, composé de plusieurs communes juxtaposées, grâce auquel les petites localités voient leur fardeau diminué.

Reste à voir s'il faut demander à des impôts spéciaux, c'est-à-dire établis avec une affectation charitable exclusive, les sommes que la commune devra consacrer d'une façon volontaire, aux œuvres d'assistance, ou s'il ne vaut pas mieux les prendre sur les ressources générales du budget.

En Angleterre, la première pratique a été suivie; la taxe des pauvres est venue prélever une fraction notable du revenu de la terre, épargné par le budget de l'État; à son tour, elle est devenue une sorte de principal, auquel ont été adjointes différentes impositions locales. Il est vraiment curieux de voir quelle importance extrême cette taxe a acquise en ce pays. On peut la résumer d'un mot, en disant qu'elle est un des éléments qui fixent la capacité électorale. La grande réforme de 1832 consista à appeler à la vie politique les citoyens qui occupaient, à un titre quelconque, une maison de 250 francs de valeur locative, imposée à la taxe des pauvres. En 1867, on supprima ce chiffre, et la deuxième condition resta seule. Enfin, la dernière réforme électorale que M. Gladstone a fait aboutir en 1884, a eu pour objet d'étendre aux comtés ce régime, qui, jusque-là, avait été limité aux seuls bourgs. C'est aussi le fait d'être imposé à la taxe des pauvres qui donne le droit de voter dans les paroisses, à l'assemblée de *vestry*, et le droit d'élire dans les bourgs les conseillers municipaux. J'ai tenu à reproduire ces notions de droit électoral, parce qu'elles montrent combien cette législation sur l'assistance obligatoire a pénétré les différentes branches du droit public anglais.

Chez nous, on a évité avec raison d'établir des taxes

spéciales, destinées à l'entretien des indigents; on ne saurait, à vrai dire, ranger dans cette catégorie notre taxe somptuaire sur les spectacles, car sa nature nous oblige de la traiter à part, et le privilège des hospices sur le produit de l'octroi est généralement repoussé. J'approuve hautement cette façon d'agir. Le contribuable, qui, chaque année, se voit enlever une fraction de son revenu, sachant fort bien qu'il doit servir à satisfaire les besoins de son concitoyen malheureux, aura le sentiment très net et très fondé qu'il a fait une aumône, et que, dès lors, il a accompli le devoir de charité que la morale et sa conscience lui imposent; il s'interdira toute charité privée. Demander les ressources de l'assistance à une taxation spéciale et directe, c'est s'exposer à tarir la source de la bienfaisance des particuliers; et ce serait là un grand dommage, car, selon mes préférences, c'est à elle que doit échoir la part la plus large dans l'œuvre humanitaire du soulagement des pauvres.

TITRE I

Notions historiques sur l'assistance publique

A Rome, l'assistance n'a guère fait l'objet d'un service public régulièrement organisé. Les liens de la clientèle rattachaient aux patriciens l'homme libre qui n'avait pas assez de ressources pour vivre indépendant ; de temps à autre, la république faisait au peuple d'abondantes distributions de vivres. Quant à l'esclave, tant qu'il pouvait rendre des services à son maître, on s'occupait de lui. La maladie le rendait-elle incapable de servir à rien, on le transportait dans le temple d'Esculape, situé sur une île du Tibre. Là on l'abandonnait à la protection du dieu, ou mieux, à la pitié des médecins qui voulaient bien venir le soigner. S'il guérissait, la liberté lui était acquise ; c'était même là un cas d'affranchissement légal. Le maître, par cet abandon, perdait tout droit sur son esclave.

Au moyen âge, au milieu de l'anarchie sociale et du morcellement de la souveraineté, c'est à l'Église que devait échoir l'honneur de prendre dans ses mains la cause des pauvres, de défendre leurs personnes, de protéger leur patrimoine anonyme contre les empiètements et la cupidité des seigneurs. C'était alors le seul pouvoir assez fort, assez universellement respecté pour remplir cette mission. Le patrimoine des pauvres se constitua entre les mains de l'Église, comme fraction du domaine ecclésiastique, et participa ainsi longtemps de la vénération dont cette puissance était entourée. L'évêque conservait toujours la souveraine intendance, parce que, suivant l'expression du concile d'Antioche, « c'est à lui que les peuples avaient été confiés. » Le pape Grégoire recommande de ne donner les charges d'administrateurs des hôpitaux qu'à des personnes pieuses et expérimentées, mais ecclésiastiques, parce que, « si on les confiait à des laïques, les juges séculiers pourraient les appeler en justice, et, par les dépenses de procédure, dissiper les biens que la charité des fidèles avait consacrés à Dieu. »

Grégoire de Tours nous apprend que, vers le ve siècle, il y avait dans chaque église un lieu particulier, destiné aux malades, et placé sous la surveillance de l'évêque. De là les noms d'*Hôtel-Dieu*, *Maison-Dieu*, *Aumône*, *Charité*, *Miséricorde*, donnés dans l'origine, et conservés jusqu'à nos jours.

On conçoit qu'à cette époque, la division du travail charitable n'existait pas comme aujourd'hui. Le traitement des pauvres malades, l'éducation des enfants abandonnés, la distribution des secours, n'étaient pas le fait d'organismes distincts. Les établissements élevés par la charité des fidèles pratiquaient à la fois toutes les formes de la bienfaisance. Il est à noter que pendant longtemps, sous l'ancien régime, et sauf de rares exceptions, les secours à domicile, tels que nous les concevons, ne furent pas regardés comme susceptibles d'une organisation réglementée. C'était l'aumône, avec ses graves abus, qui en tenait lieu, et le clergé lui-même, pour exciter la compassion des fidèles et délier leur bourse, en étalant aux yeux les plaies de l'humanité souffrante, organisait chaque année des processions de pauvres. Dans ce lamentable cortège, qui se déroulait périodiquement dans nos cités du moyen âge, tous les genres d'infirmités étaient groupés et comme hiérarchisés. A Lyon, la procession achevée, les pauvres se réunissaient dans la cour de l'archevêché, et le prélat leur distribuait les sommes recueillies.

La papauté, de son côté, exerça une action efficace sur les fondations charitables, et la plupart des établissements hospitaliers ayant quelque importance, étaient confirmés par des bulles pontificales. Le séjour des papes à Avignon a même laissé des traces, encore visibles aujourd'hui. Un inspecteur du ministère de l'intérieur constate, dans un document officiel, que le département de Vaucluse, pourtant si peu étendu, est celui qui renferme le plus d'établissements charitables, et, pour motif, il donne que ce pays était jadis « terre papale ».

Ce premier fonds que l'Église avait affecté à la dotation des hôpitaux, elle l'accrut constamment, en suscitant les libéralités des fidèles. La rémission des péchés, des peines canoniques était attachée aux libéralités charitables. Lorsque les croisades offrirent aux hommes d'armes un moyen de racheter leurs fautes, l'indulgence plénière fut accordée aux femmes et aux vieillards qui augmentaient la dotation hospitalière. De cette époque datent les léproseries, élevées pour offrir un refuge aux victimes de cette terrible épidémie, qui effraya si fort nos ancêtres.

Cette administration par les soins du clergé, longtemps admise de tous sans contestation, suscita bientôt de vives doléances, et il faut reconnaître qu'elles étaient fondées. « La plupart des clercs, dit l'abbé de Récalde, qui avaient l'administration des hôpitaux, l'avaient tournée en titres de bénéfice, et, par un abus énorme de la confiance qu'on avait en eux, ils appliquèrent à leur profit, la plus grande partie du revenu, négligeant l'entretien des biens et des bâtiments, et même le soin des pauvres » (1). La papauté s'émut de ces abus regrettables, et le concile de Vienne (1311), décida que, dorénavant, l'administration serait donnée à des laïques, « gens de biens, capables et notables, qui prêteraient serment comme des tuteurs, feraient inventaire et rendraient compte, tous les ans, par devant les ordinaires. » « Voilà, dit l'abbé Fleury, l'origine des administrations laïques, auxquelles on a confié le soin des hôpitaux, à la honte du clergé (2). »

Mais, parmi les laïques eux-mêmes, il fallut faire un choix. Ce fut la royauté qui vint à la rescousse, en excluant des administrations les nobles et les officiers, pour n'y admettre « que les simples bourgeois, afin qu'ils fussent d'une plus facile discussion, en cas que leur comptabilité ne fût pas exacte et fidèle. »

L'affranchissement des communes exerça une influence considérable sur la création des hôpitaux. Les villes qui acquéraient la plénitude de la vie municipale, se faisaient un point d'honneur d'élever des édifices magnifiques, asiles offerts à toutes les misères. Le P. Ménestrier, dans le tableau qu'il nous donne des prérogatives municipales de Lyon, sous Louis XIV, cite celle « d'avoir l'intendance et l'inspection des hôpitaux pour les malades et convalescents, et des maisons de charité où les pauvres de la ville sont reçus, nourris et entretenus (3). » Mais, tandis que les hôpitaux d'origine purement chrétienne, étaient ouverts à toute sorte de pauvres, auxquels on ne demandait, pour les traiter « comme les vrais seigneurs et

(1) *Abrégé historique des hôpitaux*. Paris, 1784.
(2) *Histoire ecclésiastique*, l. XLI, C. IX.
(3) *Histoire consulaire de la ville de Lyon*, p. 537, 1696.

maîtres de la maison », d'autres titres que leur souffrance et leur pauvreté, les établissements établis sous l'influence communale réservaient leur assistance à telle ou telle catégorie de personnes, bourgeois, membres de confréries ou de corporations. Cette différence d'esprit n'a rien d'étonnant pour l'époque, car on pourrait la relever encore aujourd'hui.

Quand les revenus ordinaires n'étaient pas à la hauteur des besoins, les hôpitaux ou les villes avaient le droit, dans beaucoup de localités, de lever sur les habitants une taxe proportionnelle à leurs revenus. Mais, comme ceux-ci cherchaient à s'en affranchir, et que la perception donnait lieu à beaucoup d'abus, la tendance générale fut de la remplacer par des taxes d'octroi, qui étaient plus faciles à percevoir.

La royauté, de son côté, tantôt mue par le désir de se concilier les faveurs populaires dans sa lutte contre la féodalité, tantôt pressée par le remords, produit de quelque grande faute, ou même par simple philanthropie, aida à élever des hospices ; elle les gratifia de nombreuses faveurs, dons directs ou exemptions de charges. A Paris, c'était le droit de prendre un panier de poisson et d'autres denrées sur les voitures arrivant aux halles. Ici, c'était l'exemption des péages d'entrée, du logement des gens de guerre, des frais de chancellerie. Presque tous les établissements charitables possédaient le privilège de vendre seuls de la viande pendant le Carême, comme l'Hôtel-Dieu de Paris. Ailleurs, comme à Lyon, le privilège était concédé à des tiers, et l'adjudicataire devait fournir la viande à l'hôpital, gratuitement ou à prix réduit. Cet usage survécut presque jusqu'à la fin de l'ancien régime ; ce fut un ministre réformateur, ennemi du privilège sous quelque forme qu'il fût, Turgot, qui le fit disparaître.

Œuvre de trois forces sociales, l'Église, les communes, la royauté, les établissements hospitaliers tombèrent, vers le xve et le xvie siècle, dans un profond état de délabrement. Des projets de réforme furent ébauchés par les prédécesseurs de Louis XIV ; mais ce fut à ce monarque, à sa puissante organisation administrative, que revint l'honneur de mettre un peu d'ordre dans ce service, où régnait le chaos le plus complet. « Le roi, écrivait-on en 1677, n'encourage pas l'établissement des petits hôpitaux ; mais il est d'avis que les intendants, d'accord avec les évêques, recherchent les moyens d'augmenter le revenu d'un seul hôpital général, dans chaque diocèse. » Cette idée répondait admirablement à la préocupation constante de Louis XIV : centraliser les affaires locales dans ses mains, ou sous la surveillance d'agents qui fussent les exécuteurs fidèles et dévoués d'une pensée unique.

On commença, en 1656, à réunir sous une seule administration, dite l'Hôpital général, les principales maisons de charité de Paris ; tous les établissements hospitaliers furent groupés. Dans les années suivantes, la réforme fut étendue à la province, et en 1662, une ordonnance prescrivit qu'en chaque ville ou gros bourg du royaume, un hôpital général serait constitué sur des bases identiques. Après avoir confié temporairement à des ordres religieux les biens des maladreries, que la disparition de la lèpre avait rendus sans emploi, Louis XIV les réunit aux hospices des villes voisines, en 1693, lorsque leur revenu était trop faible pour qu'on leur donnât une existence propre et indépendante. Comme ces asiles, à cause du caractère contagieux des maladies auxquelles ils étaient destinés, étaient presque toujours établis dans les campagnes, les actes d'union réservaient aux communautés d'habitants le droit d'envoyer leurs malades à l'hospice qui avait absorbé leurs biens. Ces actes d'union sont très importants à noter, car, dans le cours de ce siècle, leur interprétation s'est présentée plusieurs fois devant la juridiction administrative.

La déclaration du 12 décembre 1698 vint compléter la réforme, en établissant, pour la première fois, des règles générales pour la gestion des hôpitaux. Les trois pouvoirs qui dominent dans la cité, l'autorité judiciaire, l'influence ecclésiastique, l'élément communal, trouvent, au sein du *bureau ordinaire de direction*, une part légitime d'influence. Leurs représentants, le juge royal ou seigneurial, le curé et le maire sont les directeurs-nés, auxquels viennent s'adjoindre, pour une durée de trois ans, un certain nombre de membres, élus par les premiers, parmi les principaux bourgeois et habitants. Il était dit qu'une fois ou deux par an, il serait tenu une assemblée générale, composée, outre le bureau ordinaire, des administrateurs sortis de charge, pour résoudre les questions graves. Il est intéressant de rappeler que les conseils de charité, introduits par l'ord. du 31 octobre 1821, et composés des évêques, des procureurs généraux ou présidents de tribunaux, des recteurs d'académie, furent une réminiscence, sous une forme un peu différente, de ces assemblées générales de 1698.

Dans cette organisation, une place importante était faite au clergé. L'article 10 de la déclaration stipulait que les évêques et archevêques auraient « la première séance et présideraient » tant dans le bureau ordinaire, que dans les assemblées générales, qui se tiendraient pour l'administration de leur diocèse, lorsqu'ils y rendraient assister. Les évêques collaborèrent activement à l'œuvre de Louis XIV; c'est à eux qu'étaient adressées les lettres royales relatives à cet objet, c'est dans leur palais que se tenaient les réunions du bureau.

La pensée dominante de la réforme entreprise à la fin du XVIIe siècle, avait été d'extirper la mendicité, qui rongeait la société française. Le but poursuivi ne fut pas atteint; tous les efforts tentés pour relever le niveau moral des populations, devaient échouer contre les misères immenses que les guerres, la ruine de l'industrie et du commerce avaient accumulées dans notre pays. D'autre part, la concentration inaugurée se heurta à de très vives résistances des communes, qui se plaignaient d'être dépouillées de biens qu'elles étaient habituées à considérer comme leur patrimoine propre. Les locaux devinrent trop étroits pour offrir un asile à toutes les victimes des misères humaines. On peut lire dans les documents publiés à la fin de l'ancien régime des détails monstrueux sur l'installation déplorable, au point de vue de l'hygiène et de la propreté, des salles d'hôpitaux. A Paris, certaines salles contenaient jusqu'à deux cent soixante-douze personnes, couchées quelquefois six dans un lit, trois dans un sens, trois dans l'autre (1). Quant aux mendiants, dont le nombre augmentait sans cesse, ils étaient reçus dans des quartiers spéciaux, et astreints au travail sous la surveillance d'un directeur, investi sur eux d'une autorité sans limite, véritable commissaire de police, avec ses archers et ses soldats, pour maintenir le bon ordre dans ces agglomérations remuantes.

Ces détails, qu'on trouvera peut-être déplacés dans

(1) Rapport des commissaires de l'Académie des Sciences.

une étude d'ensemble, me semblent pourtant avoir une importance extrême ; ils permettent de se rendre compte de la profonde défaveur dont la Révolution couvrit ces établissements, pourtant si utiles. L'esprit de réaction, qui résulte de l'examen d'une situation donnée, excessive en son genre, permet seul, à mon avis, de se rendre compte de la violence de langage, des exagérations, auxquelles ont cédé les hommes de 1790. Les démocrates philanthropes d'aujourd'hui, qui voudraient voir surgir un hôpital dans chaque canton du territoire, seraient sans doute fort surpris, s'ils connaissaient la profonde répulsion que leurs devanciers d'il y a un siècle professaient pour ces établissements.

Un des premiers problèmes qui se posa à l'examen de l'Assemblée constituante, fut celui de l'organisation des secours publics. Limiterait-on la réforme aux questions secondaires d'organisation, aux retouches partielles? ou porterait-on la main sur le principe même de l'institution des hôpitaux ? Les idées régnantes à la fin de l'ancien régime, sur les dangers que la propriété de mainmorte fait courir à l'état économique d'un pays, hâtèrent la solution.

La haine que l'assemblée professait pour tout ce qui pouvait, dans l'État, constituer, je ne dirais pas une puissance, mais un simple corps organisé, doté d'un patrimoine, se retrouve dans notre matière. On avait annihilé l'Église en lui retirant ses biens. On allait décréter le partage en nature, entre les habitants, des biens communaux. La propriété hospitalière, qui, par sa formation historique, avait des liens si étroits avec le patrimoine ecclésiastique, ne pouvait lui survivre. Le but de l'assemblée, je me hâte de le dire, n'était point de confisquer le bien des pauvres sans compensation, mais d'amener une répartition plus équitable des ressources qui permît de porter remède à la situation d'infériorité des campagnes ; grave problème qui, depuis lors, s'est posé sans cesse, et n'a point été encore complètement résolu! C'est au nom de l'égalité qu'on transportait à l'État les biens des hospices, pour le rendre répondant direct de la dette, que la déclaration des droits de l'homme imposait à la société, au profit de chaque citoyen indigent. D'ailleurs, la suppression des droits féodaux avait enlevé aux établissements charitables une notable fraction de leur patrimoine. « Si on maintient l'organisation ancienne, disait La Rochefoucauld-Liancourt, il faudra remplacer, par des affectations nationales, les revenus que l'Assemblée a enlevés aux hospices, par l'abolition des péages, du droit de banalité, de la dîme, et c'est toujours sacrifier les campagnes c'est s'enlever tout moyen de balancer, par une répartition éclairée, les variations dans la richesse ou dans la pauvreté des départements » (1).

L'exemple de l'Angleterre, la nécessité où ce pays avait été réduit, en adoptant le système de l'assistance purement communale, d'établir sur la terre des impositions fort lourdes, ne contribuèrent pas peu à pousser l'Assemblée dans sa pensée première, de confier à l'État l'assistance du pauvre.

Plus tard, la Convention se laissa influencer davantage par le souvenir de l'état défectueux des hôpitaux sous l'ancienne monarchie, et c'est cet esprit de réaction outrée, qui faisait prononcer à Barère, au sein de la Convention, ces singulières paroles, concluant à la

(1) Rapport du Comité de mendicité à l'Assemblée constituante. V. *Moniteur universel*, n° du 1er février 1791.

suppression de ces établissements : « Ce n'est pas assez de saigner le commerce riche, et de démolir les grandes fortunes, si l'on n'anéantit pas ces tombeaux de l'espèce humaine, décorés par la monarchie du nom d'hôtel-Dieu et d'hôpitaux, fondés par la charité des moines et l'orgueil des tyrans, organisés par des hommes de bronze et des administrateurs avides, où l'on ne connaît que trop cette pitié stérile et barbare qui appelle le malheureux qu'elle immole, et dont les secours sont souvent plus cruels que les maux qu'elle est chargée de soulager. »

Si on cherche l'idée, au fond de cette phraséologie emphatique, on y trouve une condamnation, en bonne et due forme, des établissements hospitaliers. A la vérité, je ne conteste pas qu'en principe le traitement du malade au sein de sa famille, lorqu'il y trouve des soins délicats, des consolations affectueuses, ne vaille infiniment mieux que le séjour à l'hôpital, où la vue des souffrances d'autrui suffit, à elle seule, à aggraver le mal dont il est atteint. Mais ce milieu enviable, si propre à lui rendre la santé physique et l'énergie morale, combien de fois est-il absent pour l'ouvrier de nos villes ! Et alors, l'hospitalisation, malgré tous ses défauts, n'est-elle pas un bien incomparable?

Le tort des hommes d'alors fut de conclure de l'abus à la suppression, au lieu de se proposer l'amendement de ce qui était vicieux, mais susceptible de mieux.

Le Comité de la Constituante posa trois principes, que je dois énoncer, et que les lois ultérieures mirent en œuvre :

1° Rendre nationaux les biens des hospices et hôpitaux, et les aliéner ;

2° Les supprimer, en tant que personnes distinctes, pour en faire de simples services publics, en affectant à chacun un revenu égal à celui qu'il possédait, sauf au Trésor à compléter ce qui manquait à certains d'entre eux, pour remplir leur mission charitable;

3° Organiser un vaste système de secours à domicile, destiné à donner satisfaction aux doléances des campagnes.

Ces idées furent développées dans la loi des 19-24 mars 1793. Chaque année « un crédit de l'indigence » était ouvert au budget de la république, et réparti entre les départements, comme le sont, à un autre point de vue, nos impôts directs actuels; les départements devaient à leur tour répartir entre les districts. L'assemblée de district devait faire la distribution entre les cantons (1). Enfin, dans chaque canton, c'était l'agence locale qui accordait les secours aux pauvres inscrits sur un registre spécial, sous la surveillance de l'autorité supérieure.

L'idée essentielle du système était la prédominance du secours à domicile pour les pauvres infirmes, les vieillards et les malades, des travaux de secours pour les pauvres valides. On aurait bien voulu ne pas s'occuper des hôpitaux; mais où recevoir les malades sans domicile, ou qui ne peuvent être traités chez eux? On se consola en décrétant l'institution de « maisons de santé ». Si on ne pouvait se débarrasser de la chose, au moins avait-on la ressource de faire disparaître le mot. L'indigence n'étant plus possible, la mendicité était considérée comme un délit. Plus tard, on poussa la logique

(1) On était alors sous le régime des municipalités cantonales, établies par la constitution de fructidor an III. Bien que les communes continuassent à former une personne morale, le corps municipal leur était enlevé. Chacune envoyait seulement au chef-lieu un délégué, et c'est la réunion de ces agents qui constituait l'administration locale.

jusqu'au bout, en punissant d'une amende de deux journées de travail le citoyen coupable d'avoir fait la charité. Toutes les aumônes, ou mieux « les souscriptions volontaires », — car, d'après Barère, le mot *aumône* serait rayé du dictionnaire républicain, — devaient être adressées à un agent de la caisse cantonale, qui en tiendrait liste. Celle-ci devait être, tous les trois mois, affichée devant la maison commune du chef-lieu de canton, et « proclamée sur l'autel de la patrie », les jours consacrés aux fêtes nationales.

La première idée n'était pas neuve; je lis dans l'excellent opuscule de M. Fawcett, que, lors de l'établissement de la charité légale en Angleterre, tous ceux qui désiraient secourir le pauvre, reçurent l'ordre de placer leur offrande dans un fonds commun, qui serait distribué par le clergé, et que celui qui se donnait la joie de faire la charité en particulier, s'exposait à une amende, deux fois plus considérable que la somme donnée.

Je crois inutile d'insister sur la législation qui suivit; son caractère hautement utopiste eut pour conséquence de la rendre inapplicable. Elle accentua davantage encore la notion de l'assistance dette de la société. J'extrais seulement, pour édifier le lecteur, quelques articles de la loi du 28 juin 1793: « Les pères et mères, disait-elle, qui n'ont d'autres ressources que le produit de leurs travaux, ont droit aux secours de la nation, toutes les fois que le produit de leur travail n'est plus en proportion avec les besoins de leur famille. » Il était impossible de parler plus imprudemment. « Celui qui, vivant du produit de son travail, poursuivait la loi, a déjà deux enfants à sa charge, pourra réclamer le secours de la nation, pour le troisième enfant qui lui naîtra; » et la quotité du secours augmentait avec l'accroissement de la famille.

On poussait à la dépravation, en promettant solennellement à la fille-mère qui déclarait vouloir allaiter son enfant, le secours de la nation, en l'astreignant simplement aux formalités requises pour la mère de famille.

Il ne suffisait plus de secourir l'indigence, il fallait l'exalter et donner au système son trait grotesque. Ce fut l'objet d'une des dernières lois de la Convention. On établit la « fête du malheur », dans laquelle on devait lire le livre de la « bienfaisance publique » devant les jeunes citoyens des écoles primaires ; en ce jour de solennité, les pensionnaires de la nation devaient être honorés, et recevoir, en présence du peuple, le payement de leur premier trimestre.

Je cite ces faits, comme détails historiques curieux, plutôt que comme base du jugement à porter sur l'œuvre de la Révolution. La première partie de celle-ci est seule sérieuse, et mérite d'être appréciée. Je ne saurais mieux faire que m'effacer derrière un homme fort compétent en cette matière, M. de Gérando. « Séculariser complètement les secours publics, dit-il, consacrer le droit de l'indigence dans sa plus grande étendue, ramener à l'unité la direction des secours, en les envisageant comme une dette nationale, tels furent les trois principes fondamentaux sur lesquels les vues politiques de cette époque firent reposer l'ensemble du système. Appliqués dans de sages limites, ils eussent produit les résultats les plus désirables; portés à l'exagération, appliqués d'une manière absolue, ils n'ont pu résister aux épreuves de la pratique (1). »

Il semble, en effet, que la législation, découragée par

(1) *De la bienfaisance publique*, t. IV, 4e partie, l. I, ch. II.

l'insuccès de ses entreprises, se soit fait un devoir de garder le silence du doute et de l'indifférence sur le grave problème de l'assistance publique. Le développement législatif paraît avoir été tari à sa source. Deux lois, très succinctes et très incomplètes, celles du 16 vendémiaire an V, et celle du 7 frimaire de la même année, l'une rétablissant la dotation hospitalière, l'autre réglant la distribution des secours à domicile, au moyen d'institutions locales, appelées bureaux de bienfaisance, voilà le maigre bilan de nos assemblées pendant la première moitié du XIXe siècle.

C'est à l'autorité réglementaire du chef de l'État qu'a été dévolue la tâche de combler, dans la mesure du possible, les lacunes de la législation. Il a fallu que le mouvement social de 1848 vînt, en quelque sorte, forcer la main à l'Assemblée législative, pour obtenir d'elle une loi sur les hospices (loi du 7 août 1851), alors que les bureaux de bienfaisance en sont encore à réclamer une loi organique sur leur organisation et leur fonctionnement.

Après avoir ainsi fixé le principe de l'assistance publique dans sa base philosophique et économique, après avoir suivi son application dans les principaux pays, en même temps que son développement historique en France, nous pouvons aborder plus aisément l'étude de notre législation positive. Le passé servira à éclairer le présent; ce qui a été fait à l'étranger fera mieux ressortir les traits de notre organisation charitable.

Le but de cette étude est de présenter une analyse de l'organisation donnée à l'assistance, au sein de la commune française, tant au point des services qui y fonctionnent que des charges qui pèsent, de ce chef, sur les finances municipales. Nous aurons à épuiser, malgré l'étroitesse de notre titre, presque la totalité de l'intéressante matière de l'Assistance publique, puisque le rôle charitable de l'État est réduit à peu de chose (1), et celui du département largement partagé avec les communes.

Nous passerons successivement en revue les hôpitaux et les hospices, puis les bureaux de bienfaisance, tous établissements étroitement rattachés aux communes. L'ordre de notre sujet nous amènera à étudier la contribution municipale au service des enfants assistés, et à celui des aliénés. Le service est ici départemental ; mais pour bien comprendre la part qui incombe aux communes, il faudra élargir notre cercle, et esquisser les grandes lignes de l'institution. Nous arriverons à l'exposé de la législation spéciale qui régit, à Paris, l'assistance publique. L'organisation toute particulière des hospices de Lyon, ainsi que leur grande richesse, nous feront un devoir d'y consacrer quelques pages. Enfin, nous terminerons par l'exposé des règles du domicile de secours et des questions de droit international qui s'y rattachent. Une appréciation critique de notre législation charitable clôturera cette étude.

(1) L'État possède seulement quelques établissements spéciaux, tels que l'hospice du Mont-Genève, la maison des Quinze-Vingts, la maison de Charenton, l'institution des Sourds-Muets de Paris, celle des Jeunes Aveugles, celle des Sourdes-Muettes de Bordeaux, l'asile de Vincennes, celui du Vésinet, et enfin l'institution des Sourds-Muets de Chambéry.

TITRE II

Des Hôpitaux

CHAPITRE I

Création, suppression, transformation

Dans le langage vulgaire, le mot *hospice* désigne à la fois les établissements, élevés pour traiter les malades, et ceux destinés à offrir un asile aux vieillards, infirmes, enfants abandonnés. La terminologie administrative a fixé plus étroitement le sens de cette expression. Une circulaire du ministre de l'intérieur du 31 janvier 1840 a posé les définitions suivantes : « Les hôpitaux sont les établissements dans lesquels sont reçus et traités les indigents malades. Les hospices sont ceux dans lesquels sont admis et entretenus les vieillards, les infirmes, les incurables, les enfants abandonnés et les enfants trouvés. Lorsque le même établissement contient à la fois des malades et des vieillards valides ou incurables, il constitue un hôpital-hospice. »

Bien que les règles administratives soient en général les mêmes pour ces divers établissements, nous étudierons dans notre titre III, les particularités concernant les hospices proprement dits (1).

(1) Il existait en France à la fin de 1881 : 1636 établissements hospitaliers ainsi répartis ; 394 hôpitaux, 422 hospices, 820 hôpitaux-hospices. (*Ann.. Stat. de la France* de 1884.)

Le plus grand nombre d'hospices, aujourd'hui existants, tirent leur origine de la loi du 16 vendémiaire an V. La Révolution, reconnaissant que le résultat le plus clair de ses rêves utopistes, était la désorganisation des secours publics, commença, sans s'infliger de suite un démenti formel, par arrêter la vente des biens hospitaliers, incorporés au domaine. Le Directoire restitua franchement aux hospices la jouissance de leurs biens et rentes. C'était un retour presque complet au passé, hormis cette différence, que la création se présentait avec le double caractère *laïque* et *municipal*. Le clergé, qui, de tout temps, avait exercé une influence dans les œuvres d'assistance, tantôt exclusive, tantôt accessoire, était repoussé de l'administration du bien des pauvres ; celle-ci était confiée à une commission de cinq membres, nommés directement par la municipalité.

Dans le cours du siècle, beaucoup d'hospices communaux ont été érigés. Les uns sont dus à la libéralité des particuliers qui ont fait aux communes des legs ou donations dans ce but. Les autres sont sortis des modifications apportées par l'Administration à la distribution du patrimoine charitable. Quelques-uns enfin, résultent de bureaux de bienfaisance transformés, et conservent dans leurs attributions, la répartition des revenus, qui jadis étaient affectés aux secours à domicile.

Dans tous ces cas, comme il s'agit d'appeler à la vie civile une personne morale, un acte de l'autorité supérieure est nécessaire. C'est un principe de notre droit, constamment affirmé, et dans l'ancien régime et sous la législation actuelle, qu'aucun établissement public ne peut exister sans intervention du pouvoir souverain ; par exception, un acte du pouvoir exécutif suffit, quand il existe une délégation à son profit. Ici, cette délégation a été faite, dans le décret-loi du 25 mars 1852 qui, en transportant du pouvoir central au préfet la tutelle administrative en matière d'assistance, prend soin d'excepter la création d'hospices. (Art. 1, tabl. A, 2e partie, lettre Y.) Avant cette date, le chef de l'État puisait son droit dans un avis célèbre du Conseil d'État, du 17 janvier 1806, et aujourd'hui encore, par surabondance, ce texte est toujours visé dans les décrets portant création d'hospices. Il me répugne d'approuver cette pratique, car le décret-loi de 1852 suffit, et il est constant que l'avis se réfère « aux sociétés qui, ne se contentant pas de donner des secours à domicile, contractent avec les particuliers l'engagement de les loger, vêtir, entretenir et nourrir » ; d'autre part, comme l'a fait remarquer le ministre de l'intérieur, dans sa circulaire du 3 novembre 1806, le document dont il s'agit, avait en vue les sociétés libres, non les établissements communaux (1).

Il est intéressant de se demander, si la création d'un hôpital, surtout lorsqu'il est destiné au traitement des maladies contagieuses, ne peut pas donner lieu à réclamation de la part des voisins. Bien que je ne connaisse pas d'exemples où la question se soit posée, je pense qu'il faudrait appliquer les règles suivies par la jurisprudence en d'autres matières, lorsqu'il s'agit d'établissements créés par l'administration, afin de pourvoir à l'exécution d'un service public. On reconnait que la législation des établissements dangereux, insalubres ou incommodes, n'est pas applicable ici, et que le propriétaire dont l'immeuble est déprécié, ne pourrait demander la suppression du travail fait par l'Administration. Sa réclamation ne peut porter que sur une indemnité en

(1) En ce sens Cour cass., 30 déc. 1873, D. P. 1874. 1. 119.

réparation d'un dommage, non simplement possible et éventuel, mais certain et présent. La contestation devrait, à mon avis, être déférée aux tribunaux administratifs comme concernant une question de travaux publics (1).

Il arrive quelquefois qu'un hôpital ne peut vivre, les frais d'administration absorbant la plus grosse part de son revenu ; il y a alors intérêt à le transformer en bureau de bienfaisance. Par application des principes généraux, qui exigent, pour supprimer un établissement public, l'intervention de l'autorité même qui l'a créé, il faudra un décret. Le décret du 2 août 1879, portant règlement intérieur du Conseil d'État, renvoie à l'assemblée générale les projets relatifs à l'autorisation et à la création des établissements publics. (Art. 7.) Lorsqu'il s'agit de transformer ou de supprimer un hôpital, il est logique d'exiger les mêmes formalités, qui constituent une garantie précieuse.

(1) Ainsi jugé par le Conseil d'État, le 18 août 1856, dans une affaire où il s'agissait de dommages causés à une propriété privée par les émanations des latrines d'une caserne.

CHAPITRE II

Organisation des commissions administratives, attributions, tutelle

La composition des corps, chargés d'administrer les hospices, a donné lieu à beaucoup de difficultés, et cela se conçoit lorsqu'on réfléchit aux intérêts multiples qui se rencontrent dans ces établissements. D'une part, les municipalités qui voient s'élever dans leurs murs des institutions empruntant leur nom, unies à elles par le lien de la situation territoriale, dont la prospérité a été le plus souvent attachée à la leur, dont la dotation a été formée par les libéralités de leurs concitoyens, dans le but manifeste de secourir les infortunes locales, éprouvent une tendance fort naturelle à pratiquer sur elles une mainmise qui semble on ne peut plus légitime.

D'un autre côté, l'État proteste contre cette conception; il invoque la notion juridique qui, en rattachant le patrimoine hospitalier à un être de raison, parfaitement distinct de la commune, offre un argument très fort pour écarter l'action des autorités locales. — De plus, la bonne gestion des hôpitaux touche à des intérêts qui excèdent les limites de la circonscription communale, et justifient pleinement la haute tutelle que le gouvernement s'est efforcé de conserver sur eux. D'abord les hospices peuvent être contraints à recevoir, moyennant un prix de journée, les malades et infirmes appartenant à des communes étrangères. Ils peuvent être utilisés par le département pour le service des enfants assistés et pour celui des aliénés. Le ministre de la guerre peut leur imposer le traitement des malades militaires, et même les astreindre à des aménagements spéciaux. Enfin, ils doivent assurer le fonctionnement des cours cliniques des Facultés de médecine. Voilà, certes, des raisons d'un ordre assez élevé et assez variées, pour détruire la prétention des localités à gérer leurs hospices à leur guise, et comme elles l'entendent. L'État ne peut se désintéresser de cette administration, et la seule concession qu'il puisse faire, c'est d'admettre entre lui et les communes un partage d'influence sur le pied de l'égalité.

Si on jette les yeux sur le passé, en cherchant à extraire l'idée-mère des différentes organisations adoptées en France, on voit trois systèmes se dérouler successivement; l'un consacre exclusivement la prédominance des communes dans la gestion hospitalière, l'autre celle de l'État; un troisième, actuellement en vigueur, est un système de transaction, de juste milieu, qui fait une part à peu près égale aux deux influences.

La loi du 16 vendémiaire an V déclarait, dans son article 1er, que les administrations municipales auraient la surveillance immédiate des hospices civils établis dans leur arrondissement (lisons *municipalité de canton*). Leur action sur la gestion hospitalière s'exerçait de deux manières : par la désignation qu'elles faisaient de cinq citoyens qui devaient composer la commission et par l'avis qu'elles devaient nécessairement apposer sur les comptes trimestriels du receveur, avant qu'ils fussent soumis à l'administration départementale.

Ce système d'autonomie locale ne pouvait coexister avec les idées de centralisation outrée qui sortirent de la loi du 28 pluviôse an VIII, pour la commune et le département. Un décret du 7 germinal an XIII conféra la nomination des administrateurs au ministre de l'intérieur sur l'avis du préfet. Des actes postérieurs transportèrent bien au préfet le droit de nomination dans certaines conditions. Mais le préfet étant un agent de l'État, il reste vrai de dire que l'influence communale, au sein des Commissions hospitalières, ne possédait aucun moyen légal de s'exercer directement.

Lorsque l'assemblée de 1848 étudia la réforme des hospices, on proposa de combiner l'élection du conseil municipal avec le droit de nomination du préfet. M. Dufaure se fit l'interprète de la répugnance qu'éprouvait la majorité, à introduire dans la commission des éléments aussi mobiles, que ceux qui sortent d'une assemblée locale, élective elle-même. On craignait que cela ne vînt tarir la source de la charité privée. L'accord n'ayant pu se faire, l'assemblée se déchargea de ce travail sur le pouvoir exécutif, et posa, dans l'article 6 de la loi du 7 août 1851, le principe d'une délégation à son profit.

Deux principes seulement, étaient recommandés au chef de l'État : l'introduction de l'élément religieux, et la nécessité de rajeunir les commissions en les empêchant, par la suppression du droit de présentation, de se perpétuer elles-mêmes. La délégation ainsi posée, avait l'avantage, aux yeux du législateur, de tenir compte « des diversités nécessaires » au lieu d'une uniformité d'organisation que ne comportait pas l'état, essentiellement dissemblable, des établissements hospitaliers. On ne ferait pas un décret spécial pour chaque hospice, mais on les gouperait par catégories, en faisant pour chacune un règlement particulier.

Le décret du 23 mars 1852 mit en œuvre les desiderata de l'assemblée, en omettant toutefois d'ouvrir au clergé l'entrée des commissions. La composition resta fixée à cinq membres, comme par le passé, avec cette différence, que le préfet ne voyait plus son pouvoir de nomination restreint aux établissements dont il réglait le budget. Le renouvellement se faisait par cinquième, chaque année, et les membres sortants étaient rééligibles ; enfin, le droit du préfet n'était plus enfermé dans les limites d'une liste de présentation.

La présidence était attribuée au maire, et sa voix était prépondérante en cas de partage. Le ministre de l'intérieur, dans sa circulaire du 5 mai 1852, voyait là « une part convenable assurée à l'influence communale ». Je ne suis pas de cet avis. D'abord, jusqu'à une époque récente, le pouvoir exécutif a retenu, à son profit, le droit de choisir le maire, ou dans le conseil municipal, ou même en dehors. Puis, cet officier étant à la fois un agent de l'État et le chef de l'association communale, rien ne prouve qu'il figure à la présidence des commissions hospitalières plutôt au second titre qu'au premier.

Contrairement à ce vieil axiôme de notre organisation administrative, qui sépare la délibération et l'action, pour les confier à des organes différents, on maintint le principe suivi jusqu'alors, en matière hospitalière, qui cumule les deux fonctions entre les mêmes mains.

Le projet de la commission législative les séparait au contraire, en donnant l'action à un bureau, sorte d'agence exécutive ; l'idée était rationnelle, car l'organisation nouvelle comportait un très grand nombre de membres. Les modifications apportées sur l'article 6 du projet, qui devaient aboutir au maintien d'un nombre d'administrateurs peu élevé, firent abandonner cette idée.

La loi du 21 mai 1873 conserva la nomination préfectorale, en rétablissant le droit de présentation des commissions. La grosse innovation fut l'introduction d'un ministre de chaque culte reconnu. Le plus ancien curé, dans les communes où il existait plusieurs paroisses, un délégué du conseil presbytéral, un du consistoire israélite, prenaient rang désormais dans la commission. Cette motion fut très vivement discutée, et ne passa que grâce à l'éloquente intervention de l'évêque d'Orléans (1), qui, invoquant « une spécialité » particulière du clergé en matière d'assistance, enleva le vote de l'assemblée nationale.

Le décret de 1852 fut abrogé formellement par la loi du 21 mai 1873. Mais cette dernière loi, elle-même, fut profondément remaniée par la loi du 5 août 1879 ; et c'est dans ces deux textes combinés qu'il faut chercher les règles actuellement en vigueur. Le résultat essentiel de cette dernière législation fut de consacrer ce troisième système mixte, qui constitue un moyen terme entre les deux systèmes extrêmes de l'an V et de 1852. L'entrée dans la commission des délégués du conseil municipal s'imposait, et n'était que le développement logique d'une idée d'ingérence, posée dans la loi du 7 août 1851. De par cette loi, le conseil municipal est appelé à donner son avis sur les questions budgétaires ; aucune aliénation d'immeubles ne peut se faire sans lui ; enfin dans la plupart des villes, les hospices ne se soutiennent, au point de vue financier, que grâce aux subventions municipales. Il était de toute équité, tout en maintenant à l'Etat la haute main dans les commissions, d'en accorder l'accès aux délégués du conseil municipal.

Désormais, les commissions administratives des hos-

(1) Mgr Dupanloup.

pices sont composées du maire et de six membres renouvelables, dont deux élus par le conseil municipal, quatre nommés par le préfet.

La loi s'est efforcée de maintenir la proportion d'influence qu'elle a établie, et cette idée perce dans plusieurs dispositions. Le conseil municipal est-il suspendu ou dissous, ses délégués à la commission hospitalière conservent leur mandat jusqu'au jour de la nomination, par le nouveau conseil, de nouveaux délégués ; si le mandat hospitalier de ces derniers n'avait pas survécu à leur mandat municipal, il y aurait eu une rupture d'équilibre qu'on a voulu éviter. Enfin, dans les cas où un décret, en conseil d'Etat, décide qu'il y a lieu d'augmenter le nombre des administrateurs, cette augmentation doit toujours avoir lieu en nombre pair, afin que le droit de nomination s'exerce, dans une proportion égale, par le préfet et par le conseil municipal.

Les deux autres modifications de la loi de 1879 consacrent un retour pur et simple au décret de 1852. On avait constaté, à nouveau, que le droit de présentation constituait pour les commissions « une faculté de s'immobiliser », en créant une sorte de permanence, fort propre à engender l'esprit de routine. On repoussa aussi les ministres des cultes, sur ce motif que, « retenus par les soins si multiples de leur ministère, ils ne peuvent remplir les fonctions quotidiennes, qui incombent aux administrateurs, et qu'inamovibles comme représentants du culte, ils le sont aussi comme commissaires (1). » Il est du reste à noter que, si les ministres des cultes reconnus sont exclus, comme membres de droit, rien ne

(1) Rapport de M. Robert Dehault au Sénat. *Journ. off.*, 7 juillet 1879.

s'oppose à ce que le préfet les nomme, comme membres renouvelables. (Circul. min. du 26 sept. 1879.)

Le préfet jouit, dans l'exercice de son droit de nomination, d'une très grande latitude. L'ordonnance du 31 octobre 1821 (art. 5) imposait aux administrateurs la condition d'être domiciliés dans la commune. La pratique a, peu à peu, négligé cette condition, et dans les délibérations qui ont accompagné la loi de 1873, il a été entendu formellement entre le gouvernement et la commission de la chambre que cette exigence ne devait plus être observée. (Décis. min. du 4 juin 1878). Un argument en ce sens peut être fourni depuis 1879 : un non domicilié pouvant être élu conseiller municipal, rien n'empêche qu'il soit délégué à la commission hospitalière. Dès lors, pourquoi exiger des membres nommés par le préfet une condition de domicile que les délégués du conseil peuvent très bien ne pas remplir ?

La loi ne pose pas de théorie d'ensemble sur les incompatibilités. Comme texte législatif, on ne peut citer que la loi du 24 vendémiaire an II (titre II, art. 1), qui décide que les médecins des hospices se trouvant placés sous l'autorité des commissions, qui les nomment et les révoquent, ne peuvent en être choisis membres. Mais la jurisprudence du ministre de l'intérieur a posé de nombreuses incompatibilités, et toutes les nominations faites par le préfet pouvant être annulées par son supérieur le ministre, l'observation de ces prescriptions se trouve sanctionnée. Dans sa circulaire du 26 septembre 1879, celui-ci disait : « Une incompatibilité, qu'on perd trop souvent de vue, en choisissant les membres des commissions, est celle qui interdit de confier les fonctions d'administrateurs d'hospices (et de bureau de bienfaisance) aux fournisseurs de ces établissements. J'ai eu l'occasion de rappeler cette règle, en ce qui touche les pharmaciens. Il importe également de veiller à ce que l'administration charitable reste entièrement indépendante des commerçants chargés de la fourniture du pain, du vin, de la viande, et des autres objets consommés dans l'établissement. »

Enfin, la pratique a étendu à notre matière l'article 11 de la loi du 5 mai 1855, qui prohibait la présence simultanée au conseil municipal, dans les communes de moins de cinq cents âmes, de parents au degré de père, fils, frère et allié au même degré.

Le citoyen désigné par le préfet n'est pas obligé d'accepter les fonctions d'administrateur. La même règle doit être admise pour les délégués choisis par le conseil municipal, hors son sein. Mais si le choix de ce dernier portait sur des conseillers en exercice, je crois que l'acceptation par eux serait obligatoire, et qu'au cas de refus, il y aurait lieu à application de la loi du 7 juin 1873. On sait, en effet, que ce texte permet au Conseil d'État de déclarer démissionnaire tout membre d'un corps électif « qui aurait refusé de remplir une des fonctions qui lui sont dévolues par les lois. »

Notons bien que le délégué du conseil municipal conserve, au sein de la commission, son entière liberté d'appréciation, sans que ses votes puissent être dictés par des instructions, par une sorte de mandat impératif du corps dont il tient ses pouvoirs.

Qu'arriverait-il au cas, assez peu probable, où le préfet, par suite du refus de tous les habitants aptes à ces fonctions, n'arriverait pas à constituer une commission? MM. Durieu et Roche (1) citent une hypothèse où le fait

(1) *Répertoire des établissements de bienfaisance*, t. II, p. 327.

s'est produit. Le ministre de l'intérieur provoqua une ordonnance royale, qui nomma un directeur provisoire. Aujourd'hui la question est plus délicate, car la commission comprendra, au moins, le maire et les délégués du conseil municipal. Néanmoins, comme le mauvais vouloir des citoyens ne peut pas arrêter la marche de l'administration, je proposerai la même solution, en maintenant, à côté du directeur, les élus du conseil.

Bien qu'autrefois les administrateurs d'hospice fussent protégés par l'article 75 de la constitution de l'an VIII, qui subordonnait à l'autorisation du Conseil d'État les poursuites intentées contre un fonctionnaire pour faits commis dans l'exercice de ses fonctions, ils sont généralement considérés comme les gérants d'intérêts privés. En ce qui concerne l'application des lois sur la presse, la Cour de cassation a plusieurs fois décidé qu'ils ne peuvent être considérés comme dépositaires ou agents de l'autorité publique, partant que les injures à eux adressées publiquement, à raison de leurs fonctions, constituent un délit rentrant dans la compétence du tribunal correctionnel, non dans celle de la cour d'assises. Cette jurisprudence est fâcheuse, car en enlevant au citoyen, qui dénonce à l'opinion un fait coupable, commis par un administrateur, la garantie du jury, au cas où ce dernier se croit diffamé ou calomnié, on empêche les révélations de se produire au grand jour. Sous la loi du 29 juillet 1881, la question semblait plus discutable, car celle-ci renvoie à la cour d'assises la diffamation contre « un citoyen chargé d'un service ou d'un mandat public ». La Cour de cassation vient, tout récemment de déclarer ce texte non applicable aux administrateurs d'hospice, confirmant en ceci sa précédente jurisprudence (1).

(1) Cour de cassation, chambre criminelle, 27 février 1885.

Les membres de la commission sont nommés pour quatre ans et renouvelables par quart chaque année. Grâce au renouvellement partiel, l'esprit de suite, nécessaire à toute bonne administration, peut être maintenu. Quant aux délégués municipaux, comme leur fonction hospitalière résulte d'une délégation du conseil, et que celui-ci ne peut vivre plus de quatre ans, la durée de leurs pouvoirs est la même. Les Commissions peuvent être dissoutes, et leurs membres, sans distinction d'origine, révoqués par le ministre de l'intérieur. Le seul point à noter, c'est que les délégués du conseil municipal, révoqués, ne peuvent pas être réélus par lui, pendant une année. Il était indispensable de déjouer la persistance de cette assemblée à imposer à l'Administration un membre qui lui fût désagréable.

La présidence appartient au maire, ou à l'adjoint, ou au conseiler municipal « remplissant dans leur plénitude les fonctions du maire ». (Art. 3, L. du 21 mai 1873.) C'est un principe général nettement défini par la nouvelle loi municipale, que le maire peut déléguer une partie de ses attributions sous sa responsabilité. Le texte ci-dessus nous oblige d'écarter toute délégation à la présidence de la commission hospitalière, la suppléance reste seule possible.

Il est à remarquer que le maire peut être suspendu de ses fonctions municipales, pour un mois, par arrêté du préfet, et que cette suspension peut être portée à trois mois par le ministre de l'intérieur. Je n'hésite pas à admettre que la privation de ses attributions municipales enlève indirectement au maire, tout droit à présider la commission hospitalière.

La commission choisit dans son sein un vice-président, qui préside les séances, en l'absence du maire ou de son délégué. Les règlements intérieurs prescrivent la nomination d'un ordonnateur, chargé de signer les mandats à délivrer pour l'acquittement des dépenses. Enfin, chaque membres exerce, à tour de rôle, une surveillance journalière sur le service intérieur, et en rend compte à la commission à sa première réunion.

L'existence de plusieurs hospices dans une même commune n'entraîne pas comme conséquence la formation de plusieurs commissions ; il importe, en effet, de maintenir l'unité de vue dans l'administration. Je donnerais la même solution s'il s'agissait d'un établissement annexe, établi dans une autre commune. Pourtant si l'annexe était situé dans un autre département, il y aurait lieu, à mon sens, à un partage d'attributions entre le préfet chargé d'exercer la surveillance administrative sur l'établissement principal, et celui du département où se trouve la maison secondaire. On pourrait faire ainsi le départ : au premier reviendrait l'exercice habituel de la tutelle ; au second serait dévolue l'approbation des règlements sur la police, la salubrité, le bon ordre intérieur. Cette division des attributions permettrait seule de respecter cette règle, que la compétence préfectorale est essentiellement territoriale.

Des bienfaiteurs se réservent quelquefois pour eux et leurs héritiers le droit de concourir à la direction des établissements qu'ils ont dotés, de surveiller l'emploi des fondations, d'assister aux séances des commissions. Ces conditions peuvent être admises par le décret qui autorise l'acception de la libéralité ; mais jamais ces réserves ne peuvent constituer des dérogations aux règles fondamentales de l'assistance hospitalière. Je n'admettrais pas, par exemple, qu'un particulier stipulât à son profit le droit de siéger, avec voix délibérative, à côté des administrations établies par les lois. Conformément à ces principes, le conseil d'État a refusé une donation destinée à la fondation d'un hospice dont la direction devait être exclusivement confiée à des administrateurs désignés par le donateur et demeurer en dehors du contrôle de l'autorité supérieure. (Cons. d'État, 9 janv. 1834, Sœurs Saint-Joseph, à Lyon.)

L'administration jouit forcément, d'une certaine latitude, quand elle apprécie si la réserve formulée par le bienfaiteur constitue une atteinte aux principes de notre organisation charitable. Ainsi, elle a admis, à tort suivant moi, que le droit de nomination du préfet pourrait être limité par un règlement ministériel, qui, en conformité d'un décret, autorisant l'acceptation d'un legs destiné à fonder un hospice, avait décidé que les membres de la commission seraient pris sur une liste double, présentée par un conseil presbytéral. (Décret du 21 juin 1866, bureau de bienfaisance de Wallon).

Les commissions administratives, organisées au gré du gouvernement, furent longtemps dépouillées de tout pouvoir propre de décision ; c'était en réalité une assemblée dont on prenait l'avis, mais dont on pouvait vaincre la force d'inertie, quand elle restait passive, arrêter l'action, quand elle prenait l'initiative d'une mesure.

Le régime de centralisation excessive que la loi du 28 pluviôse an VIII avait établi pour la commune et le département, était consacré, pour les établissements charitables, par l'ordonance du 31 octobre 1821. On pouvait dire très exactement que les commissions administraient sous l'autorité du préfet et du ministre de l'intérieur ; elles n'avaient ni l'indépendance négative, le pouvoir de ne pas faire, ni l'indépendance active, la liberté de faire.

En 1851, après les réformes introduites dans la législation communale et départementale, on ne pouvait moins faire que de leur attribuer la première. Désormais, les commissions peuvent refuser d'agir, le droit de décision leur est accordé sous une de ses faces, et aucune autorité ne peut se substituer à elles pour prendre une mesure qu'elles jugent contraire aux intérêts de l'établissement.

Mais, au point de vue de l'indépendance active, il s'en faut de beaucoup que la loi du 7 août 1851 ait opéré une décentralisation sérieuse. Les hospices en sont encore au point où se trouvaient les communes au lendemain de la loi du 18 juillet 1837. Ce n'est pas une critique que j'adresse aux législateurs de 1851 ; ils ne pouvaient donner plus d'indépendance aux hospices que les textes en vigueur n'en accordaient aux municipalités. « Il est juste, disait le rapporteur, M. de Melun, que les administrations hospitalières profitent des franchises que la loi communale doit apporter. Les éléments qui la composent, offrent autant de garanties que les conseils municipaux ; pourquoi ne jouiraient-elles pas des mêmes avantages ? » La mise sur un pied d'égalité, voilà ce qu'on voulait. Le mal est que, pour les communes, des lois ont été rendues, qui ont développé leur indépendance, tandis que les hospices sont restés enserrés dans les liens d'une tutelle qu'il est permis de trouver exagérée.

Les délibérations sont soumises à un régime absolument calqué sur celui que la loi du 18 juillet 1837 avait établi pour celles du conseil municipal ; c'est-à-dire que toutes doivent, en principe, être soumises à l'approbation d'un agent de l'État ; voilà la règle. L'article 10 dispose « que ses délibérations sont soumises à l'avis du conseil municipal, et suivent, quant aux autorisations, les mêmes règles que les délibérations de ce conseil. »

Si le conseil refuse ou néglige de donner son avis, comme il ne peut dépendre de lui d'entraver, par son inertie, l'administration charitable, on passera outre. La pratique s'était déjà formée en ce sens. L'article 70 de la nouvelle loi municipale, en posant le principe en termes généraux, a rendu légale cette jurisprudence ; il exige toutefois que le conseil soit « à ce régulièrement requis et convoqué ».

Quant au lien établi par la loi de 1851 entre les délibérations de la commission et celles du conseil municipal, il serait téméraire de soutenir que la décentralisation réalisée pour ces dernières en 1867 et en 1884, doive être étendue, par voie de répercussion, aux premières. L'assimilation de l'article 10 vise uniquement l'autorité compétente pour exercer la tutelle.

Toutefois, si, sur ces délibérations, le conseil municipal n'est appelé qu'à donner un avis, dont on peut tenir compte ou non, *l'avis conforme*, l'approbation formelle, est exigé, lorsqu'il s'agit d'aliéner un bien hospitalier. Le rapporteur, qui avait proposé de confier cette attribution au Conseil général, l'expliquait par la nécessité d'empêcher la transformation en rentes du patrimoine des hospices, « transformation trop souvent provoquée, disait-il, par le pouvoir central, qui trouve ainsi un moyen de tenir plus facilement en ses mains la propriété hospitalière ». Le consentement du conseil municipal est aussi dispensable pour passer des traités de gré à gré ou par abonnement pour les fournitures d'objets d'alimentation nécessaires à l'établissement. (Art. 15.)

A côté des délibérations de droit commun, si je puis ainsi dire, soumises à l'avis du conseil municipal et à l'approbation du préfet, il en est quelques-unes, portant sur les objets énumérés limitativement à l'article 8, qui sont soumises à un régime un peu plus libéral. Ici la commission a un pouvoir de *régler*, au lieu du simple droit de *délibérer*. Ces délibérations se distinguent, comme celles de la loi de 1837 pour les communes, par ce fait, qu'elles constituent de simples actes d'administration courante, n'engageant en rien le fonds du patrimoine hospitalier. Ce sont : le mode d'administration des biens et revenus, les conditions des baux et fermes de ces biens, dans certaines conditions de durée, le mode et les conditions des marchés de fourniture et d'entretien, dont la durée n'excède pas une année ; les travaux de toute nature dont la dépense ne dépasse pas 3.000 francs. Encore, sur ces matières, la commission n'a-t-elle pas un droit de règlement absolu. Sa délibération peut être annulée par le préfet dans un délai de trente jours, à partir de la notification officielle, soit d'office pour violation de la loi ou d'un règlement, soit sur la réclamation d'une partie intéressée. L'indépendance ici donnée n'est qu'un trompe-l'œil : à l'approbation expresse on substitue seulement une approbation tacite, résulant de l'expiration d'un délai, sans opposition du préfet. Sans doute, le véto préfectoral ne peut se produire d'office que s'il y a violation de la loi ou d'un règlement ; mais qu'on lise attentivement le texte, et on verra que la réclamation d'un tiers intéressé, surgissant dans le délai, suffit pour ouvrir au préfet un droit d'appréciation discrétionnaire et autoriser l'annulation de la délibération, fût-elle d'ailleurs légale.

Deux sortes de délibérations sont au contraire soumises à une approbation expresse du préfet, sans que le conseil municipal ait à formuler son avis ; ce sont les règlements du service, tant intérieur qu'extérieur, et les contrats à passer avec les congrégations hospitalières. (Art. 8, *in fine.*)

D'après une instruction ministérielle du 8 février 1823, rectifiée et complétée par une circulaire du 31 janvier 1840, ces règlements doivent porter sur le nombre et l'ordre des séances de la commission, la nature des maladies et infirmités traitées dans l'établissement, le nombre de lits assigné à chaque infirmité, le régime alimentaire et les dispositions disciplinaires. Pour les contrats passés avec les congrégations, on conçoit très bien que la loi n'ait pas exigé l'avis du conseil municipal ; la tendance de notre législation est de laisser au gouvernement seul l'appréciation des questions où se trouvent en cause des intérêts religieux.

Le décret législatif du 25 mars 1852, qui, pour plus de clarté, a été reproduit dans le décret réglementaire du 13 avril 1861, a une importance extrême pour les affaires d'assistance. Le principe qu'il a posé, c'est que toutes les questions, qui étaient autrefois dans le ressort du pouvoir central, sont déférées au préfet, sauf le droit, pour les intéressés, de demander au ministre le redressement ou l'annulation des décisions préfectorales. Les points sur lesquels l'administration centrale a conservé une action directe, aujourd'hui peu nombreux, forment l'objet d'une énumération limitative, dans le tableau A annexé au décret. « Le but de cette détermination, écrivait le ministre, est de rapprocher l'administrateur de l'administré, de simplifier l'instruction des affaires, en rendant plus prompte la solution, et par là mettre un terme aux plaintes, qui s'élevaient de toutes parts contre les complications et les lenteurs de l'administration. » (Circul. min. du 10 avril 1852.)

Pour compléter le tableau de cette surveillance attentive que l'État exerce sur les établissements hospitaliers, signalons l'existence des inspecteurs généraux, institués par arrêté du 20 juin 1828. Dans une circulaire, le ministre de l'intérieur expliquait ainsi le but de cette création : « La mission des inspecteurs embrasse l'examen du service des établissements de bienfaisance ; ils sont chargés d'éclairer le gouvernement sur la situation exacte de l'administration des secours publics, de lui rendre compte des besoins et des ressources propres à améliorer le service, et à détruire les abus. » Ce contrôle se réalise au moyen de tournées annuelles, dont les résultats sont consignés dans des rapports adressés au ministre de l'intérieur.

Enfin, au point de vue financier, les receveurs sont soumis au contrôle des inspecteurs des finances.

En résumé, bien que la loi du 7 août 1851 ait constitué une étape très formelle dans la voie de la décentralisation, en donnant aux commissions hospitalières, l'indépendance négative, le droit de s'opposer à une mesure que le gouvernement aurait à cœur d'imposer, il est d'évidence que leurs délibérations sont assujetties à une très étroite tutelle.

Tant que leur composition était abandonnée au libre choix du gouvernement, ministre ou préfet, ce régime pouvait se défendre rationnellement. A quoi bon donner une grande somme d'indépendance à un organe qu'on créé à son gré, dont on peut briser la résistance par la dissolution collective ou par la révocation individuelle ? Cependant, il me semble que, depuis l'introduction dans les commissions hospitalières des délégués municipaux, il serait à la fois logique et conforme à l'esprit libéral de nos dernières lois d'administration locale, de les doter d'une dose plus forte d'indépendance.

CHAPITRE III

Du personnel des hôpitaux

Secrétaire, receveur, économe, médecins et chirurgiens, pharmaciens, sœurs, aumôniers, employés.

L'article 14 de la loi du 7 août 1851 consacre, au profit de la commission, le droit de nommer son secrétaire, l'économe, les médecins et chirurgiens, mais soumet le droit de révocation à l'approbation du préfet, garantie sérieuse accordée à ces fonctionnaires. Quant au receveur, par exception, il est nommé par le ministre de l'intérieur, sur la proposition de la commission et l'avis du préfet. L'intérêt financier qui lui est confié, et l'amène chaque année devant le conseil de préfecture ou la cour des comptes, justifie pleinement cette dérogation à l'article 14.

Secrétaire. — Ce fonctionnaire est attaché spécialement aux travaux de la commission, dont il tient le registre de délibérations. Il met à jour les livres du service administratif, fait la correspondance, prépare l'expédition des ordonnances de dépenses, a la garde des papiers, dont il est responsable, en un mot dirige le travail des bureaux.

Receveur. — C'est à lui qu'est confiée la comptabilité de l'établissement. Il encaisse les recettes, effectue les dépenses sur mandats, régulièrement délivrés par l'ordonnateur, et rend ses comptes annuellement. Lorsque le revenu de l'hospice n'excède pas 30.000 francs, ces fonctions sont remplies par le percepteur de l'État, comme en matière communale. Son traitement consiste en remises proportionnelles tant sur les dépenses que sur les recettes. Comptable public, il voit ses biens immobiliers grevés de l'hypothèque légale de l'article 2121 du Code civil ; mais le privilège de la loi du 5 septembre 1807 ne saurait être exercé contre lui (1). Le receveur fournit en outre, comme garantie de sa gestion, un cautionnement, qui, en principe, devrait être versé au Mont-de-Piété, pour accroître le fonds de roulement de cet établissement. Les difficultés qui peuvent surgir sur l'étendue et les effets de ces engagements, qu'ils soient passés par le receveur lui-même, ou par des tierces personnes, rentrent dans la compétence judiciaire, et les décisions rendues sur cet objet par le conseil de préfecture, devraient être annulées. (Conseil d'État, 21 décembre 1854.)

Économe. — Il est chargé spécialement de la gestion des matières, de l'achat des denrées et effets mobiliers. Chaque mois, il remet à la commission un relevé, indiquant l'état des magasins, et, en fin d'année, il dresse un compte général du mouvement des entrées et sorties. Ces fonctions étaient autrefois remplies par les sœurs ; mais la nécessité d'un contrôle financier minutieux, difficile à exercer sur des religieuses, que le désintéressement même de leur vie charitable commande d'exempter de tout soupçon, fit créer l'économat. En 1851, le rapporteur proposait de laisser à la commission, lorsque le revenu n'ex-

(1) Tribunal de la Seine, 3 janvier 1882.

cède pas 10.000 francs, la liberté d'adopter un mode de gestion plus avantageux, moyennant l'approbation du conseil municipal et du préfet. C'était, au fond, permettre la suppression de l'économat. Cet article ayant disparu, dans la discussion, je crois que la nomination d'un économe s'impose dans tous les établissements hospitaliers, quand même cette dépense constituerait une charge excessive, en disproportion avec leurs facultés pécuniaires. La comptabilité de cet agent étant rattachée à celle du receveur, je ne pense pas qu'on puisse lui appliquer l'hypothèque légale de l'article 2121 du Code civil. La seule garantie que possède l'établissement contre une gestion infidèle, consiste dans le dépôt d'un cautionnement. Mais, en revanche, l'économe est assimilé à un comptable public, en ce sens que les falsifications de pièces de comptabilité tombent sous l'application de l'article 146 du Code pénal, qui punit le faux public des travaux forcés.

Médecins et chirurgiens. — Le principe de la nomination des médecins et chirurgiens par la commission n'a pas passé sans difficulté dans la loi de 1851. M. Schœlcher, dans un but fort louable d'ailleurs, demandait qu'on généralisât le principe du concours, comme cela se faisait à Paris, à Lyon, et dans d'autres grandes villes. Le rapporteur s'y opposa avec la plus grande vigueur, et les raisons qu'il donna, semblent au-dessus de toute contestation. « Il n'y a pas de doute, disait-il, qu'en général, des hommes qui ont une clientèle faite, n'osent pas risquer leur réputation dans un concours, dont le résultat est toujours incertain. Puis, pour être médecin d'un hôpital, suffit-il d'être habile? ne faut-il pas encore des garanties de moralité et de charité ? » Établir le concours dans toutes les localités, c'eût été poser une règle qui, le plus souvent, serait restée lettre morte, faute de concurrents. Mieux valait poser, comme règle générale, la nomination par la commission, en lui laissant, par le silence même de la loi, la faculté d'ouvrir un concours, quand elle disposerait d'éléments suffisants. Ceci fut admis dans la discussion. Mais, de ce que le texte ne prévoit pas d'autre mode de nomination que le choix direct par la commission, je pense qu'il faut conclure que, si, par impossible, celle-ci s'écartait du classement résultant du concours, les candidats évincés n'auraient aucun recours contentieux contre sa décision.

Les médecins et les chirurgiens ne reçoivent qu'un traitement modique. Peut-être pourrait-on arriver à la gratuité complète, sans consacrer pour cela une iniquité. Cette idée était déjà énoncée timidement, en 1840, par M. Duchâtel, dans une circulaire aux préfets. « Il me semble, disait le ministre, que ces praticiens, trouvant dans leur service les moyens d'augmenter leurs connaissances et leur réputation, et de parvenir ainsi plus tôt à la célébrité et à la fortune, pourraient bien consacrer gratuitement quelques instants au soulagement des malheureux. »

Il est intéressant de remarquer que les hospices peuvent être déclarés responsables des fautes commises par leurs préposés du service médical. Sans doute ils ne sont pas obligés de recevoir le malade; mais en l'admettant, ils prennent l'engagement tacite de le bien soigner, et les fautes grossières, les maladresses, les imprudences, pourraient donner naissance à la responsabilité civile, dont le principe est posé à l'article 1382 du Code civil. Ce texte étant très nettement appliqué par la jurisprudence en matière communale, il n'y a aucun motif d'en repousser l'application à notre matière.

Cette doctrine a été admise dans une espèce que j'ai relevée : une saignée, pratiquée par un élève interne, avait été mal faite, et avait eu des conséquences fâcheuses pour la santé du patient. Celui-ci assigna devant l'autorité judiciaire l'élève, le médecin en chef, et les administrateurs comme civilement responsables, et tenus à exécution commune. Le tribunal se déclara compétent. Mais, comme le jugement du fond exigeait l'interprétation préalable du règlement intérieur, il dut surseoir à statuer jusqu'à ce que la question préjudicielle ait été vidée par la juridiction administrative. Il s'agissait de savoir si l'individu coupable de la maladresse incriminée réalisait bien le conditions requises pour occuper les fonctions d'interne, et si l'opération avait régulièrement pu lui être confiée. (1) (Conseil d'État, 10 mars 1858.)

Pharmaciens. — Si la loi du 7 août 1851 a gardé un silence complet, M. Dalloz est d'avis qu'il faut les assimiler aux médecins, attendu que, sous la législation antérieure, ils étaient traités de même. Pourtant il me paraît incontestable que, nommés par la commission, ils peuvent être révoqués par elle sans qu'il soit nécessaire de l'approbation préfectorale. A la différence des médecins, les pharmaciens d'hospice doivent tout leur temps à l'établissement, et c'est même à cause de ce service incessant que les réglements leur accordent des pensions de retraite. Les circulaires ministérielles (voyez notamment celle du 31 janvier 1840) recommandent aux pharmacies hospitalières, fondées pour les besoins des indigents, de ne point vendre de médicaments au dehors, afin de ne pas créer une concurence pour l'industrie particulière. Mais je crois que ces prescriptions ne sont pas fidèlement suivies.

(1) Dalloz, *Périodique*, 1858. 3. 68.

Lorsqu'il n'existe pas de pharmacien attaché spécialement à l'hospice, celui-ci devra s'adresser à un pharmacien tenant officine en ville. C'est une question très controversée que celle de savoir si on peut exploiter simultanément plusieurs pharmacies. (Pour l'affirmative, Cour de Paris, 27 février 1827.) Quoi qu'il en soit, la jurisprudence administrative admet sans contestation, qu'un pharmacien, tenant officine en ville, peut diriger la pharmacie de l'hospice (1). (Décision combinée entre les ministres de commerce et de la justice du 8 novembre 1882.) Cette interprétation parait d'autant plus admissible que la gérance d'une officine hospitalière n'exige pas la présence constante du pharmacien, et que les prescriptions édictées par la loi du 21 germinal an XI, peuvent être suivies sans peine.

Enfin, on permet aux sœurs hospitalières de préparer les remèdes dits « magistraux », qui n'exigent pas grande connaissance technique, à la différence des médicaments « officinaux », réservés aux pharmaciens.

Notons en passant que les hôpitaux admettent, à la suite de concours, des élèves pour aider les médecins dans leurs visites et opérations, et s'instruire de leur expérience. Cette pratique, tout extrà-légale et organisée par les règlements intérieurs, offre le double avantage de fournir à ces fonctionnaires de très utiles auxiliaires, et de favoriser l'instruction de ces jeunes gens.

(1) Dans le même sens on peut citer un jugement du Tribunal civil de Valence (5 juillet 1850) confirmé par la Cour de Grenoble, renvoyant les sœurs de l'hospice de Saint-Vallier des fins d'une poursuite en exercice illégal de la pharmacie, et fondée sur ce que leur officine était surveillée par un pharmacien de la ville. — Un projet de loi adopté par le Conseil d'État en 1880-81 stipule expressément « que le pharmacien ne peut exercer sa profession que dans son officine et n'en peut gérer plus d'une ».

Sœurs hospitalières. —L'Assemblée constituante, après avoir prohibé les vœux monastiques, dans la loi du 13 février 1790, ou mieux, après les avoir destitués de tout effet civil, avait, par celle du 18 août 1793, supprimé toutes les congrégations séculières, « même celles uniquement vouées au service des hôpitaux et au soulagement des malades, sous quelque dénomination qu'elles existent en France. » La pensée inspiratrice de cette mesure n'était pas une pensée de haine, puisque le préambule de cette dernière loi reconnaissait que « certaines congrégations avaient bien mérité de la patrie. » La grande assemblée se laissa guider par cette conviction, sans aucun doute exagérée, qu'un État vraiment libre ne doit souffrir dans son sein aucune corporation. Si elle croyait indispensable à la liberté de sacrifier les congrégations, du moins était-elle pleine de douceur pour ses membres, auxquels elle ménageait des secours.

L'article 2 de la loi stipulait en outre « que dans les hôpitaux et maisons de charité, les mêmes personnes continueraient, comme ci-devant, le service des pauvres et le soin des malades, *à titre individuel*, sous la surveillance des corps municipaux et administratifs. »

Avec le Consulat, une ère nouvelle s'ouvrit pour les congrégations, qui se relevèrent peu à peu. Le décret du 3 messidor an XII se contenta, pour leur création, d'une autorisation du gouvernement. Le décret du 18 février 1809, spécial aux congrégations hospitalières de femmes soumit, pour l'avenir, leur reconnaissance à l'approbation du gouvernement insérée au *Bulletin des lois* et imposa à celles qui existaient l'obligation, sous peine de dissolution, de faire viser leurs statuts dans un délai déterminé. Sans rétablir la validité civile des vœux monastiques, ce décret, dans ses articles 7 et 8, admettait les élèves et novices de ces congrégations à contracter, à l'âge de seize ans, des vœux annuels, et à s'engager, lors de leur majorité, par des vœux de cinq ans, dont acte serait reçu par l'officier de l'état civil, en présence de l'évêque ou de son délégué. Je ne crois pas qu'aujourd'hui cette pratique reçoive grande application; mais, en droit elle subsiste, et beaucoup d'auteurs y voient un empêchement prohibitif au mariage pour la durée des vœux. Cette solution leur semble justifiée par l'article 2 du décret, qui dit que les statuts, une fois approuvés sont « d'institution publique » C'est une espèce d'engagement civil et administratif, unilatéral, que contracte la religieuse, d'ailleurs sans inconvénient, puisqu'il est temporaire.

Sous l'empire de cette législation, et par suite de la tolérance du gouvernement, les congrégations hospitalières se multipliaient, lorsque la loi du 2 janvier 1817, statuant d'une façon générale, permit la création d'*établissements ecclésiastiques* moyennant une autorisation législative. On discuta beaucoup, si cette législation était applicable aux congrégations de femmes, et spécialement aux congrégations hospitalières.

La loi du 24 mai 1825 mit fin à la controverse, en exigeant, pour l'avenir, l'autorisation législative; une simple autorisation royale suffisait pour les congrégations, qui existaient au 1er janvier de cette année.

Il n'entre pas dans le cadre de cette étude d'exposer les principes de la législation précitée ; son but était d'organiser les garanties nécessaires aux familles et à l'Etat, contre un développement excessif des communautés religieuses. Un seul point retiendra notre attention. Ce n'est pas seulement la création première d'une congrégation de femmes, qui est désormais soumise à des formalités, approbation de l'évêque, enregistrement des statuts au Conseil d'État, intervention du Parlement; tout établissement, fondé par une congrégation déjà autorisée, doit être approuvé par décret, avec le consentement de l'évêque diocésain, et l'avis du conseil municipal du lieu où il s'élèvera (art. 3). On pourrait être tenté, vu la généralité des termes de la loi de 1825, d'étendre ce texte aux congrégations appelées par une commission hospitalière à la desserte d'un établissement charitable. Ce n'est pas mon opinion. En vertu de ce principe d'interprétation, qu'une loi générale n'abroge pas les dispositions spéciales, j'appliquerai l'article 5 du décret du 18 février 1809, qui prescrit, dans cette hypothèse des formalités différentes. Il est ainsi conçu : « Toutes les fois que les administrations des hospices ou des communes voudront étendre les bienfaits de cette institution aux hôpitaux de leur commune ou arrondissement, les demandes seront adressées, par les préfets, à notre ministre des cultes, qui, de concert avec les supérieures des congrégations, donnera des ordres pour l'établissement de nouvelles maisons, quand cela sera nécessaire. Notre ministre des cultes soumettra l'institution des nouvelles maisons à notre approbation. » Voici l'intérêt de la question : dans le système de 1809, le décret est bien toujours nécessaire, mais on n'exige ni l'adhésion de l'évêque, ni l'avis du conseil municipal, nécessaires aux termes de la loi de 1825.

L'article 8 de la loi du 7 août 1851 reconnaît implicitement aux commissions administratives la faculté de passer des traités avec les congrégations, pour la desserte des hôpitaux. Seules, elles sont compétentes pour décider s'il y a lieu de leur confier le service, de préférence aux infirmières laïques, et le conseil municipal n'a aucun moyen de faire prévaloir ses vues à ce sujet. Ce qu'il ne peut faire directement, il ne peut pas l'essayer par voie oblique, par exemple en subordonnant le vote d'une subvention au renvoi des sœurs. C'est en vertu de ces principes, que le président de la République a annulé, à plusieurs reprises, des délibérations de conseil municipaux, conçues dans cet esprit, comme « constituant des empiètements sur les attributions d'une autorité voisine. »

Sans engager une polémique oiseuse, ni réclamer pour la religieuse le monopole de la charité, je suis convaincu que l'intérêt bien entendu des malades fait un devoir aux administrateurs des hôpitaux de conserver, comme une force sociale précieuse, la sœur de charité au chevet du pauvre. De fortes convictions religieuses, la poursuite d'un idéal au-dessus des intérêts matériels, peuvent seuls faire naître cet esprit d'abnégation et d'héroïsme continu, ce renoncement à soi-même, si nécessaire à celui qui vit au milieu de la souffrance. Il me semble puéril de mettre en regard le devoir professionnel de l'infirmier salarié, qui, sauf de rares exceptions, considérera sa profession comme une situation transitoire, à échanger au plus vite contre une besogne moins repoussante. A ceux qui m'objectent que l'esprit religieux est, de sa nature, envahissant, je répondrai qu'une surveillance attentive des administrateurs suffit à donner à la liberté de conscience toutes les garanties auxquelles elle a droit, et à redresser les écarts d'un prosélytisme inconsidéré.

La pensée religieuse est une source si féconde de dévouement, que les pays protestants ont cherché à imaginer quelque chose qui ressemblât à notre sœur de charité. A Berlin, à Munich, à Lausanne, dans quelques villes d'Angleterre, on connait « la diaconesse », sorte de servante des pauvres, qui entre à l'hôpital, poussée par le mobile religieux, en vertu d'un accord passé avec l'Administration, mais sans former avec ses compagnes aucune corporation de nature à gêner l'autorité de celle-ci. Il y a là une conception, pour moi, absolument analogue à celle que l'Assemblée constituante a suivie en permettant aux membres des congrégations dissoutes de rester dans les établissements charitables « à titre individuel » ; elle pourrait un jour devenir susceptible d'une application sérieuse dans notre pays, si les congrégations religieuses venaient à disparaître, en tant que personnes civiles, distinctes de leurs membres. Nous retrouverons plus loin une institution de ce genre, qui fonctionne à Lyon, depuis des siècles, sous l'égide catholique, et qui mérite au plus haut degré, d'être étudiée de près.

Les traités passés entre les hospices et les congrégations, constituent de vrais contrats synallagmatiques, et à titre onéreux, des louages de service, puisque en échange des soins qu'elles donnent aux pauvres, les sœurs, ou mieux la Communauté, reçoivent un traitement, modeste il est vrai, la nourriture, le chauffage, et l'entretien (1). Les conventions, en stipulant « que les sœurs seront traitées comme les filles de la maison et non comme des mercenaires, » semblent bien vouloir imprimer à leur traitement le caractère d'honoraires, plutôt que celui d'un salaire. Mais cela ne suffit pas à modifier la nature intrinsèque du contrat. On y trouve le règlement des rapports de la congrégation avec l'hospice, relativement au nombre des sœurs à fournir, la faculté pour les reli-

(1) Le modèle en est donné dans une circulaire ministérielle du 26 septembre 1839.

gieuses de rester à titre de « reposantes », l'obligation d'obéir, quant au temporel, aux décisions de la commission, de rester, quant au spirituel, sous la juridiction de l'ordinaire. Enfin, des délais de dédite y sont stipulés de part et d'autre.

Ces traités, constituant de vrais contrats de droit civil, rentrent, quant au fond, dans la compétence de l'autorité judiciaire, tandis que les formalités administratives doivent, s'il y a difficulté, être déférées à l'Administration. Mais j'admettrai, conformément aux principes, que, lorsque l'acte est passé, il peut être, dans son ensemble, examiné par le tribunal judiciaire, sauf l'obligation, pour lui, de renvoyer, sous forme de question préjudicielle, l'appréciation des formalités administratives à qui de droit. Après, il en fera lui-même l'application.

Si la convention a été passée avec une durée déterminée, je ne crois pas que cela entraîne, pour la commission, l'obligation de conserver les sœurs en fonction, si elle juge le maintien du *statu quo* contraire à l'intérêt du service charitable. La commission aura bien imposé à l'hospice une obligation, dont la non-exécution pourra faire naître contre lui un recours en indemnité ; mais elle ne saurait aliéner une prérogative qu'elle doit exercer dans son intégrité pour le mieux du service qui lui est confié.

Dans l'énoncé des solutions précédentes, j'ai été guidé par les principes qui ont prévalu devant le tribunal des conflits, le 28 décembre 1878, relativement au droit du préfet de révoquer les instituteurs congréganistes, en dépit des conventions passées entre leur institut et les communes. Dans ce cas, comme dans le nôtre, il s'agit d'un contrat passé dans l'intérêt d'un service public entre un établissement d'utilité publique et une commune. Les motifs de décider me semblent identiques ; la solution doit être la même.

Quelques congrégations, fondées par décret spécial dans un hospice, avant 1825, ou par une loi, après cette date, ont élevé contre le droit de renvoi, exercé par la commission, une fin de non-recevoir motivée sur ce que, rattachées à l'établissement par l'acte même de leur institution, elles ne pourraient être expulsées sans une modification de leurs statuts, possible seulement par voie législative.

Cette opinion a été soutenue par de très notables auteurs. « Pour certaines congrégations, disent MM. Durieu et Roche, le décret qui les institue dans un hospice est le seul titre de leur existence légale. Obliger les sœurs à quitter l'établissement, ce serait revenir contre l'acte même de leur fondation et en changer les conditions essentielles. Or la seule volonté d'une commission ne saurait avoir cette puissance (1). » La seule concession que font ces auteurs, c'est d'admettre que l'acte d'institution peut être modifié par une ordonnance, attendu qu'il n'a pas le caractère législatif, mais bien celui de haute police administrative.

Cette opinion est critiquable à plusieurs points de vue. D'abord il est inexact que le retrait de la desserte d'un hospice à une congrégation constitue une atteinte à son existence ; ne peut-elle pas toujours, en s'établissant ailleurs, continuer, comme par devant, sa mission charitable ? Puis, refuser à la commission le droit de changer une communauté, n'est-ce pas rendre illusoire l'autorité que le décret de 1809 lui accorde, au point de vue temporel, sur les congrégations ?

(1) *Répertoire des établissements de bienfaisance*, t. I, pp. 545 et suivantes. — Dalloz, *Rép.*, V° HOSPICE, n° 280.

La question s'est présentée au Conseil d'État dans des termes fort ressemblants. Les sœurs de Saint-Jean avaient été admises par décret à desservir l'hôpital d'Avignon. La commission voulant les congédier, elles objectèrent qu'un décret était nécessaire, en excipant de l'article 6 de la loi de 1825, ainsi conçu : « L'autorisation des maisons particulières dépendant des congrégations ne pourra être révoquée qu'après avoir pris l'avis de l'évêque diocésain, et avec les autres formes prescrites par l'article 3. » Le Conseil d'État rejeta cette argumentation, et maintint intact le droit de la commission, en s'appuyant sur les motifs que j'ai donnés pour la première hypothèse (1).

Aumôniers. — Les commissions ont la faculté, si elles le jugent nécessaire, d'attacher à l'établissement un aumônier, qui a pour mission de célébrer le culte, de faire des instructions religieuses, et d'administrer les secours spirituels. A son défaut, ces fonctions sont remplies par le curé de la paroisse où s'élève l'hospice.

Conformément à l'article 18 de l'ordonnance du 31 octobre 1821, sa nomination appartient à l'évêque sur une liste de présentation de trois candidats dressés par l'administration hospitalière. Ce concours des autorités civile et religieuse, nécessaire pour la nomination, n'existe pourtant pas lorsqu'il s'agit de révoquer l'aumônier. Ici, en l'absence de textes, on reconnaît compétence exclusive à l'évêque. Cela n'est pas sans inconvénient, car, d'un côté, l'évêque peut retirer ses fonctions à un aumônier que la commission voudrait garder, et de l'autre, celle-ci n'a aucun moyen de se débarrasser de ce fonctionnaire

(1) Recueil des arrêts du Conseil d'État de Lebon, 1845, p. 142.

si l'évêque se refuse à user de son pouvoir ; elle n'a que l'arme précaire du retrait de traitement. [Ce système de demi-indépendance de l'aumônier vis-à-vis la commission peut être fâcheux, quand celui-ci, emporté par son zèle de prosélytisme, louable dans son principe lorsqu'il s'exerce sur une volonté libre, cherche à usurper auprès d'un malade une direction spirituelle qui ne lui appartient pas. Dans ces cas, les évêques se sont toujours reusés à sévir contre des abus qu'ils tenaient pour des actes méritoires. Le seul moyen de réprimer ces écarts, outre le retrait de traitement, sera le recours platonique pour abus exercé devant le Conseil d'État. L'aumônier étant, selon l'expression de M. Dupin, « un officier ecclésiastique en service extraordinaire, » il n'y a aucune raison de refuser contre lui l'exercice de cette voie de recours d'autant plus nécessaire que la révocation par l'autorité civile n'existe pas.

Les aumôniers ont le droit d'exercer librement leur ministère apostolique auprès de leurs coréligionnaires, et, tant pour faciliter cette tâche que pour éviter les abus, une circulaire ministérielle du 9 novembre 1846 (1) a prescrit que le culte des malades soit inscrit à la suite du nom, avec l'indication de la salle et le numéro du lit sur le registre des entrées.

En cas de contestation, les administrateurs n'ont pas le droit de réprimander directement l'aumônier, ils doivent s'adresser à l'autorité supérieure qui en référera à l'évêque.

Ils reçoivent un traitement fixe, sans pouvoir prétendre aucun droit au casuel, qui doit être versé à la caisse hospitalière comme bien des pauvres. Néanmoins, ils

(1) D. P. 1847. 3. 79.

sont tenus d'exécuter gratuitement les fondations religieuses de l'établissement (1).

Employés. — Pour achever l'étude du personnel des hôpitaux, citons les employés de tout ordre placés soit dans les bureaux, soit dans le service du matériel. Nommés par la commission, ils sont révocables par elle. On permet généralement à la supérieure, chargée du service intérieur, de choisir elle-même les infirmiers et servants par délégation. Pourtant elle ne peut les prendre et les renvoyer qu'avec l'approbation de l'Administration.

Le décret du 7 février 1809, rendu spécialement pour les hôpitaux de Paris, et déclaré applicable facultativement à tous les établissements hospitaliers, depuis l'ordonnance du 6 septembre 1820, permet de constituer une pension de retraite à tous les employés rétribués sur les fonds de la maison. L'article 19 de l'ordonnance du 31 octobre 1821 dispose que les sœurs, âgées ou infirmes, qui ne demandent pas à être conservées à titre de *reposantes*, pourront profiter du bénéfice de la pension, si les revenus le permettent. Le décret de 1809 se borne à organiser les bases sur lesquelles la pension sera liquidée, laissant à la commission le soin d'adopter le système des retenues sur le traitement pour former le fonds des pensions, ou de la constituer directement sur ses revenus. Il importe toutefois de distinguer ces deux méthodes. Dans la première, l'employé a un vrai droit acquis qu'on ne peut lui enlever ; dans la seconde, il ne possède qu'une aptitude essentiellement précaire. Le décret du 25 mars 1852 a transporté au préfet l'approbation des liquidations de pension ; mais du silence

(1) Gaudry, *Traité de la législation des cultes*, t. II, p. 315.

de ce document sur l'autorité compétente, pour homologuer les règlements constitutifs de caisses de retraite, on a conclu, par analogie de ce qui se passe pour les caisses départementales, que ce droit était resté aux mains du pouvoir central (1). (En ce sens, circul. min. du 5 mai 1852.)

(1) Il est intéressant de connaître le personnel employé dans les établissements hospitaliers. En 1881, il était de 28,705 personnes, ainsi décomposé : médecins et chirurgiens, 2,837 ; — religieuses, 11,072 ; — employés, 3,019 ; — servants, 11,777. (*Ann. Stat. de la France* de 1884.)

CHAPITRE IV

Du domaine hospitalier

SECTION I

BIENS RESTITUÉS, BIENS CONCÉDÉS EN REMPLACEMENT, DOTATION MOBILIÈRE

Arrivés dans notre historique au moment où la Révolution constatait, au milieu des difficultés financières considérables, combien il est chimérique de concentrer l'assistance dans les mains de l'Etat, nous devons examiner maintenant les œuvres réparatrices, les efforts faits pour reconstituer le patrimoine hospitalier. Un décret du 9 fructidor an III avait suspendu la vente des biens d'hospice nationalisés. Après la formule négative vint une disposition positive, la loi du 16 vendémiaire an V, voilée elle-même sous un euphémisme : « *Les hospices civils sont conservés* dans la jouissance de leurs biens et des rentes et redevances qui leur sont dues par le Trésor public ou par des particuliers. » Le principe fut appliqué, il faut l'avouer, avec la plus parfaite loyauté. Mais le mal était que cette restitution « à l'identique », si je puis ainsi dire, ne pouvait plus avoir lieu que pour une faible portion ; les trois cinquièmes du bien des pauvres avaient disparu dans la tourmente révolutionnaire, aliénés comme biens nationaux. Pour les remplacer, il fallut procéder par voie d'équivalent. L'article 6 de la loi de vendémiaire prescrivit « la concession des biens nationaux de même nature et de même produit. »

Comme mesure d'exécution, il fut décidé que, dans le mois suivant, les administrations départementales feraient dresser par les hospices un état des biens vendus faisant partie autrefois de leurs dépendances, et que, dans le mois d'après, elles désigneraient les biens cédés en remplacement après estimation faite par experts. Cette affectation, pourtant, devait avoir un caractère provisoire, et ne devenir définitive que par l'approbation législative. Le travail se fit tant bien que mal; au milieu des troubles d'une époque agitée, les assemblées ne s'occupèrent guère activement de régulariser la situation. En l'an XI, un arrêté vint enjoindre aux commissions administratives et, à leur défaut, aux maires et adjoints, de dresser l'état des biens nationaux attribués aux hospices, en remplacement de leurs biens aliénés, et de l'envoyer au ministre avant le 1er germinal suivant. Une sorte de déchéance était adjointe portant « que tous les hospices pour lesquels on n'aurait pas envoyé au ministre l'état indiqué, seraient déchus de tout droit aux biens qui leur auraient été attribués, et que la régie des domaines en reprendrait possession au nom de la République. »

Une loi du 8 ventôse an XII attribua définitivement aux hospices de trente-deux départements les biens assignés en remplacement qu'ils détenaient; une loi du 9 septembre 1807 procéda de même pour les hospices de vingt-cinq départements. Le délai imparti avec menace de forclusion fut successivement prorogé jusqu'au jour où une loi du 15 janvier 1810 rendit effectives les mesures comminatoires répétées depuis quinze ans.

Beaucoup d'hospices se trouvèrent par leur faute frappés d'une déchéance irrévocable, et ne conservèrent en droit qu'une dotation incomplète.

La propriété hospitalière devait courir un nouveau danger. Les immeubles donnés en remplacement provenaient, pour la majeure partie, de biens d'émigrés, confisqués par la Révolution. Rentrés en France, les nouveaux venus demandèrent et obtinrent la restitution de ceux qui n'avaient pas été aliénés à des particuliers. Qu'allaient devenir les biens affectés aux hospices, à titre provisoire, et non encore attribués définitivement à eux par un acte régulier? Les prétentions ne pouvaient manquer de s'élever, prétentions illégitimes, au point de vue juridique, car, si la réserve d'une approbation ultérieure avait été stipulée, dans les concessions de la loi de l'an V, il y avait là un provisoire établi uniquement dans l'intérêt de l'État, dont les tiers ne pouvaient se prévaloir.

La loi du 5 décembre 1814 régla la question. Elle excepta formellement de la remise les biens concédés à titre définitif. Pour ceux concédés à titre provisoire, elle statua en ces termes: « Sont encore exceptés de la remise, les biens dont, par les lois ou les actes de l'Administration, il a été définitivement disposé en faveur des hospices, maisons de charité et autres établissements de bienfaisance, en remplacement de leurs biens aliénés, ou donnés en payement de sommes dues par l'État. Mais lorsque, par l'effet de mesures législatives, ces établissements auront reçu un accroissement de dotation, égal à la valeur des biens qui n'ont été que provisoirement affectés, il y aura lieu à la remise de ces derniers, en faveur des anciens propriétaires, leurs héritiers ou ayants-cause. Dans le cas où les biens donnés en remplacement, soit en payement, excéderont la valeur des biens aliénés et le montant des sommes dues à ces établissements, l'excédent sera remis à qui de droit. »

Cette loi posait des principes très nets : 1° elle maintenait aux hospices la propriété des biens définitivement assignés ; 2° pour ceux qui, assignés seulement à titre provisoire, auraient dû, en droit, passer à l'État aux termes des lois de déchéance, mais restaient, en fait, aux mains des hospices, on faisait une distinction : ils devaient être restitués pour le tout, si des mesures législatives leur avaient concédé un accroissement définitif de dotation d'égale valeur ; pour partie, si les biens affectés à titre provisoire avaient seulement acquis une plus-value supérieure aux biens aliénés.

L'ordonnance contentieuse, du 11 juin 1816, rendue en Conseil d'État, donna à cette législation une interprétation doublement illégale. En effaçant la distinction établie entre la dotation définitive et la dotation provisoire, elle augmenta le nombre de cas où la réclamation des émigrés pouvait se produire. Ensuite, elle admit que, pour apprécier l'excédent de la dotation actuelle des hospices sur leur patrimoine d'autrefois, il fallait tenir compte « des donations entre vifs et testamentaires à eux faites par des particuliers, avec assentiment du gouvernement. » Les dons de la charité privée pendant vingt ans, assimilés à la dotation constituée par l'État, dans ce mode de computation, augmentèrent la part disponible, au profit des émigrés. Heureusement que cette interprétation funeste ne dura pas !

La jurisprudence du Conseil d'État, nettement formulée, à une époque où ces questions se présentaient à chaque instant devant les tribunaux administratifs, a admis que, si les hospices étaient évincés d'un bien donné en remplacement, ils ne pouvaient exercer contre l'État aucun recours en garantie. Cette jurisprudence est d'une exactitude irréprochable. L'ancien patrimoine hospitalier avait perdu son individualité, en se fondant dans le domaine national. Lorsque, en l'an V, le législateur releva les hospices, comme personnes morales, et reconstitua leur dotation, la base d'évaluation qu'il prit dans le chiffre de l'ancienne dotation, avait simplement le caractère d'une mesure administrative. Aucune obligation ne fut mise à la charge de l'État, d'assurer aux hospices la possession intégrale de ce patrimoine ; et l'action en garantie manquerait absolument de base, tant pour les biens nouvellement cédés, que pour les biens restitués.

Un autre danger, moins sérieux, il est vrai, vint menacer la propriété de quelques hospices. La nouvelle organisation ecclésiastique avait supprimé beaucoup de cures et de presbytères, et leurs biens, restés entre les mains de l'État, avaient été compris dans les affectations faites suivant la loi de l'an V. Le décret du 30 mai 1806 (art. 1) vint poser en principe « que les églises et presbytères, qui, par suite de l'organisation ecclésiastique, sont supprimés, font partie des biens restitués aux fabriques, et sont restitués à celles des cures et succursales dans l'arrondissement desquelles ils sont situés. »

Armées de ce texte, dont rien ne limite la portée, les fabriques réclamèrent aux hospices la remise de ces biens, en invoquant, elles aussi, que les attributions faites en vertu de la loi de vendémiaire an V n'étaient que provisoires, et que leur effet définitif, était subordonné à une loi spéciale.

Cette thèse ne prévalut pas. D'abord, est-il admissible, que le gouvernement se fût mis, de plein gré, au moins dans l'obligation morale de remplacer les biens d'église qu'il enlevait aux hospices, après les leur avoir donnés, alors que l'abandon fait aux fabriques, dans le décret de 1806, était purement gracieux, n'était commandé par aucune raison, fût-ce de simple équité ? Puis, en admettant que le gouvernement eût commis cette imprudence, une autre fin de non-recevoir pouvait être opposée, dans la plupart des cas, à la revendication des fabriques.

D'après une jurisprudence très solidement établie, l'arrêté du 7 thermidor an XI, qui a rendu à leur destination les biens des fabriques non aliénés, n'a pas subrogé de plein droit ces établissements à l'État. Il n'a fait qu'ouvrir à leur profit l'expectative d'un droit pour la complète acquisition duquel ils doivent s'adresser à l'autorité administrative, à l'effet d'obtenir un arrêté spécial qui les saisisse de ces biens, et leur confère, en conséquence, qualité pour poursuivre les détenteurs. (Cass., 26 juin 1859.) Dès lors, si tels sont les principes, pour les biens rendus aux fabriques en vertu de l'arrêté du 7 thermidor an XI, à plus forte raison doit-il en être de même pour des biens qui ne leur ont jamais appartenu, et que, par une faveur spéciale, véritable libéralité, le décret du 30 mai 1806, a classé dans la catégorie des restitutions. Un arrêté d'envoi en possession aurait été nécessaire pour consolider le droit de propriété de la fabrique, ce qui en fait n'avait jamais eu lieu, puisque, par hypothèse, la détention était exercée par l'hospice. La prescription se dressait, le plus souvent, devant l'administration fabriciale pour paralyser son action en revendication (1).

Des réclamations très intéressantes ont souvent été

(1) Recueil des arrêts du Conseil d'État, 1856, p. 388, voir la note sous l'arrêt du 29 mai 1856.

élevées contre les hospices, par les communes voisines, dans des circonstances qui méritent d'être reproduites. On sait que les ordonnances des rois avaient posé, en faveur des lépreux, le principe de l'assistance locale. Ce mal étant réputé contagieux, l'esprit public voyait avec horreur les malheureux qui en étaient atteints, et les communes se les renvoyaient avec une vigilance toujours éveillée. L'assistance ne leur était guère assurée qu'au lieu de leur naissance, et il n'y avait pas de ville, de bourg un peu important, qui n'eût sa léproserie particulière.

La lèpre disparue, ces maisons furent abandonnées. La liquidation de ce patrimoine fut ordonné par la déclaration de 1693. Cet acte porta que les biens et revenus des maladreries et léproseries, qui, faute de réclamations, n'auraient pas été remis à leurs fondateurs, seraient réservés aux pauvres et malades des lieux où existaient « lesdites maladreries, pour lesdits biens et revenus, s'ils étaient suffisants, servir au rétablissement de l'hospitalité, et, en cas d'insuffisance, être remis à d'autres hôpitaux, à la charge par eux de recevoir les pauvres et malades desdits lieux. »

Beaucoup d'édits et lettres patentes furent rendus, qui opérèrent des annexions, en exécution de cette législation. Les communes se sont souvent plaintes de l'inexécution par les hospices des obligations à eux imposées, et, de ce chef, ont demandé un retour à l'ancien état de choses, la désunion totale ou partielle.

L'autorité supérieure n'a pas hésité à affirmer son droit de modifier le mode d'administration de ces biens. Des actes du chef de l'État les ont enlevés à l'hospice, pour les remettre tantôt au bureau de bienfaisance, tantôt à l'hospice même de la commune réclamante. Ces établissements dépouillés ont attaqué, par excès de pouvoir, devant le conseil d'État, ces décisions de l'administration, en se fondant sur ce que les édits de Louis XIV, rendus dans l'exercice du pouvoir législatif, leur avaient attribué ces biens, en toute propriété, et à titre perpétuel ; d'où la conséquence, suivant eux, que le caractère desdits actes et la nature du droit transmis, ne pouvaient être appréciés que par l'autorité judiciaire. On se prévalait des termes mêmes des lettres patentes, portant d'ordinaire « que les biens étaient *joints, unis, et incorporés à ceux de l'hospice, pour celui-ci en jouir pleinement, paisiblement, et perpétuellement.* » Cette thèse, soutenue en vain, et à plusieurs reprises devant le conseil d'État, fut écartée par un arrêt important, rendu contrairement aux conclusions de M. Vuitry, le 15 décembre 1849, et qui a formé jurisprudence. (Hospice d'Aubigny.)

Je sais bien qu'il peut y avoir quelque difficulté à préciser la portée exacte d'un acte royal, à une époque où pouvoir législatif et pouvoir exécutif étaient confondus dans les mêmes mains. Pourtant, la jurisprudence, et, ce me semble, avec raison, a décidé dans une foule d'arrêts que ces anciens édits ne constituaient que des actes administratifs, ayant pour objet de déterminer les règles à suivre pour l'emploi des biens et revenus réunis au profit des pauvres et des malades (1).

Il est à noter pourtant que, malgré cette faculté reconnue au chef de l'État, la jurisprudence du ministre

(1) En ce sens : Hosp. d'Arras, 21 juin 1851 ; — Hosp. d'Orléans, 1er mars 1051 ; — Hosp. d'Amiens, 7 juillet 1853 ; — Hosp. de Bar-sur-Aube, 28 juin 1855 ; — Hosp. de Joinville, 3 janvier, 1873. — Tous ces arrêts sont, à leur date, dans le Recueil de Lebon.

de l'intérieur se montre actuellement peu favorable à ce système radical, qui a l'inconvénient de jeter le trouble dans des situations financières établies. On préfère, lorsque les hospices tiennent mal leurs engagements, porter remède au mal par une réglementation nouvelle déterminant avec précision les obligations respectives des parties.

De la portée juridique reconnue aux actes du pouvoir exécutif, modifiant ces anciens édits, on tira cette conséquence, très logique, que les décrets rendus dans ce but devaient être soumis à la section de l'intérieur, et non à l'assemblée générale du Conseil d'État, par appli cation du décret du 30 janvier 1852 (art. 13, n° 15), qui exige ce surplus de garantie pour les actes portant concession du domaine de l'État. (Conseil d'État, 30 nov. 1863.)

Si, devant un tribunal judiciaire, se posait la question de savoir quelle est l'étendue d'une affectation de biens faite à un hospice, en vertu de la loi de l'an V, celui-ci devrait surseoir à statuer, et renvoyer la décision à l'autorité administrative, seule compétente. (Trib. des conflits, 29 juillet 1851, hosp. de Tonnerre.) Pas de doute qu'il n'en fût ainsi pour l'interprétation des édits et lettres patentes, rendus en exécution de la déclaration royale de 1693, puisqu'ils constituent de simples actes administratifs.

Les hospices possèdent aussi un patrimoine mobilier important, constitué, pour la plus grande partie, en rentes sur l'État, acquises avec des capitaux donnés ou légués, avec des sommss remboursées par les débiteurs. Tandis que le capital en biens-fonds a plutôt diminué, on voit le capital en rentes s'accroître annuellement, et s'affirmer avec netteté cette tendance, à convertir en espèces la propriété territoriale des établissements hospitaliers.

De tout temps, le gouvernement a poussé les administrations charitables dans la voie de ces transformations. On a dit souvent et répété qu'il y gagnait l'avantage d'avoir dans ses mains un capital, dont il pouvait disposer plus facilement. Ces raisons me semblent fort exagérées. Je ne crois pas que, sous un régime politique franchement parlementaire, un homme d'État engage jamais sa responsabilité, au point de mettre la main sur le bien des pauvres. Tout au plus pourrait-on dire que ce placement de la fortune hospitalière lui procure une certaine facilité pour imposer ce qu'un de mes maîtres, M. Léon Say, appelait récemment des « conversions malhonnêtes » (1). Cette opération financière s'analysant, pour le crédit rentier, en un choix entre la réduction des intérêts ou le remboursement d'un capital, le gouvernement pourra, en fait, supprimer cette faculté d'option, en agissant du poids de son autorité sur l'administration hospitalière. Cette unique considération ne saurait motiver, de la part du gouvernement, une pression, dans le but d'obtenir cette transformation de valeur.

Invoquera-t-on la nécessité de favoriser le crédit de l'État? Ce motif ne saurait me toucher davantage. Il pouvait avoir sa valeur en un temps où ce crédit n'était pas encore fondé, où il fallait, par des combinaisons multiples, faciliter les placements en effets publics. Aujourd'hui cette raison n'a plus de sens.

Il faut chercher ailleurs des justifications à cette mesure. D'Aguesseau les mettait déjà en lumière, au siècle

(1) Cours de finances, professé à l'Ecole des Sciences politiques, en 1884-85.

dernier, dans une réponse aux remontrances du parlement de Grenoble sur l'édit de 1749, qui avait décidé que les biens-fonds échus aux hospices, seraient vendus dans l'année, et convertis en rentes sur l'État, sur le clergé, les diocèses ou les villes, sans qu'il soit même nécessaire de lettres patentes. Comme motif, il alléguait « que le revenu des hôpitaux est consommé en grande partie et quelquefois absorbé entièrement par les réparations et autres charges. » Il faisait ressortir la difficulté d'affermer et de louer les biens à leur juste valeur, les mécomptes qui résultent de l'insolvabilité des fermiers. Enfin, il ajoutait « que les meilleurs administrateurs ne sont pas toujours capables d'entrer dans tous les détails que ces sortes d'objets exigent. » Ces motifs encore invoqués, n'étaient pas d'égal poids. La véritable raison, la seule qui fût au fond de la pensée de l'éminent jurisconsulte, c'était cette haine de la mainmorte, qui hantait alors le cerveau de tous les hommes d'État: haine facile à concevoir dans un temps où la terre était regardée comme la richesse par excellence, où une notable fraction du sol de notre pays était aux mains des corps moraux.

Pendant la première moitié de ce siècle, la tendance de l'autorité supérieure fut de faciliter ce mode de placement, auquel beaucoup de bons esprits étaient très favorables (1).

Les articles 9 et 10 de la loi du 7 août 1851 marquèrent une phase nouvelle. Jusqu'ici, on s'était borné à offrir des facilités. Dorénavant, on tenta d'agir d'autorité. Ces textes accordent aux commissions la faculté de délibérer sur le placement des capitaux et de voter leur

(1) Rapport au roi de M. de Gasparin (avril 1837).

transformation, avec l'avis du conseil municipal et l approbation préfectorale. Imposer d'office aux représentants de ces établissements la conversion des immeubles en rentes, il n'y fallait pas songer, car le principe de la loi de 1851 était de leur accorder l'indépendance négative; aucune autorité ne pouvait briser une opposition passive, appuyée sur la loi. C'est alors qu'une circulaire du ministre de l'intérieur, M. Espinasse, en date 15 mai 1858, indiqua aux préfets un nouveau moyen de conviction à l'égard des commisssions récalcitrantes. « Les préfets devaient, au préalable, user de toute leur influence, et au besoin, de leur autorité, pour amener les commissions à voter l'aliénation des biens-fonds dont le revenu net serait notablement inférieur aux neuf dixièmes des arrérages de la rente sur l'État, qui pourrait être achetée avec le prix de vente. » Quant à l'arme, pour vaincre une résistance persistante, le ministre l'indiquait à ses agents : « Le règlement définitif du budget vous appartient, disait-il, et cette attribution essentielle vous donne une action réelle, quoique indirecte, sur la gestion des biens. » Le ministre reprenait ensuite les arguments émis par d'Aguesseau : la supérioté du placement en rentes, comme offrant un revenu fixe et régulier (ce qui était nouveau), affranchi de toute charge, d'embarras de non-valeurs.

A ce mode d'administration, on a opposé une objection qui paraît bien sérieuse : tandis que la valeur des propriétés bâties s'accroît sans cesse, profitant du développement de la richesse publique, en raison même de son étendue limitée, le prix des valeurs mobilières et de l'argent ne subit-il pas une baisse continue ? La remarque est incontestable, mais ici elle n'a guère de force. Depuis longtemps l'Administration supérieure, d'accord avec le Conseil d'État, a adopté un palliatif efficace, qui consiste à n'autoriser les aliénations d'immeubles que sous la condition de capitaliser le dixième des arrérages de la rente acquise en échange. Cette capitalisation obvie à la dépréciation du signe monétaire et compense l'accroissement de valeur, qui résulte, pour les immeubles, de l'augmentation de la richesse publique.

La circulaire de M. Espinasse produisit un tel émoi, que son successeur, M. Delangle, crut devoir, par une nouvelle circulaire du 14 août 1858, atténuer le mauvais effet produit. Le ministre proteste, à son tour, de l'intention du gouvernement de respecter la propriété hospitalière, de ne la toucher ni directement, ni par des voies obliques. Au fond, il développe les mêmes idées que son devancier : convertir les propriétés-immeubles des hospices en rentes, excepté lorsque leur revenu ne diffère pas sensiblement de celui de la propriété purement privée, ou lorsqu'une clause de la libéralité s'y oppose.

En résumé, ces deux circulaires tirent leur importance, non point tant des règles d'administration qu'elles posent, puisque la tendance spontanée des administrations hospitalières est de s'y conformer, que du mode d'intervention que le gouvernement semblait vouloir inaugurer, et qui, il faut l'avouer, excédait les limites d'une simple tutelle.

SECTION II

ACTES DE PURE ADMINISTRATION

Les biens immobiliers, appartenant aux hospices, peuvent être, au point de vue administratif, partagés en deux catégories, bien que leur condition légale soit régie par les règles du droit commun sur la propriété. Les uns sont affectés au service hospitalier, les autres figurent dans le patrimoine des hospices comme ils figureraient dans celui d'un particulier; ce sont de simples éléments productifs de revenus. Nous devons voir successivement les règles qui se rattachent à ces deux catégories de biens. Notons, en passant, que l'administration doit tenir un sommier général des biens, rentes et revenus appartenant à l'hospice, et que ce sommier doit être revu et rectifié chaque année, selon les changements survenus dans la dotation. (Inst. du 8 fév. 1823.)

D'abord, quelle autorité classera les propriétés dans l'une ou l'autre catégorie ? L'article 9 de la loi de 1851 répond en disant que la commission délibère sur « leur affectation au service », et cette délibération, soumise au conseil municipal, doit être approuvée par le préfet aux termes du droit commun.

Arrêtons-nous sur un texte très important, inséré par le législateur du 5 avril 1884 dans la nouvelle loi municipale, et ainsi conçu : « Les délibérations par lesquelles les commissions administratives, chargées de la gestion des établissements publics communaux, changeraient en totalité ou en partie l'affectation des locaux ou objets immobiliers ou mobiliers, appartenant à ces établissements, dans l'intérêt d'un service public ou privé quelconque, ou mettraient à la disposition, soit d'un autre établissement public ou privé, soit d'un particulier, lesdits locaux ou objets, ne sont exécutoires *qu'après avis du conseil municipal* et en vertu d'un décret rendu sur la proposition du ministre de l'intérieur. » (Art. 120.)

On chercherait en vain l'origine de ce texte dans les travaux préparatoires, ou son commentaire dans la circulaire du 15 mai 1884. Il faut remonter plus haut, au projet de loi municipale déposé le 15 mars 1877, par M. Jules Simon, et qui contenait un article 70, dont notre article 120 est l'exacte reproduction. Rappelant, dans l'exposé des motifs, que les lois et décrets ont mis les objets immobiliers et mobiliers des hôpitaux à la disposition de certains services publics, le ministre insistait sur la nécessité de ne pas abandonner à l'arbitraire des commissions les conventions passées à cet effet. D'un côté, l'intérêt du budget communal, appelé à subventionner ces établissements, faisait un devoir de soumettre ces contrats à l'avis du conseil municipal ; de l'autre, l'importance des grands services dont nous parlons justifiait l'exercice du droit de tutelle dans ce qu'il a de plus élevé, je veux dire, l'intervention du chef de l'État.

Cet article fut inséré dans le projet de 1877, à la suite d une affaire qui avait eu un grand retentissement. L'Institut catholique de Lille, pour obéir à la loi du 12 juillet 1875, qui soumet la création des facultés libres de médecine à la justification qu'elles disposeront de cent vingt lits au moins, pour le service clinique, avait traité avec les hospices de cette ville et obtenu la disposition des locaux indispensables. La convention avait été approuvée par le préfet sans qu'on l'eût soumise à l'avis du conseil municipal. Au lieu d'appliquer l'article 9 de la loi de 1851, qui eût exigé cette formalité, on vit là un simple « règlement de service intérieur » assujetti uniquement à l'approbation préfectorale. Sur la protestation du conseil municipal, le ministre annula la décision approbative de son subordonné, tranchant ainsi la question de fond. L'Institut déféra au conseil d'État l'arrêté ministériel comme entaché d'excès de pouvoir. La haute assemblée annula la décision du ministre, mais sans avoir pourtant à se prononcer sur la légalité de la procédure suivie par la commission et le préfet. La décision ministérielle fut cassée par ce motif, pour ainsi dire extrinsèque à l'affaire, que la révocabilité des actes de tutelle pour exister *ab initio*, n'est pas illimitée dans son application, et s'arrête à l'exécution même de l'acte autorisé, en présence des droits qui en sont sortis. Dans l'espèce, l'Institut avait acquis, du jour de l'approbation par le préfet de la convention, un droit que ce fonctionnaire ne pouvait anéantir, pas plus que le ministre. (Conseil d'État, 2 mars 1877.)

La genèse de cet article 120 permet d'en dégager la portée pratique. Il ne s'agit pas d'aliénation ou d'échange, ni de changement d'affectation au service, tel, par exemple, que la transformation d'un hôpital, le service restant sous la même administration. Dans tous ces cas, le conseil municipal doit donner son avis, mais l'approbation du préfet suffit. Il faut qu'il y ait changement, en totalité ou en partie, de l'affectation des locaux ou objets immobiliers ou mobiliers, dans l'intérêt d'un service public ou privé quelconque. Ainsi, il faudrait un décret, pour qu'une société de médecins puisse mettre en expérience dans un hôpital telle ou telle méthode thérapeutique. Il en serait de même des contrats passés avec une commune, pour installer un dispensaire destiné au traitement des filles publiques, avec un département pour établir un orphelinat, un ouvroir, une crèche.

Depuis longtemps, on a imposé aux hôpitaux certaines obligations dans l'intérêt de l'enseignement médical et chirurgical. Il importait de mettre à la disposition des hommes de science le champ d'observation si fécond qu'offrent les salles d'hôpitaux. Un principe, toutefois, devait être sauvegardé, et les administrations hospitalières, se sont toujours efforcées d'empêcher qu'on y portât atteinte. Les installations faites dans ces établissements en vue de l'enseignement, ne doivent mettre aucune dépense à la charge du budget hospitalier, sinon, on détournerait le bien des pauvres de sa destination.

Un décret du 15 avril 1879 (1), prescrit que les locaux, nécessaires pour le fonctionnement des cours cliniques annexes, seront mis à la disposition des Facultés de médecine par les soins de l'administration des hôpitaux. De ce document se dégagent trois idées importantes : 1° la réglementation d'ordre intérieur et de police appartient exclusivement à la commission hospitalière ; 2° toutes les dépenses pour constructions, appropriations de locaux, sont à la charge de l'État, et la propriété des immeubles reste à l'hospice, qui peut toujours refuser son approbation ; 3° en cas de dissentiment, entre la Faculté et l'administration hospitalière, il en est référé aux ministres de l'instruction publique et de l'intérieur, et l'affaire est portée « devant une commission mixte permanente », disait le texte. Depuis la loi du 5 avril 1884, il me semble que, par application de l'article 120, un décret est en tous cas nécessaire, qu'il y ait dissentiment ou non (1).

L'administration de la guerre a aussi, de tout temps, utilisé les hôpitaux pour le traitement de ses malades. Le pays doit à ceux qui servent sous ses drapeaux une large assistance ; tandis que le malade civil n'a que des titres à être reçus à l'hôpital, le soldat à un droit à l'assistance de l'État.

(1) Une ordonnance du 13 octobre 1840 dispose que l'adminstration des hospices de chaque ville, où une école préparatoire sera établie, fournira, pour le service de la clinique médicale et chirurgicale de cette école, une salle de cinquante lits au moins. (Art. 9.)

Déjà sous l'ancien régime, des ordonnances royales avaient décidé qu'à défaut d'hospices militaires, les malades de l'armée seraient traités dans les hospices civils, moyennant un prix de journée, fixé « en proportion de la cherté des denrées », d'accord avec les administrateurs. Sous la Révolution, le décret du 7 août 1793 admit comme règle l'utilisation, pour le service de la guerre, des établissements civils. Un hôpital militaire ne devait être construit que « là où l'hospice civil n'aurait ni l'étendue, ni les ressources nécessaires, pour traiter les malades séparément, sans préjudicier au service des citoyens. » De restitution de frais par l'État, il ne pouvait être question, puisque la nation assistait elle-même le pauvre.

Pendant les guerres de l'Empire, de nombreux établissements spéciaux furent érigés dans les villes frontières; mais les limites imposées à notre pays en 1815 laissèrent en dehors du territoire resté français un grand nombre d'hôpitaux. Force fut à l'ordonnance du 25 novembre 1814, de prescrire « qu'il serait établi des hôpitaux militaires, dans les grandes villes de garnison, et principalement dans les places frontières ». Les hospices civils continuèrent à recevoir les malades militaires.

Après 1870, notre nouvelle organisation militaire ne pouvait s'accommoder d'une situation aussi mal définie. Une commission mixte fut nommée pour étudier les bases sur lesquelles on ferait reposer les rapports respectifs de l'armée et des hospices; c'est de ses travaux qu'est sortie la loi du 7 juillet 1877.

Trois principes se dégagent de ce texte :

1° On ne conservera dans chaque région qu'un seul établissement militaire, destiné à l'instruction du personnel, chargé de préparer et d'entretenir le matériel, nécessaire au corps d'armée, en cas de mobilisation. (Art. 1.)

2° La tendance à suivre, sera la suppression progressive des hôpitaux militaires, dans les autres villes, dès que l'hospice civil sera en état, par des aménagements nouveaux, de pourvoir au traitement des malades de la garnison. L'obligation imposée aux hospices résulte cette fois d'un texte formel. (Art. 3.) — L'article 4 pose le principe d'une division des établissements en deux catégories distinctes, soumises à un régime dissemblable : les hôpitaux *mixtes ou militarisés*, et les hôpitaux *civils* proprement dits. Les premiers sont caractérisés par ce fait, que des salles spéciales sont affectées aux soldats ; ceux-ci y sont soumis, autant que possible, sous le rapport du régime hospitalier, aux règles en vigueur dans les hôpitaux militaires, traités obligatoirement par les médecins de l'armée, si la garnison a plus de mille hommes, facultativement dans le cas contraire. Dans les hospices civils proprements dits, l'autorité militaire s'efface complètement. Plus de salles spéciales, les hommes malades sont traités par les médecins civils. Dans les villes qui ont moins de trois cents hommes de garnison, l'hôpital est nécessairement placé dans cette catégorie ;

3° Les obligations imposées aux hospices ne doivent, en aucune façon, se traduire sous la forme d'un préjudice au service des fondations de l'assistance publique. (Art. 5.)

Cette législation de 1877 est intéressante à deux points de vue, sur lesquels elle apporte une double dérogation aux règles admises en matière d'administration hospitalière.

D'abord, les conventions intervenues entre l'administration de la guerre et un hospice, au lieu d'être simplement l'objet d'un avis du conseil municipal, doivent être expressément approuvées par lui. Cette extension spéciale des pouvoirs de l'assemblée locale, qui lui permet de faire échouer des dispositions arrêtées entre la commission et le délégué du ministre, se justifie pleinement, lorsqu'on réfléchit quel prix les localités attachent à l'obtention d'une garnison. Dans les pourparlers entamés dans ce but, très fréquents dans la période de notre réorganisation militaire, le ministre de la guerre a imposé souvent comme condition de cette faveur, un aménagement particulier de l'hospice civil pour le traitement des malades militaires. Les communes ont pris des engagements dans ce sens, bien que la législation de 1851 ne leur conférât aucune action directe sur l'administration hospitalière. La loi du 7 juillet 1877 n'a pas donné au conseil municipal le moyen de forcer la main à la commission; cela était inutile, puisque l'hospice doit, en tout cas, sortir indemne des aménagements à lui imposés, et qu'il n'y a dès lors aucune opposition à prévoir de sa part. Lorsqu'une commune sera en pourparlers avec le ministre, pour obtenir une garnison, c'est entre elle et l'État que le débat s'engagera, quitte à elle à s'entendre ensuite avec la commission de son hospice. Mais la prudence exigeait qu'on enlevât au ministre la possibilité de prendre des dispositions directement avec la commission hospitalière, en écartant toute immixtion du conseil municipal; c'est ce qu'on a fait, en exigeant son assentiment aux projets. L'autre dérogation aux règles générales consiste en ce que, l'autorisation n'est pas donnée par le préfet, mais par les deux ministres de la guerre et de l'intérieur, dont l'accord doit même être préalable.

Ces conventions peuvent avoir un double objet : régler les travaux à effectuer, et fixer dans chaque cas le nombre de lits qui devront être affectés aux malades militaires. Le législateur a bien pris soin de répéter que ces travaux doivent rester exclusivement à la charge de l'État, et que celui-ci doit accorder aux établissements hospitaliers une allocation égale aux frais qui leur incombent, par suite du traitement des malades.

Si un désaccord surgit, fût-ce d'un seul côté, entre le ministre de la guerre et celui de l'intérieur, entre la commune et la commission, sur le nombre de lits à affecter, la question sera réglée par un décret en Conseil d'État. Le nombre de lits, qui était autrefois indéterminé, a été fixé par le décret du 1er août 1879 ; il doit être proportionné à l'effectif de la garnison, sans que ce chiffre puisse jamais dépasser un vingt-cinquième dudit effectif.

Enfin, cette loi fait rentrer dans la compétence du Conseil de préfecture et du Conseil d'État, les difficultés relatives à l'exécution de ces conventions, dont la durée est fixée à cinq ans.

L'autorité militaire peut, aux termes de la loi du 3 juillet 1877, exercer le droit de réquisition à l'égard des établissements hospitaliers. Ce droit présente quelques particularités, curieuses à signaler, qui ne résultent pas d'un texte formel, mais du rapprochement des différentes dispositions légales. Elles se réfèrent aux prestations à requérir, et à la forme de ces réquisitions.

L'article 8, qui définit le *logement chez l'habitant*, suppose que cette prestation est imposée à des particuliers, tandis qu'il prévoit le *cantonnement* des troupes dans les bâtiments de l'État, des départements et des communes. Il ne dit rien des hospices ; mais c'est évidemment une omission involontaire, car un autre texte parle des « établissements publics » en général. Je pense donc qu'à l'égard des hospices, le premier mode de réquisition est interdit à l'autorité militaire ; le second lui est seul permis.

Enfin, tandis que le droit de réquisition doit s'exercer par l'intermédiaire de la municipalité, sauf exception, ici, aux termes de l'article 9, il peut être exercé directement. Toutefois, si l'autorité militaire, ayant préalablement requis un hospice, n'utilisait pas ses locaux disponibles, l'autorité municipale pourrait les comprendre dans la répartition du cantonnement. (Art. 13, *in fine.*)

Le droit de réquisition, renfermé dans ces limites, s'applique même au cas de simple rassemblement de troupes. Ceci est important à noter, car il est une autre prestation, celle des médicaments et moyens de pansement, pour traiter les malades et blessés chez l'habitant, qui ne peut être exigée que dans l'hypothèse d'une mobilisation totale ou partielle. (Art. 5, 9, 10.)

Quant aux rapports des hospices avec le ministre des cultes, nous avons à signaler quelques points intéressants. Les commissions doivent, tout en conservant à l'établissement son caractère laïque, rendre possible aux fidèles des différents cultes, l'accomplissement de leurs pratiques religieuses. A cet effet, elles obtiennent du gouvernement l'autorisation d'ériger une chapelle ou un oratoire. On applique l'article 44 de la loi du 18 germinal an X, qui exige un décret et l'assentiment de l'évêque. L'existence d'une chapelle facilite l'exécution, dans les hospices mêmes, des nombreuses charges religieuses qui accompagnent souvant les fondations charitables. Enfin les cérémonies funèbres peuvent être célébrées dans l'enceinte même de l'établissement, sans qu'il soit nécessaire de se rendre à l'église paroissiale. La caisse hospitalière y gagne même un modeste casuel.

Des difficultés assez graves ont surgi entre la fabrique

et le curé d'une part, l'hospice et l'aumônier de l'autre, qui sont aujourd'hui tranchées par un accord transactionnel.

On sait que des droits casuels sont dus aux fabriques et au clergé à l'occasion des inhumations (présentation à l'église, accompagnement du corps, prières et cérémonies d'usage au moment où le corps est déposé dans la tombe). Indépendamment de ces oblations, les administrations fabriciales jouissent seules du droit de fournir les tentures, ornements, et en général, tous les objets relatifs aux pompes funèbres, monopole qu'elles exercent elles-mêmes ou délèguent à un particulier. A cet effet, elles peuvent dresser des tarifs et tableaux gradués par classe. (Art. 7, décret du 8 mai 1806.)

On s'est demandé si le produit des inhumations et celui des pompes funèbres, quand la cérémonie a lieu dans la chapelle de l'hospice, peuvent être réclamés par le curé et par la fabrique. Aucun texte ne consacrant une atteinte formelle au droit du curé et au monopole de la fabrique, l'affirmative s'impose. C'est en ce sens qu'opinait le ministre des cultes dans une lettre adressée à son collègue de l'intérieur, le 15 novembre 1874. « Les fabriques peuvent exercer leur droit sur ce casuel, disait-il, mais, dans ce cas, les commissions sont fondées, de leur côté, à demander que les fabriques soient chargées de pourvoir gratuitement à l'inhumation des indigents décédés dans les hospices, attendu que le droit qui leur est attribué est une conséquence de l'obligation qui pèse sur elles d'inhumer gratuitement les indigents. » Voilà pour le droit.

En fait, le nombre des services gratuits dans les hôpitaux étant de beaucoup la règle la plus générale, les fabriques n'ont aucun intérêt à demander le respect de leur monopole. De plus, les curés sont dans l'impossibilité complète, même avec l'assistance de leurs vicaires, de répondre aux besoins de ce paroissien multiple qu'on appelle l'hospice. Aussi, dans la plupart des paroisses, laisse-t-on l'administration hospitalière pourvoir elle-même à l'inhumation des personnes décédées dans l'établissement, et dresser même des tarifs classés, mis à la disposition des familles.

Lorsque l'hospice n'a pas le matériel indispensable au service des inhumations, il est fourni par la fabrique ou l'entrepreneur des pompes funèbres, et, si l'enterrement est payant, le casuel est partagé dans les proportions convenues.

Les personnes décédées à l'hospice doivent en principe être inhumées dans le cimetière communal, quel que soit leur domicile, à moins que leur corps ne soit réclamé par leur famille. Une pratique qui a été sanctionnée en termes assez larges pour tous les établissements autorisés par un avis du Conseil d'État du 4 juillet 1832, permet aux hospices d'établir des cimetières spéciaux (1). Il ne s'agit pas d'appliquer l'article 14 du décret du 23 prairial an XII, qui donne à toute personne « la faculté d'être enterrée sur sa propriété ». Dans notre hypothèse, le cimetière, malgré son affectation spéciale aux décédés de l'hospice, conserve un caractère public. Le gouvernement se réserve d'examiner, dans chaque espèce, la nature des motifs allégués, pour justifier cette création. Ainsi, dans une espèce que j'ai relevée, il s'agissait d'éviter aux résidents d'une ville d'eaux, fréquentée par de nombreux touristes et malades, la vue désagréable

(1) Depuis, le Conseil d'État a modifié cette jurisprudence pour les congrégations religieuses. (*Bull. min. int.*, 1860, p. 431.)

de multiples convois, traversant les rues, pour se rendre de l'hospice au cimetière communal.

La création de ces cimetières spéciaux est d'ailleurs soumise à toutes les règles d'hygiène prescrites pour les cimetières communaux, et, si l'hospice consent à accorder des concessions, le produit intégral doit être attribué à la commune et aux établissements charitables, dans la proportion fixée par l'ordonnance du 6 décembre 1843. (Déc. min. du 24 déc. 1840.)

Remarquons enfin que le décret du 23 prairial an XII (art. 1) prohibe toute inhumation dans les hôpitaux. L'Administration supérieure s'est, à maintes reprises, appuyée sur le caractère impératif de ce texte, pour refuser toute dérogation, fût-elle fondée sur le désir de rendre à une personne un hommage particulier. Les monuments, dont les maires peuvent, en vertu du même décret, autoriser l'érection dans l'enceinte des hôpitaux pour les bienfaiteurs, sont purement commémoratifs, et ne doivent pas recevoir de sépulture.

Les biens de la dotation sont administrés par la commission, qui décide quel mode d'exploitation sera adopté. Ce choix est important pour les biens ruraux, car, ici, on peut hésiter entre le faire-valoir direct et l'amodiation, et dans ce dernier cas, entre le bail à ferme et le métayage. La difficulté, pour l'administration, de surveiller l'exploitation, commande de rejeter le premier mode, en tant que règle générale ; la régie directe ne se justifie que pour les terrains et jardins attenants à l'hospice, qui fournissent les menus approvisionnements.

La commission délibère réglementairement sur le mode d'administration, sur les conditions des baux, lorsque leur durée n'excède pas neuf ans pour les biens urbains, dix-huit pour les biens ruraux. En cas de plus longue durée, la délibération doit être soumise à l'approbation préfectorale, après avis du conseil municipal.

Certaines règles, posées dans le décret du 12 août 1807, doivent être observées. D'abord le bail doit être fait aux enchères. Pour cela, après que le cahier des charges a été dressé par la commission, des affiches doivent être apposées et insérées au journal de l'arrondissement, prévenant le public du jour et du lieu de l'adjudication. On s'accorde à reconnaître que les administrateurs ne pourraient enchérir, par analogie de ce qui se passe, dans les ventes publiques de biens de mineurs, pour lesquelles il est interdit au tuteur d'aborder l'adjudication.

De ce que la formalité des enchères est prescrite dans l'intérêt des hospices, le Conseil d'État a conclu qu'un particulier n'est pas admissible à lui déférer, pour excès de pouvoir, l'arrêté par lequel un préfet approuverait un bail fait à l'amiable (1). Cette formalité n'est pas prescrite à peine de nullité, car souvent l'autorité supérieure accorde son approbation à des baux, passés de gré à gré.

A prendre à la lettre ce décret de 1807, les baux d'hospice devraient toujours être passés devant notaire. La pratique n'a pas admis cette exigence, non plus que pour les communes; mais si la commission veut avoir un titre exécutoire, et bénéficier de la garantie de l'hypothèque générale que le décret lui permet de stipuler du preneur, force sera bien de recourir à cet officier public. Enfin, lorsqu'il y a eu adjudication, elle n'est définitive qu'après approbation préfectorale.

Les demandes en résiliation de bail, ou en modération de prix, ne peuvent être consenties que par une délibé-

(1) Dalloz, *Pér.*, 1876, 3, 100.

ration de la commission. Il me semble logique de n'exiger l'approbation du préfet, que dans le cas, où elle était requise pour la mise à exécution du contrat originaire.

Les bois des hospices sont assimilés à ceux des communes quant à leur administration. Les uns et les autres diffèrent de ceux de l'État, à plusieurs points de vue, qu'il faut signaler sommairement : 1° tandis que les bois de l'État sont en principe soumis au régime forestier, ceux des hospices ne le sont que si l'administration les a reconnus susceptibles d'aménagement ou d'exploitation régulière, après avis de la commission. En cas de dissentiment, il faut un décret. (Art. 128 de l'ordonnance du 1er août 1827.) — 2° Les bois de l'État sont, en principe exploités en futaies ; pour ceux des hospices, l'article 68, qui édicte cette règle, n'est pas applicable, et en fait, leurs bois sont des taillis ; — 3° un quart de leurs bois doit être mis en réserve, lorsqu'ils possèdent au moins dix hectares.

Cette administration est presque entièrement aux mains des agents forestiers ; la commission n'a que des avis à donner, dans des cas assez rares, par exemple quand il s'agit de fixer l'aménagement. Son rôle habituel se borne à faire figurer au budget le produit annuel, et à le faire encaisser. L'Administration forestière jouit d'un pouvoir étendu, qui va jusqu'à proposer de convertir en bois et d'aménager des pâturages. (Art. 90 Code for.) La commission est consultée; si elle opine contre le projet, la question est tranchée, chose assez étrange, par le conseil de préfecture, jugeant au contentieux, sauf recours du Conseil d'État.

Jetons un coup d'œil rapide sur la situation des hospices, au point de vue de la législation fiscale. Il est à noter, d'abord, qu'il ne peut être question, pour le fisc, de saisir le revenu hospitalier dans son ensemble, au moyen des présomptions de la contribution mobilière. Il se bornera à frapper la partie fixe et permanente de ce revenu, dans un de ses éléments, la propriété foncière. Encore ici doit-il restreindre son action aux biens qui ne sont pas affectés à l'usage des malades, aux biens patrimoniaux proprement dits.

Les bâtiments et les jardins y attenants, occupés par les services hospitaliers, jouissent de l'exception accordée par la loi du 3 frimaire, an VII (art. 105) aux « établissements dont la destination a pour objet l'utilité générale ».

Les hospices sont aussi visés par la loi du 20 février 1849, dans la nomenclature des biens imposables à la taxe de mainmorte. Cet i[illegible] dont le but, est de compenser, pour le Trésor, les p[illegible]ésultant du retrait de la circulation des biens qui échappent aux mutations entre vifs et par décès, devait tout naturellement s'appliquer en notre matière. S'il est vrai de dire que les établissements publics « acquièrent souvent, aliènent rarement et ne meurent jamais », cette affirmation est particulièrement exacte pour les hospices, qui voient chaque jour leur patrimoine accru par les libéralités des particuliers. A ceux qui objectaient que, par cette taxe, l'État s'approprie le bien des pauvres, M. Dupin répondait avec beaucoup de vérité: « Les intérêts sont toujours ingénieux à se couvrir de certains mots. Aujourd'hui, c'est le mot pauvres que l'on va saisir dans la loi, et l'on dit: ce sont les pauvres qu'on va imposer, ce sont les pauvres dont on va diminuer les ressources! Non, messieurs, car si un établissement qui a deux mille francs de rente, paye cent sous d'impôt, sans doute il aura cent francs de moins. Mais, il ne faut pas croire que les pauvres de cette commune seront moins bien traités, parce que cet impôt fait une lacune dans les recettes de ces établissements ; on y pourvoira. Il y a des établissements auxquels l'État donne des subventions. Mais ce qu'on ne nous dit pas, c'est qu'il y a des établissements qui se soutiennent par eux-mêmes ; il y a un grand nombre d'hôpitaux qui sont dotés au delà de ce qui leur est nécessaire. »

Bien que la loi de 1849 n'ait pas établi entre la contribution foncière et la taxe de mainmorte, une solidarité de fait absolue, de telle sorte que le sort de l'une fût lié au sort de l'autre, elle a pourtant créé entre elles une certaine connexité, relativement à l'assiette de cette dernière; et l'on peut poser en règle, que les hospices sont imposables à la taxe de mainmorte pour toutes celles de leurs propriétés qui sont passibles de la contribution foncière.

L'impôt des portes et fenêtres frappe les ouvertures des bâtiments appartenant aux hospices, excepté celles des locaux affectés au service charitable. La règle et l'exception se justifient quand on réfléchit que cette contribution est en quelque sorte le complément de l'impôt mobilier, une taxe supplétive, qui se propose d'atteindre les manifestations extérieures de la richesse. Si le propriétaire l'acquitte avec le montant de l'impôt foncier, ce n'est qu'une avance, dont il peut se récupérer sur ses locataires. Rien de plus rationel aussi que d'imposer les logements concédés dans l'intérieur des bâtiments hospitaliers aux receveurs et aumôniers. L'établissement payera au nom des occupants, et pourra se faire restituer ses déboursés, suivant les conditions de traitement arrêtées entre lui et ces fonctionnaires.

Les hospices peuvent même être imposés à la contribution des patentes, lorsqu'ils exercent une véritable profession, productive de revenus, excédant les limites du service charitable. Conformément à ce critérium adopté par la jurisprudence administrative, le Conseil d'État a reconnu imposable l'hospice de Saint-Nicolas-du-Port, pour une maison spéciale d'aliénés, annexée à l'établissement (9 février 1870), l'hospice de Saint-Omer, à raison de l'exploitation d'un lavoir public. (18 avril 1880.)

SECTION III

ACTES DE DISPOSITION

Les hospices peuvent acquérir des immeubles, à titre onéreux, pour installer de nouveaux services, ou même pour opérer de simples placements. On fera dresser un plan, avec estimations par experts. Un procès-verbal sera fait, au bas duquel le vendeur apposera son consentement, afin qu'un retour de volonté de sa part ne vienne pas rendre vain l'accomplissement des formalités préalables. Après la délibération approbative de la commission, qui constitue un des termes du contrat, le conseil municipal donnera son avis, et le préfet, investi d'une façon générale de la tutelle administrative par le décret du 25 mars 1852, sera appelé à autoriser. Un membre de la commission sera délégué pour passer devant notaire, avec le vendeur, l'acte définitf de vente.

Lorsque le propriétaire d'un immeuble, indispensable à la réalisation d'une projet d'utilité publique, refuse de traiter à l'amiable, l'hospice peut vaincre cette résistance au moyen de l'expropriation. Ce droit ne lui a pas été conféré, en termes exprès, par la loi qui régit la matière. L'État, le département, la commune ont seuls été, à l'origine, investi de cette importante prérogative. Mais en présence de cette lacune de la loi et des graves intérêts qui se rattachent à l'extension des locaux hospitaliers, il a fallu trouver un expédient.

Un avis du Conseil d'État (comité de l'intérieur), du 17 juillet 1835, s'inspirant des liens intimes qui, en fait, unissent la commune à son hospice, a permis à celle-ci de poursuivre l'expropriation au profit de cet établissement. En droit, cette solution est très critiquable. Elle contribue à entretenir dans les esprits cette croyance « que les hospices doivent être envisagés comme une dépendance de la propriété communale » ; ce sont là les termes mêmes de l'avis. Puis, faut-il admettre que l'immeuble ainsi acquis va passer à la commune pour être aussitôt transmis à l'hospice ? ou la propriété est-elle transportée directement du vendeur à l'établissement, celui-ci empruntant seulement l'arme de l'expropriation ? Dans la première conception, la logique exigerait que le fisc perçût un double droit de mutation ; dans la seconde on est en face d'un expédient qui ne saurait trouver dans la loi aucun point d'appui. Le caractère exceptionnel de l'expropriation fait un devoir d'en limiter l'emploi au profit des seules personnes morales énumérées par les textes.

Les lacunes de la législation sur ce point sont d'autant plus regrettables, que de simples agrégations d'individus, les associations syndicales autorisées, peuvent exproprier. L'omission du législateur est flagrante.

Au point de vue de la procédure, l'hospice doit se conformer aux formalités exigées par l'article 12 de la loi du 3 mai 1841. La commission ayant délibéré l'acquisition dans les formes ordinaires, la demande est soumise au conseil municipal, les enquêtes d'usage sont faites, la demande est transmise au préfet; puis elle va avec son avis au ministre, qui provoque, s'il y a lieu, le décret déclaratif d'utilité publique.

Une des sources qui alimentent le patrimoine des hospices consiste dans les dons et legs, ou fondations charitables, qui leur sont adressés. Les legs surtout leur fournissent un appoint considérable, et cela se conçoit. La générosité est d'autant plus grande, qu'elle coûte moins de sacrifice à celui qui la fait, et souvent le désir de perpétuer sa mémoire, de faire inscrire son nom sur l'airain ou le marbre, véritable exploitation de la charité par l'orgueil, motive des largesses considérables au profit des hospices.

Aussi dès l'ancien régime, à cette époque surtout où la mainmorte causait de si vives terreurs, on avait senti la nécessité de soumettre à un examen sérieux les actes d'une générosité, qui pouvait être abusive ou irréfléchie. Le célèbre édit de 1749 s'était manifestement pénétré de l'observation psychologique que je viens de faire ; prohibant d'une façon absolue toute disposition de dernière volonté adressée aux gens de mainmorte, il se contentait d'exiger des lettres patentes du roi pour les dons entre vifs, qui n'offraient pas le même danger.

L'article 910 du Code civil a repris la tradition, en décidant « que les dispositions entre vifs ou par testament au profit des pauvres n'auront leur effet qu'autant qu'elles seront autorisées par décret. » Cette exigence trouve sa justification dans le triple désir de protéger la famille du disposant, de sauvegarder l'intérêt même de la société, et, j'ajoute, de veiller à l'intérêt économique des établissements charitables, obligés parfois de remplir des charges onéreuses.

Le principe a été développé par la législation administrative ; l'intervention de l'autorité supérieure, sous forme d'une autorisation préalable à l'acceptation, constitue une application particulière de la tutelle administrative, dont le but est d'habiliter l'établissement à recevoir la libéralité, sans préjuger en rien la valeur juridique de celle-ci. La compétence pour autoriser, a été attribuée, de droit commun, au préfet, pourvu qu'il n'y ait pas réclamation dans la famille du disposant, lésée dans ses légitimes espérances. Si celle-ci soulève des objections, l'autorisation est donnée par le président de la République. Le décret est, en principe, soumis à l'avis de la section de l'intérieur ; mais si le legs est universel, si le don ou legs particulier atteint 50,000 francs, l'affaire doit venir à l'assemblée générale du Conseil d'État. (Décret du 25 mars 1852 Tabl. A, n° 42, combiné avec le décret du 2 août 1879, art. 7 - 5°.) Notons, en outre, pour les dons et legs inférieurs à 300 francs, que la compétence est réservée exclusivement au préfet.

L'hospice sera informé de la liberalité qui lui est adressée par un avis du notaire dépositaire du testament. L'ordonnance du 2 avril 1817 (art. 5) fait un devoir à cet officier ministériel de prévenir l'établissement, dès l'ouverture ou la publication du testament, afin qu'il puisse faire les diligences nécessaires. Un décret du 30 juillet 1863 exige qu'il adresse au préfet un état sommaire des libéralités insérées dans l'acte.

L'intérêt des familles étant un des motifs qui justifient l'intervention de l'autorité administrative, il importait que celle-ci, avant de statuer sur la délibération, portant acceptation de la libéralité, ait mis les parents du disposant en demeure de formuler leurs réclamations de droit et d'équité. Pour les établissements ecclésiastiques, l'ordonnance du 14 janvier 1831 a même organisé une procédure spéciale. L'article 3 prescrit d'appeler, par un acte extrà judiciaire, les héritiers du testateur à prendre connaissance du testament, à donner leur consentement à son exécution, ou produire leurs moyens d'opposition. Si les héritiers sont inconnus, une procédure de publicité doit se dérouler à la mairie du domicile du *de cujus*.

Pour les hospices, rien de semblable n'a été fait. Un projet de décret, conçu dans ce sens, fut bien élaboré en 1811, mais n'a pas abouti. Le ministre de l'intérieur se contenta, dans plusieurs circulaires, de recommander aux préfets de s'informer de la situation des parents connus (1).

En 1852, le préfet devenant compétent pour autoriser, sauf dans les cas où il y aurait réclamation des héritiers, il était de toute importance de mettre ceux-ci en demeure d'adhérer au testament, ou de s'y opposer, puisque de leur attitude dépendait la fixation de l'autorité appelée à statuer. Aussi la circulaire du 5 mai 1852, énumérant les documents que doivent réunir les préfets pour l'instruction des demandes d'autorisation, indiquait-elle « l'adhésion des héritiers ou leur opposition à la délivrance du legs, ou du moins la preuve de leur mise en demeure. » Il n'y a pas de doute aujourd'hui que le préfet, qui statuerait sans avoir mis les héritiers en état de formuler leurs réclamations, commettrait un véritable excès de pouvoir. Le Conseil d'État a adopté cette opinion dans un arrêt du 22 janvier 1857 (hospice de Nevers). Il a vu, dans le défaut de mise en demeure, non une simple irrégularité d'instruction, mais

(1) Consultez dans l'Ecole des Communes, de 1855, p. 88, un article de M. Léon Aucoc sur la question.

l'omission d'une formalité substantielle, qui constitue une garantie pour les héritiers.

Mais, si le principe de la mise en demeure s'impose au préfet, sous quelle forme doit-il le réaliser ? quels délais observer ? Je ne crois pas qu'on puisse étendre les formes de l'ordonnance du 14 janvier 1831 ; ce serait ajouter sans nécessité aux exigences du décret de 1852, qui veut seulement que les libéralités, aient été portées *d'une façon quelconque* à la connaissance des intéressés. De même il n'est pas nécessaire que la réclamation de la famille se produise sous la forme d'un acte d'huissier. Toutes les fois qu'il apparaît au préfet, d'une manière quelconque, que la famille réclame, l'esprit de la loi veut que la demande soit renvoyée à l'autorité supérieure. En pratique, l'administration agira prudemment en procédant même à des notifications individuelles; s'il n'y a pas d'héritiers connus au lieu où s'ouvre la succession, il sera bon de faire apposer des affiches et publications. De la sorte on évitera des contestations rétrospectives.

Quant au délai qui doit s'écouler entre la mise en demeure et la décision de l'autorité administrative, l'absence de toute disposition légale laisse à l'Administration une grande latitude. Cette question est pourtant fort importante, car le préfet peut, par une prompte décision, rendue sans que les héritiers aient eu le loisir de délibérer, même sans qu'ils aient été avertis en fait, soustraire l'affaire à la compétence du chef de l'Etat. La garantie des particuliers consiste dans le recours hiérarchique, porté devant le ministre de l'intérieur, contre la décision préfectorale, ou même dans le recours pour excès de pouvoir. Cette voie d'attaque donnerait au particulier, victime d'une abréviation exagérée de délai, un moyen de faire respecter, sinon le texte, du moins l'esprit du décret de 1852, développé par la circulaire du 5 mai de la même année.

Si, les héritiers ayant élevé des difficultés, la commission hospitalière a transigé avec eux, la convention doit être approuvée par décret. Il serait difficile de concevoir qu'il y ait lieu à transaction sans qu'il y ait eu réclamation des héritiers; ce qui suffit à dessaisir le préfet.

Il faut appliquer ici les règles générales admises en matière de tutelle, à savoir que l'autorisation peut être donnée ou refusée discrétionnairement; sauf, s'il s'agit d'un cas où le préfet est compétent, la faculté pour l'hospice, de recourir devant le ministre.

L'exercice de la tutelle ne modifie en rien la valeur juridique de l'acte, au point de vue civil, et, malgré l'intervention de l'Administration, la faculté d'appréciation des tribunaux reste entière. (Arrêt sur conflit, 3 déc. 1855.) Le Conseil d'Etat a étendu aux actes à titre gratuit une jurisprudence depuis longtemps adoptée en ce qui concerne les baux et les ventes, et dont nous avons vu une application dans l'affaire de l'Institut de Lille. Le chef de l'État et le préfet peuvent, à leur gré, rapporter la décision par laquelle ils ont autorisé l'acceptation d'une libéralité; leur décision ne peut être attaquée par les parties devant le Conseil d'État; mais cette double faculté est paralysée, lorsque la disposition a été acceptée par la commission hospitalière. L'autorité judiciaire, seule compétente pour apprécier la validité de l'acte civil, renverra, s'il y a lieu, devant l'autorité administrative, les questions préjudicielles relatives à l'observation des formes dont peut dépendre la validité de l'acte.

Des difficultés ont surgi sur le point de savoir à qui appartient le droit d'autoriser, quand des libéralités adressées à un hospice et à un établissement religieux sont contenues dant un même acte. En voici la cause : tandis que le pouvoir central s'est dessaisi au profit des préfets en matière d'assistance, il s'est conservé la haute main sur tout ce qui concerne les intérêts religieux. On a craint que les préfets n'échappassent pas assez aux influences locales pour se prononcer froidement sur des questions irritantes.

Deux avis du Conseil d'État, l'un du 27 décembre 1855 l'autre du 16 février 1869, ont tranché la question en faveur du retour à la règle de l'article 910 du Code civil, qui exige d'une façon générale l'approbation gouvernementale. Plus tard un avis du 10 mars 1868 est revenu en partie sur cette règle pour les départements et les communes ; il maintient la nécessité d'un décret pour les libéralités *connexes*, c'est-à-dire unies l'une à l'autre, au point de ne pouvoir être séparées ; il traite au contraire distinctement les libéralités dites *mixtes*, *complexes* ou *collectives*, qui, bien que réunies dans un même *instrumentum*, peuvent pourtant être disjointes. On aurait pu soutenir que cette distinction de l'avis de 1868 devrait être étendue aux hospices, en tant qu'établissements communaux ; mais la pratique ne l'a pas admis, et les hospices sont restés soumis aux avis de 1855 et de 1869 qui ne distinguent pas, et exigent, dans tous les cas, un décret.

Les libéralités adressées aux hospices peuvent avoir pour objet toutes sortes de biens, revêtir les formes d'une disposition universelle ou particulière. Il existe cependant une modalité que la jurisprudence administrative a écartée. Un avis du comité de l'intérieur, du 3 avril 1831 (hospice de Quimperlé), a étendu aux hospices l'article 3 de l'ordonnance du 14 janvier 1831, portant « que les donations faites à des établissements ecclésiastiques ou religieux, avec réserve d'usufruit au profit du donateur, ne pourront être présentées à l'autorisation gouvernementale. » Appliquée aux hospices, cette disposition se justifie complètement. Quand un donateur retient à son profit, sa vie durant, l'usufruit des biens dont il gratifie un établissement charitable, n'est-il pas à craindre qu'il ne se dépouille au delà d'une proportion raisonnable? L'agent, investi de la tutelle, ne peut plus exercer ses prérogatives avec l'étendue qu'elles comportent. L'examen des facultés pécuniaires du donateur, de la fortune de l'héritier, qui s'impose à lui lorsque la disposition est contenue dans un testament, est absolument impossible au cas de donation entre vifs. Cette extension de l'Ordonnance de 1831 s'explique si bien, qu'une circulaire ministérielle du 5 décembre 1863 l'appliqua même à tous les établissements d'utilité publique. Mais ce n'est là qu'une pratique d'ordre intérieur, que l'Administration s'impose comme règle de conduite, sans qu'elle puisse justifier de la part des parties aucun recours contentieux. Telle est bien la pensée qui se dégage d'une affaire soumise récemment au Conseil d'État (4 novembre 1882), et dans laquelle le ministre proposait d'écarter le recours pour excès de pouvoir intenté contre un arrêté préfectoral, qui avait violé cette règle (1).

(1) « Il est vrai, disait le ministre en son rapport, que la section de l'intérieur ayant émis plusieurs avis, tendant à faire application aux établissements de bienfaisance de la règle posée par cette ordonnance, un de mes prédécesseurs a fait connaître, par une circulaire du 5 décembre 1863, qu'il adoptait cette jurisprudence, et a prié les préfets de s'y conformer à l'avenir, dans l'examen des affaires soumises à leur décision. Mais cette solution se borne à tracer une règle administrative, et, en droit, les établissements charitables ne peuvent être assimilés au point de vue qui nous occupe, aux établissements ecclésiastiques. »

Si en principe, l'autorité qui exerce la tutelle, n'a qu'à opter entre deux alternatives : approuver la délibération de la commission qui accepte, ou refuser son approbation, nous trouvons, en matière de dons et legs, de notables dérogations qu'il faut étudier.

C'est d'abord le droit de réduction, que la jurisprudence reconnait à l'administration, quand une libéralité a été faite à un hospice, et qui consiste à autoriser l'acceptation partielle. Qu'on ne vienne pas dire que cette faculté permet de concilier les divers intérêts en cause, celui de la famille, de l'établissement, de la société ; qu'on ne vienne pas arguer que le plus est contenu dans le moins, ou que ce droit n'est que l'exercice simultané de deux facultés, admises isolément. En législation, ces raisons sont d'une incontestable valeur. Mais l'article 910 ne prévoit que le droit d'autoriser, et, par corrélation, celui de refuser ; d'acceptation partielle il n'est question nulle part, et la jurisprudence, en faisant entrer dans la pratique une théorie qui heurte de front les règles ordinaires de la tutelle administrative, a agi à l'imitation du préteur romain.

Ce droit de réduction étant pourtant admis, quelle en est la nature? C'est une forme de la tutelle, exercée, non seulement dans l'intérêt des parties, mais aussi et surtout dans celui de la société. Il en résulte que la clause d'un acte testamentaire qui en dénierait l'exercice à l'administration, devrait être annulée comme non écrite. (Art. 900 C. C.)

Mais, en pratique, la question se posera en termes plus complexes. Je ne parle pas du cas où le testateur aurait déféré à un tiers la partie réduite pour enlever toute chance à l'héritier ab intestat de recueillir quelque chose. Dans cette hypothèse, le droit de l'Administration restant intact, la clause n'aurait rien d'illicite. (Cass., 1869, D. P. 1. 129.)

Le cas délicat est celui où le testateur a disposé en ces termes: je lègue à l'hospice telle somme, et, si l'administration réduit ma libéralité, je substitue pour le tout Tertius. Le testateur édicte une sorte de clause pénale qui a pour objet de priver l'Administration de son droit de réduction. Si, en effet, celle-ci s'avise de réduire, le droit du substitué, jusqu'ici conditionnel, devient ferme et exigible à l'encontre de l'hospice, qui ne peut plus élever aucune prétention. Pour justifier la validité d'une clause ainsi conçue, on a invoqué la nature même du droit de propriété. Titulaire d'un droit, j'ai la faculté de n'en point disposer; à fortiori, puis-je en subordonner la transmission à telle condition que je voudrai. A qui la clause fait-elle grief? A personne, dit-on. L'héritier ab intestat est écarté par l'existence d'un testament; quant à l'intérêt de l'établissement, l'Administration peut le sauvegarder assez, en acceptant intégralement la libéralité. Ces raisons, à mon sens, ne sont pas admissibles. Étant donné le point de départ de la théorie, étant donnée la nature du droit de réduction établi dans l'intérêt de la société et confié à ses représentants, on ne saurait admettre la validité d'une clause dont le résultat direct et immédiat est d'en paralyser l'emploi. La condition est illicite, aux termes de l'article 900 du Code civil, et partant la substitution dont l'ouverture est subordonnée à son arrivée, doit tomber avec elle. C'est en vain que le *de cujus* aura essayé de restreindre le droit d'option de l'Administration dans les limites de cette simple alternative : accepter ou refuser le tout.

Il est à noter, du reste, que l'acte de tutelle, qui autorise partiellement l'acceptation de la libéralité, ne fait qu'en diminuer l'émolument, et par suite le passif corrélatif, sans toucher au caractère juridique du legs, sans modifier le caractère de la vocation héréditaire.

Une autre particularité, admise jusqu'ici, en cette matière, consiste dans le droit, pour l'Administration, d'accepter elle-même une libéralité, au cas où la commission hospitalière refuserait de statuer d'office, si elle négligeait de délibérer. La jurisprudence qui a édifié cette théorie, aussi extralégale que la précédente, et l'a étendue à tous les établissements publics, la justifie en soi par la nécessité de pouvoir vaincre, le cas échéant, le mauvais vouloir ou la force d'inertie des représentants légaux de l'hospice. Le motif peut avoir de la valeur en législation; mais la solution ne se soutient pas au point de vue des textes. Avant la loi du 5 avril 1884, le texte sur lequel elle prenait appui, était bien fragile; c'était l'article 48 de la loi du 18 juillet 1837, qui disposait, que les délibérations portant refus d'accepter une libéralité, n'étaient exécutoires qu'en vertu d'une ordonnance. On en tira cette conséquence, peut-être un peu forcée, que le chef de l'État, appelé à examiner cette délibération, pouvait ou la confirmer, ou adopter une solution contraire, et, par extension, statuer d'office, si la commission restait passive. La base de l'argument était bien fragile. Depuis l'année dernière, elle n'existe plus, cet article 48 ayant disparu en vertu de l'abrogation finale de l'article 168-6° de la nouvelle loi municipale. Désormais, on est plus à l'aise pour attaquer de front cette solution, et notre opinion c'est que l'Administration a le devoir de rompre avec une pratique qui ne peut plus s'étayer sur aucune base légale, En admettant qu'elle soit admissible en matière communale, il est impossible de l'étendre aux hospices, pour lesquels le principe de l'indépendance négative est formulé sans réserve.

Quand une libéralité est adressée à un hospice, la commission doit prendre sa délibération, l'envoyer au conseil municipal pour obtenir son avis, et demander l'autorisation du préfet ou du chef de l'État. Mais cette procédure comporte des lenteurs inévitables, qui peuvent causer au bien des pauvres de véritables dommages. S'il s'agit d'une donation, le droit transmis n'étant acquis à l'hospice qu'au jour de l'acceptation solennelle et authentique par le président de la commission, il est à craindre que le donateur meure, devienne incapable ou retire sa pollicitation. S'agit-il d'une legs, l'inconvénient est d'une autre nature. Le légataire universel, en concours avec des réservataires, le légataire à titre universel ou particulier, n'ayant pas la saisine, sont obligés, pour avoir droit aux fruits et se mettre en possession, de former une demande en délivrance. Cette demande suppose que le droit au legs est fixé, d'une façon définitive, sur la tête du demandeur, puisqu'elle constitue sa mise en œuvre, sa traduction matérielle. Dès lors, l'hospice ne devenant légataire qu'après l'autorisation donnée par le gouvernement, la faculté de demander la délivrance se trouvait ajournée jusqu'à ce moment, peut-être fort long à venir; il allait donc perdre les fruits et les intérêts. Par l'acceptation provisoire, le double inconvénient signalé se trouve écarté. L'hospice est réputé capable de recevoir sous la condition suspensive de l'autorisation postérieure, si bien que l'arrivée de celle-ci produit effet rétroactivement, au jour de l'acceptation provisoire.

Par sa demande en délivrance, le légataire ne fait pas seulement courir les intérêts à son profit, il sollicite aussi du tribunal l'envoi en possession des biens transmis.

Que l'hospice qui a accepté provisoirement, atteigne le premier résultat, c'est le but même de l'expédient légal. Mais le tribunal n'en dépasse-t-il pas la portée, en permettant la réalisation du second? Je crois que le juge, saisi de la demande en délivrance, peut accorder l'envoi en possession bien que l'autorisation gouvernementale ne soit pas encore intervenue, car il y a là, pour moi, une de ces mesures provisoires dont parle l'ordonnance du 2 avril 1817, non une conséquence de l'acceptation conservatoire, autorisée seulement par l'article 11 de la loi de 1851. D'ailleurs, si l'hospice légataire universel peut, lorsqu'il n'est pas en concours avec des réservataires, se mettre de suite en possession, pourquoi ne pourrait-il en faire autant dans les autres cas, avec la garantie d'une autorisation judiciaire (1)?

Si l'hospice a été institué légataire universel par un testament olographe, il devra adresser requête au président du tribunal, qui l'enverra en possession, après avoir constaté trois choses: que le testament est valable en la forme, qu'il contient un legs universel, et qu'il n'y a pas d'héritiers réservataires. Si c'est un legs à titre universel ou particulier qui lui a été déféré sous cette forme, l'*instrumentum* devra également être soumis à l'examen de justice. Cela aura lieu d'ordinaire au moment de la demande en délivrance; mais c'est là une mesure dis-

(1) La Cour de cassation a, dans un arrêt du 12 décembre 1871 (hosp. de Rennes), autorisé l'envoi en possession, avant d'avoir obtenu l'autorisation du gouvernement, sur ce motif « que cet envoi en possession était subordonné, quant à ses effets, à l'autorisation du gouvernement, d'accepter le legs universel; qu'il avait pour but d'assurer, au cas d'autorisation, tous les effets de la saisine de plein droit accordée par l'article 1016 du Code civil, et notamment la perception des fruits à compter le décès du donateur. »

tincte, rentrant dans les termes de l'ordonnance de 1817, et pouvant se produire même avant l'acceptation provisoire, s'il y a intérêt.

Les hospices reçoivent souvent des dons manuels, c'est-à-dire des transmissions de meubles corporels, ou de titres au porteur, remis de la main à la main par le donateur, à un membre de la commission, quelquefois déposé dans un tronc, ou envoyé par un bienfaiteur anonyme. Si les dons manuels sont, d'après une vieille tradition, dispensés des formalités irritantes, dont la loi a entouré les donations (acte authentique, acceptation expresse, état estimatif), il n'empêche que le concours de volontés, nécessaire à tout contrat, doive se rencontrer ici. La commission devra donc donner son consentement à l'offre qui lui est faite, par une délibération spéciale, inscrite au procès-verbal des séances.

On a proposé d'exempter les dons manuels de la nécessité d'une autorisation, en s'appuyant sur ce que cette espèce de libéralité est affranchie de formalités. Je ne puis souscrire à cette solution, car l'autorisation constitue une condition de fond; elle est nécessaire pour compléter la capacité de l'hospice. Cependant il faut dispenser de l'autorisation, les dons qui se présentent avec le caractère de simples aumônes. Cette réserve s'impose, et par la nécessité de ne pas surcharger l'Administration de demandes en autorisation et par celle de ne pas rebuter, au moyen de formalités, la générosité des bienfaiteurs. La commission hospitalière jouira ici d'un certain pouvoir d'appréciation, car la ligne de démarcation entre l'aumône et le don manuel se déplace suivant une foule de circonstances.

Une autre question consiste à se demander si cette autorisation doit précéder l'acceptation, c'est-à-dire, dans l'espèce, la remise aux mains du président des sommes ou objets offerts. La jurisprudence judiciaire n'a pas hésité à admettre que ce n'est point nécessaire. Elle semble même avoir dépassé la mesure, quand elle reconnait valable une autorisation accordée après le décès du donateur. En effet, cette condition de fond, le concours des volontés, nécessaire à la perfection du contrat, devient impossible à réaliser. La volonté de donner du bienfaiteur a bien coexisté avec la volonte de recevoir de la commission, mais celle-ci était incomplète jusqu'au moment où l'autorisation administrative est intervenue, et alors la mort du donateur avait fait disparaître son offre (1).

Lorsqu'un don manuel est fait à l'hospice, la commission agira prudemment en introduisant une demande d'autorisation auprès de l'autorité supérieure, sans voir une garantie suffisante dans le fait de la possession que le donateur lui consent. Jusqu'à l'autorisation d'accepter, accordée après avis du conseil municipal, cette possession est essentiellement précaire ; un retour de volonté du bienfaiteur, son décès, son incapacité constituent autant de chances de révocation qu'il faut écarter.

Lorsque le bienfaiteur a mis des conditions a sa libéralité, l'a grevée de charges, l'a affectée à une destination spéciale, l'Administration exige que le don manue soit transformé en une donation publique constatée par acte notarié; le motif en est que l'acte notarié peut seu assurer à perpétuité l'exécution des volontés exprimées. Cette pratique me paraît bien rigoureuse, car enfin, si le donateur à recouru à une forme aussi sommaire, pour gratifier l'hospice, c'est qu'il avait une confiance sans

(1) Cass., 18 mars 1867. D. P. 1867. 1. 169. — Cour de Paris, 7 déc. 1852, D. P. 1853. 2. 92. — Paris 20 janvier 1881, Sirey. 1882. 2. 48.

borne à l'égard des administrateurs, et dans l'exécution qu'ils donneraient à ses volontés.

Il arrivait souvent autrefois, et il arrive encore que des libéralités parviennent aux hospices sous la forme de fondations de lit. On leur donne un fonds, dont le produit est destiné au soulagement des malades indigents ; mais on se réserve l'honneur de déterminer à quels sujets application en sera faite. Cette stipulation est d'ailleurs plus usitée pour les hospices que pour les hôpitaux, où le renouvellement plus rapide des malades rend assez difficile l'exercice du droit de présentation.

Bien que le contrat emporte des engagements à la charge de l'hospice, obligation d'entretenir le lit, d'admettre les indigents présentés par le fondateur ou sa famille, le contrat conserve le caractère d'un acte à titre gratuit ; l'*animus donandi* apparaît au premier plan, et l'hospice constitue un simple dispensateur, qui restitue sous une autre forme ce dont il a été gratifié. J'appliquerai donc toutes les règles exposées pour les dons et legs, tant au point de vue des formes civiles à donner au contrat, que relativement à la procédure administrative à engager.

Un point cependant doit attirer l'attention de l'autorité. Le revenu du fonds, affecté à l'entretien d'un lit, peut être, dès à présent, insuffisant. Accepter dans ces conditions serait une imprudence, car le bienfaiteur ou ses héritiers pourraient introduire une demande en révocation, pour inexécution des charges. La commission devra refuser, à moins que les héritiers ne consentent à fournir le supplément, ou qu'une autre personne, voire même la commune, offre de payer la différence.

Le droit de présentation, retenu par le fondateur au profit de sa famille, constitue un droit honorifique, comparable au droit d'inhumation dans une sépulture, au droit d'occuper un banc dans une église. De ce caractère résultent plusieurs conséquences. Le père peut le transmettre à l'un quelconque de ses descendants, sans que sa liberté soit gênée par les règles de la quotité disponible. Ce droit ne peut faire l'objet d'un trafic, puisqu'il ne constitue pas un élément du patrimoine. C'est l'opinion que développait déjà un arrêt du Parlement de Paris, à la date du 18 février 1777, homologuant une délibération de l'Hôtel-Dieu. Celle-ci refusait à l'avenir l'exercice du droit de présentation aux personnes qui en auraient fait commerce, en percevant des personnes présentées le prix de leur nomination. Il considérait « que c'était, en quelque sorte, faire rentrer dans le patrimoine un fonds, dont le produit utile était destiné à la subsistance du pauvre », véritable reprise, sous une forme indirecte, de la libéralité.

Lorsque la hausse générale du prix des choses aura rendu insuffisant le produit de la fondation, sans doute, l'hospice ne pourra réclamer un complément; mais si le bienfaiteur ou son héritier prétendent exercer leur droit de présentation, il pourra en subordonner l'exercice au versement préalable de la somme nécessaire, pour que la fondation s'exécute dans les termes originaires du contrat. Il en serait pourtant autrement, si de l'acte résultait l'acceptation par l'hospice d'un véritable forfait (1).

Sous la Révolution, il existait beaucoup de fondations de ce genre, auxquelles les hospices ne pouvaient plus

(1) Le tribunal de la Seine, par un jugement du 12 mars 1880, a ainsi dénié le droit de présentation aux héritiers d'une personne qui avait fait une fondation de lits à l'hospice Sainte-Périne; le produit de la fondation, constituée en rentes, s'était trouvé réduit par une conversion de rentes.

faire face, par suite de la dépréciation de l'argent. Le gouvernement, s'inspirant de cette idée fort juste, que l'hospice n'a pas passé avec le bienfaiteur un marché ou une convention aléatoire, mais simplement prêté son entremise pour l'exécution d'une œuvre charitable, prescrivit aux commissions, par un arrêté du 28 fructidor an X, de dresser un état des lits, avec une triple indication : les sommes affectées, le produit actuel du fonds, la dépense présente par lit. Le travail devait servir de base à une réduction imposée par l'état économique. Elle fut faite pour les hospices de Paris. Un arrêté, spécial à eux, fut rendu, prescrivant notamment « que dans les cas où les revenus existants de chaque fondation seraient inférieurs au chiffre jugé nécessaire, les fondateurs ou leurs représentants ne pourraient jouir du droit de présentation qu'en suppléant au déficit par une nouvelle concession de revenus. »

Les principes précédents sont, sans contestation possible, applicables aux hospices des départements. Le seul point sur lequel le doute peut exister est celui de savoir quelle sera au juste l'autorité compétente pour opérer la réduction. Jusqu'au décret du 25 mars 1852, il n'y avait pas à hésiter ; le gouvernement avait seul ce pouvoir. L'arrêté consulaire du 28 fructidor an X, unique disposition explicitement applicable, ordonnait qu'il serait statué par un règlement d'administration publique. Le décret de 1852 ayant transporté du pouvoir central aux préfets le droit de décider dans toutes les questions d'assistance, l'absence de réserve sur ce point semble justifier la compétence préfectorale. Ce n'est pourtant pas mon avis. Je crois plus logique d'appliquer un autre principe, celui qui donne compétence, pour autoriser l'acceptation des libéralités, au préfet, quand la famille ne réclame pas, au chef de l'État, dans le cas contraire. Le droit de régler les conditions de l'acceptation à l'origine, entraîne celui de les modifier ultérieurement quand les circonstances l'exigent. (En ce sens, avis du Conseil d'État du 21 mars 1865, sect. de l'intér.)

Pour prévenir les difficultés, la jurisprudence administrative a décidé qu'en principe, toutes les fois qu'une donation ou un legs de sommes d'argent serait fait à un hospice pour une fondation de lit, il y aurait lieu de prescrire la capitalisation du vingtième des arrérages de la rente acquise sur l'État, afin de prévenir la dépréciation monétaire qui pourrait mettre l'hospice hors d'état d'accomplir sa fondation. (Avis du Conseil d'État du 25 janvier 1859, confirmé le 9 novembre 1864, sect. de l'intér.)

Les hospices sont aussi appelés parfois à recueillir des libéralités sous la condition de faire célébrer des services religieux à la mémoire du donateur ou de toute autre personne. Ces charges sont toujours soumises à l'approbation de l'évêque, en vertu de l'ordonnance du 2 avril 1817 (art. 2), qui porte d'une façon générale « que les dons et legs grevés de services religieux ne peuvent être autorisés qu'après avoir été approuvés, au moins provisoirement par l'autorité diocésaine. » Bien plus, la jurisprudence a étendu ici le droit reconnu à l'évêque par l'article 29 du décret du 30 décembre 1809, d'opérer des réductions conformément aux règles canoniques, lorsque le défaut de proportion des libéralités et des charges qui en sont la condition l'exigerait. Ce droit de réduction des évêques, très compatible avec les volontés du testateur, puisqu'il permet d'éviter une répudiation qui s'imposerait au cas où les charges devraient être intégralement exécutées, est même admis avec une grande largeur ; on lui permet de s'exercer tant sur la solennité que sur le nombre des services religieux.

L'exécution des services sera confiée à l'aumônier de l'hospice s'il en existe un, au curé de la paroisse, dans le cas contraire. La commission s'entendra avec la fabrique pour la célébration des messes, sur les bases indiquées par l'évêque.

Un avis du Conseil d'État du 4 mars 1841 a même décidé que, dans notre hypothèse, le legs devrait être accepté à la fois par l'hospice, légataire principal, et par la fabrique, légataire accessoire. Sans doute, le conseil des fabriciens est seul compétent pour régler, sous l'autorité de l'évêque, le chiffre des messes compatible avec l'exercice général du culte dans la paroisse. Mais il me semble excessif de le faire intervenir dans l'*acte d'acceptation* de la libéralité.

Des textes ci-dessus cités, on s'accorde à déduire pour l'évêque un droit de veiller à l'exécution des services religieux institués dans les hôpitaux de son diocèse. (Lettre du min. des cultes au min. de l'intérieur du 28 nov. 1807.)

Les hospices sont aujourd'hui soumis au droit commun pour le payement des droits d'enregistrement, dus sur leurs acquisitions à titre gratuit ou onéreux. Il n'en a pas toujours été ainsi ; et, à maintes reprises, les administrations charitables, inspirées par le très louable désir d'accroître le bien des pauvres, ont revendiqué des franchises, des exemptions de droit, des exceptions à la règle commune. Il a fallu toute « cette férocité » du ministre des finances dont parlait M. Thiers, pour fermer l'oreille à des réclamations fondées sur de si généreux actifs.

L'ancienne monarchie avait emprunté au droit féodal

le principe que toute aliénation, « tout *amortissement* » comme on disait jadis, au profit des mainmortables, devait être accompagné du payement d'un droit, dédommageant le suzerain de la privation des lods et ventes qui lui seraient échus si le bien était resté entre les mains d'un particulier. L'arrêt du Conseil du 21 janvier 1638 fut le premier acte qui exonéra du droit d'amortissement « les acquisitions, échanges, dons et legs » faits aux établissements charitables ; mais l'immunité n'était pas absolue, car les donations restaient soumises à la formalité fiscale de l'insinuation.

La Révolution, malgré son vif désir de maintenir l'égalité absolue devant l'impôt, fut obligée d'accorder aux hospices la réduction à 1 franc des taxes d'enregistrement et de transcription sur les donations faites en faveur des pauvres « afin d'encourager l'heureuse disposition des citoyens à réparer les pertes des établissements d'humanité (1). »

Cette faveur eût peut-être subsisté dans notre législation fiscale si la Restauration ne l'avait pas abusivement élargie. Désireux de reconstituer autour du trône une nouvelle mainmorte avec une assiette territoriale puissante, ce gouvernement étendit aux congrégations, aux séminaires, aux fabriques le régime de faveur accordé aux hospices. La réaction eut lieu, et un des premiers actes du gouvernement de Juillet fut de suppprimer *toute* exception, même celle que la Révolution avait maintenue au profit des hospices. C'est dans la nature humaine de ne savoir jamais garder la mesure et de passer d'un extrême à l'autre ! La loi de finances du

(1) Rapport de Regnault de Saint-Jean-d'Angély. *Moniteur*, an XII, p. 470, col. 3.

18 avril 1831, dans son article 17, abrogea l'article 7 de la loi du 16 juin 1824 et les dispositions légales « qui n'ont assujetti qu'au droit fixe les actes d'acquisition et les donations et legs faits aux hospices. » Ceux-ci furent désormais soumis aux droits proportionnels d'enregistrement et de transcription établis par les lois.

Quant aux droits que les hospices doivent payer pour les libéralités qui leur sont adressées, il faut, pour les bien comprendre, remonter à la loi du 22 frimaire an VII. Cette loi fondamentale repose sur la distinction de l'*acte* et de la *mutation*. Tandis que, dans un cas, elle atteint l'*instrumentum* que les parties ont dressé pour constater leur convention, dans l'autre elle saisit le déplacement de propriété en lui-même, qu'il soit attesté par écrit ou résulte d'une simple convention verbale. Comme mutations, la loi de frimaire frappait les donations immobilières, les legs immobiliers et mobiliers offerts aux établissements charitables, et le chiffre du droit variait en proportion de la valeur transmise, avec cette différence que les meubles étaient moins fortement atteints.

Ces donations de meubles acquittaient bien aussi un droit proportionnel de mutation, puisque forcément un écrit était rédigé ; mais les dons manuels, qui, par essence, ne sont consignés dans aucun acte, se trouvaient jouir d'une exemption complète, comme ne figurant pas dans l'énumération des faits qualifiés mutations.

En 1850, la loi de finances du 18 mai apporta à ce régime deux modifications : 1° les transmissions de meubles, à titre gratuit, entre vifs et par décès, sont désormais assujetties aux mêmes droits que les transmissions d'immeubles de la même espèce (art. 10) ; 2° l'article 6 contenait un principe qu'une jurisprudence récente vient d'appliquer aux dons manuels, et qui a porté atteinte au régime d'exemption admis pour eux jusqu'ici. Il était ainsi conçu : « Les actes renfermant soit la déclaration par le donataire ou ses représentants, soit la reconnaissance judiciaire d'un don manuel, seront sujets aux droits de donation. » Le but général de cet article 6 était de déjouer les fraudes qui se commettaient en matière de contrat de mariage ; des sommes importantes étaient remises de la main à la main, et échappaient ainsi aux agents du fisc.

On se demanda bientôt si les dons manuels, faits aux établissements charitables, et constatés dans les délibérations des commissions hospitalières, ne tombaient pas sous le coup de la loi nouvelle, si ces délibérations étaient des actes renfermant *déclaration d'un don manuel par les représentants* de l'hospice donataire (1). La jurisprudence administrative se prononça pour la négative. Elle reconnut que le législateur avait voulu atteindre, non *toute* déclaration ou reconnaissance de don manuel, mais les actes *portant* déclaration ou reconnaissance. La mention d'un don manuel sur le registre des délibérations de la commission constituait, à ses yeux, une simple mesure d'ordre intérieur et de comptabilité. C'est là le principe admis encore à l'heure actuelle ; mais la Cour de cassation y a porté atteinte, en admettant des dérogations.

En 1865, les hospices de Lyon avaient accepté, avec l'autorisation du préfet, deux donations, faites, l'une sous la condition de célébrer annuellement un certain

(1) Remarquons bien que la question ne peut se poser qu'au cas où la déclaration ou reconnaissance porte sur un don réalisé par la tradition. La simple mention d'une offre ne saurait suffire, car le don manuel suppose, pour sa perfection, la remise matérielle de la somme ou de l'objet. (Trib. de Remiremont, 9 juillet 1874.

nombre de messes, l'autre avec affectation à l'entretien d'un lit. Le donateur étant connu et ayant mis des conditions à sa libéralité, son intérêt était de transformer le don manuel en acte public, afin de mieux assurer l'observation de ses volontés. Si le conseil emprunta la forme du don manuel, ce ne pouvait donc être que dans l'intention de frustrer le fisc du droit de mutation.

La régie affirma que la délibération, consignée sur le registre du conseil, n'avait pas le caractère d'une simple pièce d'administration, d'une mesure d'ordre intérieur, mais constituait un acte, *portant* déclaration de don manuel. Le tribunal civil de Lyon (11 mai 1867), puis celui de Bourg, statuant sur renvoi, après cassation admirent les prétentions de l'enregistrement. C'est alors que la Cour de cassation, par un arrêt rendu toutes chambres réunies, se rallia à la thèse admise par les deux tribunaux. Relevant dans les pièces produites, non seulement l'offre d'une somme et son acceptation aux conditions stipulées, mais aussi son versement effectif, le règlement de son emploi, la Cour suprême se crut obligée d'appliquer l'article 6 de la loi de 1850, dont les termes cadraient si parfaitement avec les données de l'espèce. Ce qui détermina sa solution, ce fut surtout la conviction qui, si les hospices de Lyon avaient recouru à la forme du don manuel, alors que les circonstances semblaient exiger un acte public, c'était dans le désir d'échapper à la perception du droit proportionnel de mutation (19 mai 1874).

Quoi qu'il en soit de l'application, faite à notre espèce, du texte de 1850, je crois qu'il faut limiter cette jurisprudence à l'ordre d'idées spécial qu'elle a visé, partant qu'on doit déclarer affranchis de tout droit d'enregistrement les dons mansuels faits sans condition, et dont la

Commission se borne à mentionner l'existence, en déclarant qu'ils seront portés en recettes à tel article du budget.

Aliénations. — Nous avons vu que, pour l'aliénation des biens hospitaliers, la commission ne doit pas seulement obtenir l'approbation préfectorale, mais qu'un avis conforme du Conseil municipal lui est nécessaire. La loi a ainsi placé la propriété hospitalière sous la sauvegarde de l'assemblée municipale.

Certains établissements ont prétendu que cette condition n'était imposée que pour les immeubles conservés pendant la Révolution, ou concédés par l'État en représentation des biens vendus *nationalement*, en un mot, pour la dotation originaire. Le Conseil d'État a repoussé cette thèse, et jugé que le législateur du 7 août 1851, en insérant dans l'article 10 § 2, les mots « immeubles formant la dotation des hôpitaux » a entendu désigner *tous* les immeubles appartenant à ces établissements, sans distinction d'origine ni d'affectation. (Sect. de l'intér. 24 mai 1869, hosp. de Dijon.)

Très souvent les testateurs insèrent dans leurs dispositions, la condition que l'immeuble légué ne sera pas aliéné. Au point de vue civil, la validité d'une clause dont le but tend à immobiliser la propriété, est sérieusement contestable : mais l'Administration supérieure, dans le but de respecter les intentions généreuses des bienfaiteurs des pauvres, veille, dans la mesure du possible, à l'observation fidèle de ces prescriptions. Elle n'autorise la vente qu'en présence d'une nécessité sérieuse, ou d'un bénéfice évident. C'est ainsi que le Conseil d'État a refusé d'adopter un projet de décret autorisant l'aliénation d'un bien frappé d'inaliénabilité par le testateur, alors que le seul motif de l'aliénation était l'appât d'un revenu plus élevé, obtenu par un placement en rentes. (Sect. de l'intér. fabrique et bur. de bienf. de Cublize, 5 juin 1878.)

Je remarque que l'arrêté préfectoral qui approuve l'aliénation, peut être rendu sans excès de pouvoir, quand même la propriété des biens serait contestée, car le droit de l'intéressé reste intact ; le recours contentieux de ce chef contre l'acte administratif manquerait de base.

La vente se fait d'ordinaire aux enchères, bien que cela ne soit prescrit par aucun texte. Par exception, le préfet permet la vente amiable, dans l'arrêté d'autorisation, lorsque celle-ci offre un avantage pour l'hospice, ou même quand le bien vendu ne présente qu'une minime importance.

Lorsqu'un créancier de l'hospice, muni d'un titre exécutoire, veut obtenir payement, il n'a pas la ressource de la saisie. Une circulaire du 2 prairial an VIII et un arrêté du 9 ventôse an X ont déclaré les biens hospitaliers insaisissables, comme ceux de l'État. Cette disposition s'imposait, afin de ne pas rompre l'équilibre du budget, ni rendre impossibles les règles de la comptabilité. Le créancier, au cas où la commission refuserait le vote d'un crédit, n'aurait d'autre ressource que celle de s'adresser à l'autorité supérieure, qui inscrirait d'office un crédit spécial, ou ordonnerait la vente d'un bien hospitalier, non affecté au service charitable.

SECTION IV

MARCHÉS DE TRAVAUX ET DE FOURNITURES (1)

Nous avons déjà vu l'essai timide de décentralisation tenté par la loi de 1851, en matière hospitalière. C'était, pour les marchés de travaux et de fournitures que l'indépendance de la commission était le moins à craindre ; aussi est-ce sur eux qu'a porté l'innovation. Voyons successivement les marchés de travaux et ceux de fournitures.

Lorsque le coût des travaux ne dépasse pas 3,000 francs, la commission peut délibérer réglementairement sur les plans et devis (art. 8) ; au-dessus de ce chiffre, les projets de construction, grosses réparations et démolitions, sont soumis à l'avis du conseil municipal et à l'approbation du gouvernement. (Art. 9 et 10.) Aujourd'hui, aux termes du décret du 25 mars 1852 (art. 1, n° 49, tabl. A), c'est au préfet qu'il appartient d'autoriser, sans qu'il soit jamais nécessaire de recourir à l'autorité ministérielle. En expliquant aux préfets leurs nouvelles attributions, le ministre leur dénonçait la tendance des administrations locales à donner aux hôpitaux une apparence somptueuse; une « noble simplicité », telle était, suivant lui, la formule qui devrait les guider.

Quant au mode de réalisation de ces travaux, il faut appliquer l'ordonnance du 14 novembre 1837, qui pose en principe que toutes les entreprises seront données avec

(1) Bien que les marchés de travaux devraient seuls figurer dans un chapitre consacré au patrimoine hospitalier, il faut présenter ici l'étude des marchés de fourniture, qui se lie trop étroitement à la première pour en être séparée.

concurrence et publicité, sauf huit exceptions limitativement énumérées par l'article 2. Parmi elles, je n'en retiens qu'une, celle où la valeur du marché est inférieure à 3,000 francs. La commission, libre de décider la dépense dans la limite de ce chiffre, pourra aussi rejeter les formes de l'adjudication publique. Si le marché est passé de gré à gré, il sera approuvé par le préfet, conformément à l'ordonnance. A fortiori, le préfet aura-t-il à approuver l'adjudication pour la rendre définitive. Il est à noter que ce magistrat exerce ici un droit de tutelle, dont il ne doit compte qu'à ses supérieurs hiérarchiques, sans être obligé d'en déduire les motifs à l'adjudicataire.

Les cahiers des charges déterminent l'ordre et l'importance des garanties que les entrepreneurs ont à produire, soit pour être admis à l'adjudication, soit pour répondre de leurs engagements. Conformément à la loi du 28 pluviôse an VIII, les contestations relatives à l'exécution des travaux ayant le caractère d'utilité publique, seront portées devant le conseil de préfecture en première instance, devant le Conseil d'État en appel. Les marchés des travaux relatifs à des biens patrimoniaux, non affectés au service charitable, rentrent au contraire dans la compétence des tribunaux judiciaires.

Les marchés de fournitures sont soumis à un régime analogue dans son ensemble ; suivant que le marché doit durer une année ou plus, la délibération de la commission qui décide la dépense et arrête les conditions, est réglementaire, ou assujettie à l'autorisation du préfet. Comme pour les marchés de travaux, la règle est l'adjudication publique, avec les exceptions admises dans l'ordonnance de 1837.

Parmi les marchés de fournitures, un seul mérite d'être signalé, celui qui porte sur les objets de consommation, nécessaires aux établissements hospitaliers. Ici, la commission peut, avec l'*adhésion* du conseil municipal et l'approbation du préfet, traiter de gré à gré ou par voie d'abonnement. L'innovation consiste : 1° en ce que la commission n'est plus limitée par le chiffre de 3,000 francs, comme dans l'ordonnance de 1837, pour traiter de gré à gré; 2° en ce que l'abonnement est permis. En vertu de l'article 15, qui pose ces principes, un entrepreneur peut s'engager, moyennant un prix de journée, véritable forfait, à nourrir et entretenir les pauvres. Cette combinaison avait été adoptée, en 1837, par la commission des hospices de Nancy, qui avait conclu avec les sœurs de Saint-Charles un traité aux termes duquel ces dames promettaient d'exécuter le service, moyennant un prix déterminé et l'abandon de quelques produits de propriété. Le ministre annula l'arrêté préfectoral approbatif, sous prétexte que ce système, qui tendait à transformer la régie administrative en simple surveillance de l'exécution d'un marché, était contraire à notre organisation hospitalière. La loi de 1851 rend licite cette combinaison, en la soumettant à l'approbation préalable du conseil municipal. Toutefois les traités à forfait avec les congrégations supprimant un des éléments les plus essentiels du contrôle sur les fournitures, celui exercé par les sœurs vis-à-vis les fournisseurs, l'administration supérieure y est peu favorable, et recommande aux préfets d'user fréquemment du refus d'approbation. (Déc. min., *Bull.*, 1866, n° 63.)

Aucun texte n'ayant attribué les marchés de fournitures à la juridiction administrative, ils restent dans la compétence judiciaire. Ce principe serait applicable même si une clause du contrat portait attribution de compétence au conseil de préfecture, la volonté des parties ne pouvant changer l'ordre des juridictions (1).

Les marchés des hospices, comme ceux de tous les établissements publics, jouissent, depuis la loi de frimaire an VII, d'une modération de taxe. Au lieu d'acquitter, comme les marchés passés entre particuliers, un droit proportionnel de mutation de 2 0/0, ils ont acquitté d'abord 0 fr. 50 puis actuellement 1 0/0. C'est d'ailleurs une faveur qui n'est pas spéciale aux établissements charitables.

SECTION V

ACTIONS JUDICIAIRES

Pour qu'un hospice puisse ester en justice, il faut une délibération de la commission, l'avis du conseil municipal et une autorisation administrative. Cette autorisation de plaider, véritable acte de tutelle, est donnée par le conseil de préfecture ou par le Conseil d'État. (Loi du 24 pluv. an VIII.) Il est à noter que, si la première autorité refuse, et que l'hospice s'adresse au Conseil d'État, l'affaire va à la section de l'intérieur ; en réalité, c'est le gouvernement qui décide ; l'affaire est administrative, nullement contentieuse.

La loi du 5 avril 1884 a imparti au conseil de préfecture un délai pour statuer, à l'expiration duquel son silence équivaut à une approbation ; le Conseil d'État lui-même est obligé de se prononcer dans un délai. (Art. 121 et 126.) Bien qu'on puisse être tenté d'étendre ces textes aux hospices, en tant qu'établissements communaux, je persiste à croire qu'ils restent soumis au

(1) Conseil d'État, 1er déc. 1853, D. P. 1854. 3. 18.

droit commun, et qu'aucun délai n'est imparti pour examiner la demande, ou statuer sur le pourvoi.

Nos lois municipales ont, tour à tour, consacré le droit pour le contribuable de prendre en main, après une mise en demeure préalable, les actions communales, que le conseil municipal refuse ou néglige d'exercer. C'est une véritable action *pro populo*, qui permet à chacun de s'ingérer à ses risques et périls, dans l'administration locale. Je ne pense pas que cette faculté puisse être exercée à l'égard des hospices ; les textes et les motifs de cette disposition s'y opposent. D'abord la loi du 5 avril 1884 (art. 123) ne vise nominalement que les actions appartenant à une commune, ou section de commune, et la distinction très nette qui existe, au point de vue de la personnalité juridique, entre la commune et son hospice, s'oppose à l'extension de la disposition d'un cas à l'autre. Puis les mêmes motifs n'existent pas. Les corps municipaux, produit de l'élection, ont une indépendance réelle, dont ils peuvent abuser, au détriment de la commune qu'ils représentent ; au contraire, les administrateurs d'hospice, étant nommés directement par l'autorité supérieure, du moins dans leur majorité, celle-ci peut les remplacer, s'ils lui paraissent oublier leurs devoirs (1).

Lorsque l'hospice est défendeur, il n'est pas nécessaire que le demandeur remette, comme pour la commune, un mémoire au préfet ; mais l'autorisation du conseil de préfecture est indispensable pour répondre à l'attaque.

Si l'autorisation de plaider n'a pas été demandée, le préfet ne pourra pas, sans doute, élever le conflit ; mais

(1) En ce sens, Conseil d'Etat, 30 août 1847. D. P. 1848. 3. 52.

l'omission de cette formalité entraînera la nullité de la procédure, et le tribunal devra la prononcer d'office. L'hospice pourra s'en prévaloir, en tout état de cause, son incapacité étant un obstacle à ce qu'on induise contre lui une renonciation tacite à l'emploi de ce moyen. L'adversaire, de son côté, peut toujours exciper du défaut d'autorisation, car on ne peut le forcer à plaider avec un incapable, pas plus qu'à traiter. Comme en matière communale, il est trois cas où, par exception, l'hospice pourra ester en justice, sans être muni d'une autorisation : 1° lorsque l'action se déroule devant la juridiction administrative ; appelée à juger l'affaire au fond, celle-ci examine en même temps, si l'action est conforme à l'intérêt de l'établissement ; 2° lorsqu'il s'agit d'intenter une action possessoire ou d'y défendre ; 3° quand l'hospice ayant décerné un titre exécutoire, une contrainte, aura à répondre à une opposition du débiteur.

Une autre formalité que la commission doit remplir, avant de délibérer sur l'opportunité d'une action en justice, est celle de prendre l'avis du comité consultatif, établi dans chaque arrondissement. Ce comité, composé de trois jurisconsultes, présentés par le sous-préfet à la nomination préfectorale, est appelé à donner une consultation sur toutes les affaires contentieuses, et à répondre à toutes les questions que la commission juge à propos de soumettre à son examen. (Arrêté du 7 messidor an IX.)

A qui appartient-il d'ester en justice, pour représenter l'hospice ? La question a pu faire doute, à une certaine époque, le choix étant possible entre le maire et le receveur. Le motif en est que le receveur est chargé de faire toutes les diligences nécessaires pour le recouvrement et la conservation des droits et privilèges. Jusqu'à quel moment aura-t-il qualité pour parler? Lorsque l'arrêté du 19 vendémiaire an XII fut rendu, on s'était demandé si les comptables, chargés d'assurer les recettes et de faire, dans ce but, tous exploits, poursuites et commandements, pouvaient aussi porter l'action devant les tribunaux. Une circulaire du 30 germinal an XII reconnut que donner à l'arrêté cette extension, ce serait mal l'interpréter, et que les actions à intenter ne peuvent l'être qu'en vertu d'une délibération de la commission. C'est donc au maire, comme président de celle-ci, et non au receveur, qu'il appartient d'ester en justice (1).

Lorsqu'un hospice est engagé dans une instance, la jurisprudence du Conseil d'État reconnaît que la commune a le droit d'intervenir au procès, si elle lui accorde d'ordinaire des subventions (2).

L'autorisation du conseil de préfecture est nécessaire, non seulement pour les actions judiciaires proprement dites, mais aussi pour l'acquiescement, le désistement ; la transaction, pour être définitive et irrévocable, doit être approuvée par le préfet. (Décret du 25 mars 1852.)

SECTION VI

EFFETS JURIDIQUES, QUANT AUX BIENS HOSPITALIERS, DES MODIFICATIONS AU TERRITOIRE COMMUNAL

Les modifications apportées au territoire communal peuvent donner lieu à d'intéressantes difficultés. Une commune qui possède un hospice, peut être réunie à une

(1) En ce sens, Cass., D. P. 1871. 1. 213.
(2) Conseil d'État, 19 janv. 1844 ; — 22 juin 1854.

autre ; une partie de son territoire peut être détachée, peut être érigée en commune distincte, ou unie à une circonscription voisine. La loi n'a posé aucune règle directement applicable au règlement de la situation. Il faut donc recourir aux principes généraux du droit administratif et aux règles spéciales posées par la loi du 5 avril 1884, en matière communale.

On conçoit d'abord que, l'hospice constituant une personne distincte de la commune, les changements apportés au territoire de celle-ci, son absorption même dans une autre, laissent intacts son existence juridique et son patrimoine. Pourtant, comme il est uni à la commune par le lien matériel de la situation, il faut, à mon avis, tout en respectant la personnalité de l'être moral, appliquer l'idée inspiratrice de l'article 7 de la nouvelle loi municipale, qui porte en substance, que les édifices « servant à un usage public » suivront le sort de la fraction de territoire sur laquelle ils s'élèvent. Il est très utile de poser cette règle, car elle indique au préfet parmi quelle catégorie de personnes il devra choisir les administrateurs, elle fait connaître quel conseil municipal pourra envoyer des délégués à la commission hospitalière.

Le règlement de la question consiste donc uniquement, à attribuer aux différentes fractions de l'ancienne commune, aujourd'hui séparées, érigées en municipalités, ou unies à d'autres, un nombre de lits proportionné à leur population (1). Les diverses sections enverront indistinctement leurs malades à l'hôpital, dans la propor-

(1) C'est là du moins la base d'évaluation que le ministre de l'intérieur recommande, à défaut de base légale, dans sa circulaire du 15 mai 1884.

tion fixée ; la seule inégalité, c'est que celle qui contient sur son territoire les bâtiments hospitaliers, aura l'avantage de composer, à elle seule, la commission.

Si la jouissance commune donnait lieu à des conflits, la ressource extrême consisterait dans un partage, effectué suivant les termes de l'article 7 de la loi du 5 avril 1884. Les biens affectés au service charitable resteraient aux pauvres de la commune, dans laquelle ils sont situés, à charge d'indemniser les autres fractions de l'ancienne circonscription. Quant aux meubles et immeubles composant la dotation de l'établissement, ils seraient partagés, toujours en proportion du chiffre de la population. Grâce à cette combinaison, l'hospice deviendrait complètement étranger à la fraction démembrée, qui, de son côté, pourrait faire usage des biens à elle attribués, pour fonder un hospice, ou leur donner une destination charitable.

L'article 7 de la loi du 5 avril 1884 édicte une disposition nouvelle, dont l'application à notre matière est d'une réelle importance. Après avoir réglé le sort des diverses catégories de biens communaux, il ajoute « que les actes qui prononcent des réunions ou des distractions de communes, en déterminent expressément toutes les autres conditions. » Parmi elles, figure, sans conteste, le règlement du patrimoine hospitalier. Autrefois, du moins quand la modification était le fait du législateur, on posait le principe, et on laissait à un acte ultérieur du pouvoir exécutif le soin de pourvoir aux détails d'organisation. Un délai, parfois très long, s'écoulait, et l'exécution donnée soulevait de très vives réclamations. Aujourd'hui, c'est à l'acte même qui a fait la modification, de liquider la situation de l'hospice par rapport aux différentes fractions de l'ancienne commune.

S'il y a érection de commune, ou si la modification territoriale a pour résultat de toucher aux limites du canton le législateur doit intervenir. Dans tous les autres cas, un décret en Conseil d'État suffit, et ce sera le cas le plus fréquent, puisque, dans l'état actuel de la législation le pouvoir du conseil général, pour opérer une distraction ou une réunion de communes, est subordonné à l'unanimité, assez invraisemblable, de tous les conseils municipaux et de toutes les commissions syndicales, nommées à cette occasion.

Si, au lieu de posséder un hospice, la commune démembrée est titulaire de lits dans un autre établissement, la répartition entre les diverses fractions territoriales qui résulteront de l'opération, sera faite au prorata du chiffre de la population, par l'autorité compétente.

CHAPITRE V

Des ressources des établissements hospitaliers

L'ordre de cette étude me conduit à analyser les différentes ressources au moyen desquelles les hospices font face à leur mission charitable. Pour plus de clarté, je les répartirai sous quatre chefs : les ressources propres, les droits attribués par la loi, les produits intérieurs, et enfin les subventions municipales, qui viennent habituellement, en cas de déficit, parfaire la liste civile des malheureux. De là, la division de notre sujet en quatre sections.

SECTION I

REVENUS PROPRES

Les longs développements que j'ai donnés sur le patrimoine hospitalier, me dispensent d'y revenir ici. Qu'il me suffise de dire que, malgré son chiffre considérable, il ne fournit qu'une modeste fraction des ressources hospitalières en France. Si le budget des pauvres n'était alimenté que par cet élément de recettes, ceux-ci seraient souvent sans soulagement.

SECTION II

DROITS ATTRIBUÉS

Sous cette rubrique, je fais figurer une fraction du droit des pauvres sur les spectacles, différents droits successifs accordés aux hospices, une part du produit des concessions de cimetières, et enfin, dans un grand nombre de villes, les bonis du mont-de-piété.

§ 1. — *Droit des pauvres*

Ici, il faut procéder par simple renvoi. L'étude de cette très intéressante imposition viendra mieux à sa place lorsque je parlerai des bureaux de bienfaisance. C'est, en effet, au profit de ces établissements qu'elle fut créée, par la loi même de leur institution. Ce fut seulement une loi ultérieure, celle du 8 thermidor an V, qui, en élevant la quotité de l'impôt sur les spectacles du dixième au quart, permit d'en consacrer une partie aux hospices, suivant la proportion déterminée par la municipalité cantonale. Depuis l'an VIII, c'est le préfet qui opère cette répartition. Mais, dans les localités où les hospices sont riches, on abandonne aux bureaux de bienfaisance la totalité du produit.

§ 2. — *Droits successifs*

La loi a attribué aux hôpitaux trois « droits successifs » qui méritent d'être signalés, plutôt comme curiosités juridiques, que comme éléments sérieux de revenus.

C'est d'abord la loi du 15 pluviôse an XIII, qui, dans son article 8, attribue à l'hospice qui a recueilli un enfant, la propriété des biens de ce dernier, s'il décède avant sa majorité ou son émancipation, dans le cas où aucun héritier ne se présente. C'est à titre d'indemnité que l'hospice recueille ce modeste héritage, plutôt qu'à titre de succession véritable. Cela est important à noter, car la jurisprudence du ministre des finances s'est fondée sur cette idée pour écarter, dans l'espèce, toute perception de droits de mutation.

C'est sous le même aspect que se présente le droit, reconnu aux hospices, de retenir les objets apportés par les malades, traités gratuitement et décédés, conformément à l'avis du Conseil d'État du 3 novembre 1809. De ce que cette attribution a le caractère d'une indemnité, on peut déduire que si, par impossible, les déboursés de l'hospice étaient inférieurs à la valeur des objets mobiliers retenus, l'établissement ne saurait en subordonner la remise au payement de leur valeur; il devrait restituer dès l'instant que l'héritier offrirait d'acquitter intégralement les frais de séjour.

Si un étranger décédait dans un hôpital français, ses héritiers ne pourraient exciper de sa qualité, pour dénier à l'établissement son droit aux objets mobiliers, en s'appuyant sur ce que la succession de l'étranger en France est déférée d'après la loi de son domicile. Sans doute, le prétendu droit successif de l'hospice est une création de la loi française; mais on ne saurait arguer des principes suivis par notre pratique judiciaire en matière successorale, pour écarter le droit de l'établissement vis-à-vis de l'étranger; en réalité, il n'y a pas là un vrai droit successif; c'est une compensation indemnitaire qui doit s'appliquer à l'étranger comme au national reçu dans nos hôpitaux.

Les auteurs et la jurisprudence sont d'accord pour reconnaître que cet avis du 3 novembre 1809 ne vise que les objets de peu de valeur, à l'usage personnel du malade, linges, hardes, vêtements, non les sommes d'argent, les valeurs et bijoux, qu'il aurait apportés et dissimulés dans ses effets (1).

Le troisième droit successif des hospices consiste dans l'attribution que leur accorde la loi du 24 mai 1825 (art. 7) des biens ayant appartenu à des congrégations de femmes *éteintes* ou *dissoutes*.

La congrégation peut disparaître, en totalité, parce que le législateur lui a retiré son autorisation; en partie, parce que le pouvoir exécutif a jugé inutile ou contraire à l'intérêt social l'existence de telle maison particulière, et alors un simple décret, rendu sur avis de l'évêque, suffit.

La loi de 1825 prévoit aussi l'extinction, qu'elle semble distinguer de la première cause de disparition. MM. Durieu et Roche (2) reconnaissent la difficulté de poser une formule générale, pour définir l'hypothèse, la question dépendant surtout des circonstances; ils indiquent le cas où par la force des choses, et en dehors d'une révocation, la congrégation ne pourrait pas remplir sa mission charitable.

Dans ces hypothèses, l'association n'étant pas comparable, en droit, à une société civile, il ne peut être question de partager le patrimoine entre les membres existants. Les biens acquis à titre gratuit feront retour à la famille des donataires, dans les limites où le droit de recueillir est admis par nos lois successorales. Ce qui, faute de réclamations, aura échappé à cette clause de retour, sera réuni aux biens acquis, à titre onéreux, par la congrégation, pour former un fonds commun, qui four-

(1) Demolombe, *Successions*, t. II, n° 294. — Aubry et Rau, t. VII, p. 33. — Cour de Bordeaux, D. P. 1854. 2. 154.

(2) *Répert. des Établ. de bienf.* t. II, p. 535.

nira aux membres une pension alimentaire, et sera partagé, quant à la propriété par moitié, entre les établissements ecclésiastiques et les hospices du département.

§ 3. — *Produit des concessions de cimetières*

Ici encore, je renvoie à l'étude des bureaux de bienfaisance l'examen de ce produit, parce que dans la plupart des communes il va tout entier à ces établissements. L'ordonnance du 6 décembre 1843 réserve un tiers du versement aux bureaux de bienfaisance et aux hospices, sans préciser davantage. La pratique admet que ce tiers peut être affecté intégralement à l'un ou l'autre de ces établissements, ou répartis par portions égales. Comme pour le droit des pauvres, c'est au préfet qu'il appartient d'en faire la répartition. (Déc. min., *Bull.*, 1866, n° 13.)

§ 4. — *Bénéfices du mont-de-piété*

Les bénéfices du mont-de-piété viennent, dans beaucoup de villes, grossir annuellement le revenu hospitalier. Pour comprendre la nature du lien qui unit aux hospices cette institution, créée elle aussi dans une pensée charitable, il faut jeter un coup d'œil sur la législation, qui, depuis le commencement du siècle, a régi les prêts sur gage en France.

La loi du 16 pluviôse an XII, reprenant les errements de l'ancien régime, avait stipulé que les maisons de prêt sur gage ne pourraient être établies qu'*au profit des pauvres*, et avec l'approbation du gouvernement. Décréter le versement aux hospices des bénéfices réalisés dans l'exercice de ce mode de crédit, c'était monopoliser l'institution au profit de ces établissements. C'est ce qui arriva. Le décret du 8 thermidor an XIII, rendu pour la ville de Paris, à laquelle il s'applique encore, et étendu depuis aux institutions similaires créées en province, mettait en fait le mont-de-piété aux mains des commissions hospitalières; il décidait que les fonds nécessaires aux opérations leur seraient empruntés; les emprunts à réaliser pour parfaire le capital de roulement seraient garantis par une hypothèque générale sur le bien des pauvres. En échange, l'hospice recueillait les bénéfices annuels et les bonis non réclamés au bout de trois ans, c'est-à-dire la différence entre le produit du gage réalisé et la somme due par l'emprunteur.

Dépouillé d'existence distincte, le mont-de-piété voyait sa personnalité absorbée dans celle de l'hospice, dont il formait une simple annexe.

Ce système est très regrettable, car, en empêchant le mont-de-piété de consacrer à l'abaissement du taux des prêts les bénéfices réalisés dans la gestion annuelle, en maintenant à leur quotité moyenne l'apparence de l'usure, il sacrifie des intérêts dignes de toute sollicitude. Ce mécanisme ne peut se réclamer de ce qu'il augmente le patrimoine des pauvres, protégés de l'hospice, car je ne sache pas que la clientèle des monts-de-piété soit dans une grande aisance, et c'est à elle pourtant qu'on impose une charité forcée par un taux exorbitant des prêts (1). Tel est le régime suranné qui est actuellement en vigueur dans beaucoup de grandes villes, Paris, Lyon,

(1) Sur la somme de 9 fr. 50 0/0, qui est le taux moyen des prêts en France, 6 0/0 représentent l'intérêt des fonds engagés, 3 0/0 les frais d'administration, et 0,50 vont aux commissaires-priseurs, sous forme d'honoraires pour l'estimation des objets engagés.

Rouen etc. « Manquant de personnalité civile, disait récemment le directeur d'une de ces institutions, incapables d'acquérir, de disposer, de recueillir ni dons, ni legs, ni dotation, de se constituer la moindre épargne, le moindre pécule, ces institutions sont condamnées à un tarif qui jure avec les progrès modernes. »

En 1851, l'Assemblée législative comprit qu'il fallait changer cette organisation vicieuse, en donnant l'autonomie à ces institutions. Mais n'osant pas toucher aux droits acquis aux hospices, sur la foi de dispositions légales, elle s'est bornée à statuer pour les monts-de-piété qui ont été fondés comme établissements distincts, laissant les autres soumis à leurs titres constitutifs.

On était si fort habitué en France à voir fonctionner le mont-de-piété comme annexe de l'hospice, que le législateur de 1851 a établi entre eux un double lien. C'est d'abord l'obligation pour le préfet de choisir un tiers des membres du conseil d'administration parmi les administrateurs des établissements charitables; puis, l'obligation pour le mont-de-piété, lorsque sa dotation suffira tant à couvrir les frais généraux qu'à abaisser l'intérêt au taux légal de 5 0/0, de verser l'excédent des recettes à l'hospice. La réforme importante de 1851 est celle qui permet aux maisons de prêts, fondées comme établissements distincts, de conserver en tout ou en partie, dans les limites déterminées par décret, leur excédent de recettes, afin d'accroître leur dotation et d'améliorer les conditions du prêt. C'est la non-application de ces principes aux monts-de-piété créés comme annexes des hospices, qui, en les obligeant à maintenir fort haut le taux des prêts, fait peser sur eux l'accusation d'usure, si souvent et si justement répétée.

Les lois spéciales, relatives aux postes, à la police de

la chasse, etc., attribuent aux hospices quelques menus profits au cas de contravention.

SECTION III

PRODUITS INTÉRIEURS

Sous cette rubrique je range les différentes perceptions qui sont plutôt la représentation de services rendus, que de véritables éléments de revenus. Ce sont les les prix de journée, payés par l'État, pour le traitement des malades militaires, par les communes, pour les malades qu'elles font soigner à leurs frais. J'y ajoute les remboursements opérés sur les malades ou sur leurs parents tenus de la dette alimentaire.

§ 1. — *Journées de militaires*

Pendant longtemps, l'Administration de la guerre est restée seule maîtresse des prix de journée à payer pour les malades militaires, envoyés dans les hospices civils, et les contestations de ce chef ne faisaient pas défaut. La loi du 7 juillet 1877, on l'a vu, posa le principe que désormais l'établissement charitable doit être indemnisé totalement des dépenses que lui occasionne le traitement des malades de l'armée. Sa mise en œuvre fut ajournée jusqu'au décret du 1er août 1879. Partant de cette idée fort exacte, que, dans la dépense, il y a des éléments variables, d'autres, au contraire, de nature fixe, les auteurs de ce document ont subdivisé le prix de journée en deux parties : l'une, afférente aux frais de nourriture, blanchissage, pharmacie, etc., l'autre, correspondant aux dépenses de mobilier et de logement.

Des conventions ont été passées sur les bases indiquées pour la durée de cinq ans. J'ignore quel sort leur est réservé. Mais déjà les plaintes les plus vives s'élèvent au sein des commissions charitables, contre le résultat de ces accords, qui lèseraient, paraît-il, au premier chef les intérêts des pauvres. Voici comment : pour ce qui concerne l'élément variable, peu importe aux hospices que l'autorité militaire leur envoie peu ou beaucoup de malades à traiter ; la recette est toujours corrélative à la dépense. L'autre partie, au contraire, celle qui consiste en frais d'installation, d'aménagements intérieurs, ne peut être couverte que si un nombre correspondant de malades est reçu en traitement ; du nombre de lits occupés dépend la créance de l'hospice contre l'État. Les conventions récentes ont imposé aux hospices une charge fort lourde, puisque leurs salles réservées doivent être en état de recevoir un vingt-cinquième de l'effectif de la garnison. D'autre part, l'Administration militaire, bien qu'elle ait maintenu dans ses règlements ce principe que le soldat ne doit jamais mourir à la caserne, mais être conduit à l'hôpital pour tout mal qui le met en danger de mort, a notablement diminué le nombre de ses envois, par un meilleur aménagement des infirmeries régimentaires, d'où, dit-on, rupture d'équilibre, au grand détriment des hospices.

Les sommes ainsi dues sont constatées tous les trimestres sur des états dressés par le sous-intendant et ordonnancées par le ministre de la guerre ou de la marine au nom des receveurs. (Inst. gén. des finances, n° 1067.)

§ 2. — *Frais de journées des malades placés par leur commune*

Conformément à une disposition de la loi de 1851, sur laquelle je reviendrai, les communes privées d'établissements hospitaliers peuvent faire traiter leurs malades dans un hôpital voisin, désigné par le conseil général, moyennant le payement d'un prix de journée. Celui-ci est fixé par accord entre la commission et le préfet, ce dernier stipulant d'une façon impersonnelle au nom des communes, qui peuvent, à chaque instant, demander l'application à leur profit de cette œuvre abstraite, et par leur adhésion achever un contrat à moitié ébauché. Cette conception juridique ressemble beaucoup à celle qui est adoptée pour les tarifs de chemins de fer, où l'on voit le ministre stipuler avec des compagnies des conditions de transport dont les particuliers peuvent se réclamer individuellement.

Il y a là une vraie convention qui ne peut être modifiée que par l'accord de la commission et du préfet. Si celui-ci refuse d'élever le prix des journées, alors même que les faits justifieraient pleinement cette augmentation, la commission pourra bien recourir devant le ministre par la voie hiérarchique, mais le refus du ministre ne saurait servir de base à un recours contentieux devant le Conseil d'État, à la suite duquel cette juridiction ferait droit à la demande. L'hospice ne peut prétendre que son droit a été lésé par un acte de l'Administration, puisque le préfet et le ministre réclament simplement le maintien d'une convention. C'est la solution que le Conseil d'État a admise dans une affaire récente. (Hosp. de Lille, 3 août 1877.)

§ 3. — *Recours contre le malade et sa famille*

Beaucoup de malades sont admis à l'hôpital sans exciper de leur état d'indigence, parce qu'ils ne peuvent trouver chez eux des soins assez éclairés, ou parce qu'ils sont victimes d'un accident qui ne permet pas de les transporter à leur domicile. Ce serait injuste qu'ils fussent traités gratuitement aux dépens des pauvres.

Il n'était pas nécessaire que la loi consacrât formellement le droit pour l'hôpital de réclamer le prix de ce traitement; les principes suffisaient.

Autrement en était-il pour les pauvres qui, à défaut de ressources, ont le droit de réclamer une pension alimentaire à quelqu'un de leur famille. S'ils négligent de faire liquider cette créance légale, fallait-il que l'administration hospitalière s'inclinât, alors que cette négligence est peut-être la cause qui a fait tomber ces individus à la charge de l'assistance publique? Le législateur de 1851 ne l'a pas voulu; il n'a pas cédé à la crainte de voir un fils mauvais sujet se faire mettre à l'hôpital, et provoquer ainsi, par voie indirecte, un recours désagréable de l'Administration charitable contre son père. Il a posé dans l'article 5 le principe « du recours contre les membres de la famille, désignés par les articles 205-206 du Code civil. »

Je crois fort que ce texte consacre au profit de l'hospice une action propre et directe, non un droit de subrogation qu'il exercerait au nom de son pensionnaire par voie oblique. Ce qui me porte à le croire, c'est la rédaction même de notre article, qui parle d'un « recours exercé » ; c'est la remarque que la créance alimentaire étant par nature incessible, il aurait fallu un texte plus net que le nôtre pour consacrer une telle dérogation aux principes. La référence aux articles 205 et 206 a pour unique objet d'indiquer contre quelles personnes le recours est possible. Comme intérêt de la discussion, on peut citer ce fait que la pension alimentaire se prescrit par cinq ans (art. 2277 C. C.), tandis que l'action de l'hospice, envisagée dans la deuxième conception, ne sera soumise qu'à la prescription trentenaire (1). »

SECTION IV

SUBVENTIONS DIRECTES

Les ressources ci-dessus sont presque partout insuffisantes pour faire face aux besoins de l'Assistance. L'État, le département, la commune sont obligés pour combler ce déficit d'apporter leur appoint par des subventions prélevées sur les fonds généraux de leurs budgets.

De l'État, il y a peu à dire. Un secours est ouvert au budget de l'intérieur. Mais sa quotité est peu élevée, et il a surtout pour but d'indemniser les hospices des frais que leur a causés le traitement des malades étrangers à notre pays.

Les départements peuvent voter des crédits destinés à ouvrir les hôpitaux aux malades des campagnes qui ne

(1) Un jugement du tribunal civil de Rouen du 8 décembre 1879, semble avoir admis mon opinion.

trouvent pas au sein de leur commune une assistance médicale bien organisée. Il y a là un principe encore insuffisamment appliqué, à cause de l'exiguité des ressources mises à la disposition des départements, mais qui, à mon sens, est susceptible d'une plus large extension. C'est le seul moyen pratique, je ne dirai pas d'effacer, mais d'atténuer l'inégalité forcée qui existe entre « le citadin et le rural », au point de vue de l'assistance hospitalière.

Ce sont les communes, et à juste titre, qui fournissent l'appoint le plus considérable au budget des établissements hospitaliers. Malgré la séparation juridique qui existe entre elles et leur hospice, elles sont intéressées au plus haut point à la prospérité de ce dernier, et, presque partout, on les voit inscrire des crédits importants à leur budget, à titre de subventions. Le vote de ces crédits est facultatif par cela même qu'il n'est pas énoncé à la liste des dépenses obligatoires. Mais le conseil municipal ne saurait arguer du secours qu'il alloue pour usurper un pouvoir de direction plus actif que le simple contrôle qui lui est accordé par les textes. Dans ces dernières années, beaucoup d'assemblées locales, inspirées par des idées où l'intérêt des pauvres n'était sans doute pas la pensée dominante, ont prétendu imposer aux commissions hospitalières, qui le renvoi des sœurs, qui le congé de l'aumônier, en mettant à ce prix le maintien de leur concours financier. Il va sans dire que cette prétention excédait le cercle de leurs attributions légales, empiétait sur le domaine des commissions, et appelait l'exercice par le gouvernement de son droit d'annulation.

Une question délicate surgit à ce sujet, dont les termes peuvent se poser ainsi : sans doute, la subvention communale est, en règle générale, facultative; mais si une ville établit un octroi, comme cette source d'impôt a été constituée à l'origine dans le but de pourvoir à l'insuffisance des revenus hospitaliers avec une affectation privilégiée, la dépense ne change-t-elle pas indirectement de caractère pour devenir obligatoire? Par l'établissement d'un octroi à ses portes, la ville ne prend-elle pas l'engagement implicite et général d'en consacrer, par préférence, la majeure partie à ses œuvres charitables, avant de pourvoir aux autres services d'utilité communale? La question a été jusqu'ici laissée dans l'ombre, parce que les assemblées locales se sont fait un point d'honneur de ne pas laisser impayée une dette morale aussi impérieuse que celle de l'assistance du pauvre; mais des divergences d'opinion peuvent surgir entre la commission hospitalière et le conseil municipal, celui-ci essayant, par le retrait de subvention, de faire écouter ses vœux. A ce titre, la question mérite d'être examinée.

Un article récemment paru a tenté de soutenir cette thèse que la subvention municipale est obligatoire dans les villes à octroi (1). On ne saurait nier le lien intime qui, sous l'ancienne monarchie, unissait ce mode d'imposition aux institutions charitables, lien qui reparut lorsque la Révolution, prenant en considération la détresse des hospices, rétablit l'octroi « dans les villes dont les hospices civils n'auraient pas des revenus suffisants pour leurs besoins. » L'affectation par préférence de cette taxe aux œuvres charitables semble bien avoir prévalu; des tiraillements constants eurent lieu au début, entre l'Administration supérieure, désireuse d'augmenter par ce

(1) *Revue générale d'administration*, 1883, t. II, p. 144, article de M. Alexis Chevalier.

moyen les ressources des hospices, et les conseils locaux, qui s'efforçaient de donner à l'assistance la base la plus étroite possible, afin que l'insuffisance des revenus hospitaliers, condition préalable de l'établissement d'office d'un octroi, ne fût pas constatée.

De ces antécédents historiques incontestables, faut-il conclure que le conseil municipal d'une ville sujette à octroi ne peut pas refuser une subvention à son hospice ? L'administration semble convaincue pour l'affirmative. Je lis la phrase suivante dans l'*Instruction générale des Finances* du 20 juin 1859 (n° 1065) : « La quotité des fonds que les communes doivent prélever sur les produits de leur octroi pour le verser dans les caisses des établissements de charité, est déterminée, chaque année, par l'autorité qui fixe les budgets, d'après les demandes des commissions administratives et les délibérations prises sur ces demandes par les conseils municipaux. » Ainsi, la commission administrative fait sa demande, le conseil municipal formule ses offres, et l'autorité supérieure décide ; en cas de mauvais vouloir de la municipalité, on affirme le droit de l'État de trancher la question, on lui donne même un pouvoir énergique de coercition.

Pour moi, la question doit se trancher par une distinction soigneusement établie entre la dépense et la recette. A la vérité, si l'une justifie l'autre, constitue sa raison d'être, au point de vue économique, on ne saurait admettre que le caractère de la recette influe à son tour sur celui de la dépense. Ce serait un renversement de la logique. C'est pourtant ce qu'on fait lorsqu'on soutient que de l'affectation, jadis privilégiée, des taxes d'octroi aux besoins hospitaliers, résulte l'obligation pour les communes de voter une subvention qu'elles sont libres de refuser aux termes de droit commun.

D'une part, il n'existe aujourd'hui aucun texte qui impose aux conseils municipaux l'obligation de subvenir aux dépenses des établissements hospitaliers. Jusqu'en 1837, il est vrai, le principe contraire avait prévalu dans notre législation ; les secours nécessaires aux hospices, étaient considérés comme une dépense obligatoire. A cette époque, une défaveur marquée commença à se manifester, à l'endroit de l'assistance hospitalière, par préférence pour les secours à domicile ; on crut plus sage d'abandonner à la libre appréciation des conseils locaux, la subvention aux hospices, au lieu de voir dans cette dépense une dette obligée, dont le payement fût placé sous la surveillance du gouvernement. On pensa que ceux-ci pourraient de la sorte aviser au meilleur moyen de soulager l'indigence. Quel que fût d'ailleurs le motif qui inspira le législateur de 1837, la subvention disparut, en tant que dépense obligatoire, et celui de 1884 a persisté dans le même ordre d'idées.

Depuis longtemps l'habitude a été prise de percevoir les taxes d'octroi dans le but de faire face aux besoins généraux de la localité. Au lendemain même de la loi du 5 ventôse an VIII, Lucien Bonaparte, ministre de l'intérieur, écrivait aux préfets : « La loi ne parle que des villes dont les hospices n'ont pas de revenus suffisants pour leurs besoins. On en conclut que l'octroi n'est établi qu'en faveur des hospices, que les communes sans hospices, ou dont les hospices ont des revenus suffisants, sont étrangères au bienfait de cette insitution. Cette induction *est contraire à l'esprit de la loi.* » Plus loin il concluait : « L'octroi doit s'établir dans toutes les communes dont les revenus ne sauraient suffire aux dépenses publiques, quelle que soit la nature de ces revenus ou de ces dépenses, ou la cause du déficit qu'elles éprouvent. »

La science financière a démontré l'avantage que présente pour une bonne comptabilité la confusion des ressources dans une même caisse, au lieu d'affecter à chaque dépense une recette déterminée. On ne connait plus, en fait, la provenance des deniers, qui, dans l'administration communale, pourvoient à chaque catégorie de dépenses. Mais en droit, je crois que l'hospice, titulaire d'un crédit ouvert par la municipalité, pourrait demander à être payé sur le produit de l'octroi, s'il y trouvait intérêt. Cela pourra arriver lorsqu'on réfléchit que la plupart des recettes communales, autres que l'octroi, n'arrivent pas dans les caisses municipales avec une fixité parfaite, avec une périodicité régulière. Les besoins de l'hospice, au contraire, sont des besoins de tous les jours, et cet établissement peut trouver avantage à faire porter sa créance sur le produit de l'octroi, qui, à la différence des autres revenus de la commune, est remarquable par l'allure régulière de ses rentrées.

En résumé de l'affectation originaire de cette taxe aux besoins hospitaliers, je déduis seulement la possibilité pour l'établissement de réclamer le payement sur cette branche de recette, de la subvention allouée *facultativement* par le conseil municipal ; je ne crois pas, que cette assemblée soit obligée légalement de voter une subvention aux hospices, par cela seul qu'elle s'est ménagé cette source fructueuse de revenus, pour faire face aux dépenses locales.

CHAPITRE VI

De l'admission dans les hôpitaux

Si l'indigent, réduit à implorer l'assistance, n'a pas un *droit* aux secours publics, mais bien un simple *titre*, encore faut-il pour éviter l'encombrement des hôpitaux, soumettre cette aptitude à certaines limitations restrictives.

Pour les gens victimes d'un accident ou atteints d'un mal aigu, il eût été contraire à l'humanité, autant qu'à la raison, de soumettre leur entrée à l'hôpital à un examen préalable, portant sur la durée de leur séjour antérieur dans la commune. La loi du 24 vendémiaire an II, s'inspirant de cette pensée, qu'on ne peut temporiser avec le mal, avait décidé que le malade serait porté et reçu à l'hôpital le plus voisin, sans condition. C'était là une exception très libérale aux règles générales posées par cette loi, qui subordonnait au séjour d'un an dans la commune le droit d'admission aux autres secours publics.

Le législateur du 7 août 1851 a été moins généreux que celui de la Révolution. Mais le principe qu'il a inséré dans l'article 3, que « si un individu, privé de ressources, tombe malade dans une commune, aucune condition de domicile ne peut être exigée pour son admission à l'hospice existant dans la commune », constituait un progrès sensible sur l'état de fait existant depuis le commencement du siècle. Les administrations hospitalières, renfermées dans les limites de ressources insuffisantes, avaient peu à peu restreint l'assistance aux seuls domiciliés. Aujourd'hui, selon l'ingénieuse expression de M. de Melun, la maladie confère le domicile de secours. Cette disposition, sans doute, va imposer aux hospices des charges assez lourdes, puisqu'ils doivent s'ouvrir aux indigents de passage, tombés malades durant leur séjour, sans qu'un recours soit possible contre leur commune d'origine. Mais on peut la justifier, et au point de vue humanitaire, par la nécessité d'apporter au mal un prompt soulagement, et au point de vue économique, par l'avantage que procure aux villes la présence dans leurs murs de nombreux ouvriers étrangers. S'ils sont là, c'est apparemment qu'ils sont nécessaires ; il serait injuste que la ville dont la prospérité industrielle se rattache peut-être à leur concours, leur refusât l'aumône d'un lit à l'hôpital, s'ils tombent malades ou sont blessés dans leurs travaux.

Un des plus graves problèmes qu'a soulevés de tout temps l'assistance publique, problème souvent posé, jamais résolu complètement, c'est la recherche du moyen le plus propre à faire bénéficier les populations rurales des bienfaits de l'assistance hospitalière; afin de ne pas faire de celle-ci un mode de secours exclusivement réservé aux habitants des villes. Le privilège exclusif au profit de ceux-ci, serait une injustice ; l'égalité absolue entraînerait, comme partout ailleurs, la ruine des uns, sans améliorer le sort des autres.

Dans cette pénible alternative, le législateur a cherché un moyen terme, et, afin de rendre le fardeau moins pesant, il en a fait un partage. « L'hôpital, désigné par le conseil général, juste appréciateur des circonstances locales, disait le rapporteur, devra fournir un certain nombre de places, à un prix modéré, et apporter son contingent par la jouissance des bâtiments, mis à la disposition de ceux qui jusque-là, en avaient été exclus. La commune, cette extension de la famille, qui, lorsque celle-ci fait défaut, doit la remplacer pourvoira à l'entretien du malade, qu'elle n'enverra à l'hôpital que dans une absolue nécessité. Mais, par une disposition empruntée à la loi de 1838, touchant les aliénés indigents non dangereux, le conseil général qui aura déterminé la circonscription rurale, admissible dans chaque établissement, pourra venir en aide par le vote annuel d'un subside aux communes trop pauvres, et fixera d'avance, eu égard à leurs revenus, dans quelle proportion il contribuera à une bonne œuvre qui aurait dépassé leurs ressources ».

Bien qu'à mon estime le traitement du paysan malade doive avoir lieu sous la forme de l'assistance à domicile, il est des circonstances exceptionnelles où l'admission à l'hôpital s'impose. La combinaison de la loi de 1851, qui repose sur le triple concours de l'hospice, de la commune et du département, me semble résoudre excellemment la question. Le mal est qu'en pratique elle n'a pas reçu l'application que rêvaient ses auteurs. La division par « circonscriptions hospitalières » n'a pas été partout opérée (1) ; les communes hésitent, en raison de l'exiguïté de leurs ressources, à prendre à leur charge des dépenses d'assistance pour lesquelles le concours du conseil général ne leur est pas assuré.

Il arrive souvent qu'un individu tombe malade dans une commune privée d'hôpital, et que la gravité de sa situation, l'urgence d'une prompte assistance, font un

(1) Rapport de M. Tallon, sur l'enquête ordonnée par l'Assemblée nationale. (*Journ. off.* du 9 mai 1874.)

devoir à l'Administration de le faire admettre à l'hôpital le plus voisin. En droit, la commission pourrait refuser l'admission, sans que le préfet pût la lui imposer; en fait, elle n'élève aucune objection. La difficulté apparait au jour où il faut acquitter les frais de traitement. A qui imposer la dépense? Il ne peut être question légalement de la mettre à la charge de l'hôpital, puisque celui-ci n'est tenu de recevoir que « l'individu tombé malade dans la commune ». Incombera-t-elle à la localité où se trouvait l'indigent quand le mal l'a atteint, où il réside peut-être depuis quelque temps ? On ne saurait soutenir cette solution, car cet individu lui est étranger. Il ne reste plus que la commune domicile de secours, à laquelle l'hospice pourrait s'adresser. Mais ici une autre objection se dresse à l'encontre : l'assistance étant chez nous essentiellement facultative pour la commune, on ne peut mettre à sa charge des dépenses qu'elle n'a ni provoquées, ni acceptées.

En droit chacune de ces trois personnes morales peut répudier le poids de la dépense; le plus souvent c'est l'hôpital qui, ayant fait l'avance, en supportera définitivement le fardeau. En équité pourtant, c'est la commune domicile de secours qui devrait payer. Si l'individu qui a été admis à l'hôpital, par suite d'une nécessité pressante, était resté chez lui, c'est la commune où il a acquis aptitude à l'assistance, qui lui serait venue très certainement en aide, par son bureau de bienfaisance, son hôpital, ou par un placement hospitalier, sollicité à sa requête. Il me semble équitable de laisser à sa charge, au moins moralement, les frais d'un traitement qu'elle n'a sans doute pas réclamé, mais qui, somme toute, a été administré à sa décharge. Que si elle refuse de solder la dépense, personne ne peut la lui imposer obligatoirement.

L'idée qui est à la base des institutions hospitalières, fait un devoir aux administrateurs d'accueillir toutes les infortunes, d'ouvrir la porte à toute maladie, à moins que l'établissement ne soit affecté à une catégorie spéciale. Le seul motif qui peut justifier un refus d'admission, serait le caractère permanent et chronique du mal. Il ne faut pas que l'hôpital soit transformé en hospice par la présence, dans ses salles, d'individus incurables; ceux-ci, en s'éternisant dans l'établissement, l'empêcheraient de remplir sa mission, qui est, avant tout, de secourir les malades atteints d'affections aiguës et temporaires.

Ces idées rationnelles n'ont pas toujours inspiré les commissions ; celles-ci, oubliant que l'hôpital est un asile ouvert à tous les maux, ont manifesté pendant longtemps, à l'admission des syphilitiques une répugnance, qui n'a pas complètement disparu. « Par une anomalie singulière, écrivait vers 1850, Parent-Duchâtel, en jetant les yeux sur le passé, c'était chez les gardiens de la santé publique, chez les administrateurs d'hôpitaux, qu'on trouvait cette fausse manière d'envisager les choses; ils auraient cru déshonorer les maisons qu'ils régissaient, s'ils y avaient admis un syphilitique ; ils auraient cru se déshonorer eux-mêmes, s'ils avaient donné quelques soins à l'amélioration du sort de ces malheureux. Ces bons bourgeois, à vue si courte, excitent notre pitié; nous les excusons en considération du temps où ils vivaient. Gardons-nous cependant de jeter sur eux une trop grande défaveur, puisque, à l'époque actuelle, dans beaucoup de nos provinces, on refuse de soigner les syphilitiques de l'un et l'autre sexe, et cependant nous vivons au XIXe siècle ! » Les résistances des commissions hospitalières ont été entretenues par le refus des sœurs de donner leurs soins, non seulement aux femmes et aux filles de mauvaise vie, mais à toute personne atteinte du mal syphilitique. Ces scrupules de conscience méritent d'être respectés ; mais il ne faut pas que les malades en souffrent ; l'Administration doit s'efforcer, en ayant recours à des laïques, de concilier ces répugnances avec les droits de l'humanité, sans céder elle-même à de tels errements. Si elle refusait d'admettre au traitement un indigent, atteint de la syphilis, le préfet pourrait user de son droit de surveillance sur l'établissement pour provoquer une admission d'office. (Déc. min., 31 janv. 1844.)

Pour les filles publiques, atteintes du mal vénérien, la question se pose sous un jour particulier ; il serait immoral au dernier degré, de prélever les frais de leur traitement sur le revenu des pauvres, en les admettant gratuitement à l'hospitalisation. L'Administration supérieure n'admet pas que la plus faible partie du revenu hospitalier soit distraite de sa destination charitable. Elle pousse si loin son principe, qu'elle a été, par exemple, jusqu'à refuser son approbation au vote d'un crédit alloué par une commission, pour subvenir aux funérailles d'un employé, en reconnaissance des services qu'il avait rendus. Dès lors, serait-il possible qu'elle admît le traitement gratuit des filles de mauvaise vie ?

Dans la plupart des villes, cette dépense est considérée comme une charge du service sanitaire, non comme une obligation charitable, et à ce titre, acquittée par la caisse municipale. Les villes établissent des dispensaires pour l'inspection sanitaire, et traitent avec leur hospice, moyennant un prix de journée librement débattu. Pourtant cette charge, volontairement acceptée par les communes, ne leur est pas imposée par la loi, comme cela a lieu en Belgique, où un texte formel dispose « que tous frais occasionnés par le traitement des prostituées, atteintes de maladies syphilitiques, sont à la charge de la commune, dans laquelle elles se livrent à la prostitution ». Cette idée est à la fois équitable et rationnelle. L'autorité communale étant chargée de surveiller et de prévenir la prostitution, c'est à elle de supporter les frais qui en sont la conséquence ; il y a pour elle, dans cette dernière obligation, un intérêt de plus à bien remplir sa mission. Dans ce silence de nos lois sur la question, il me semble impossible de contester que, si la commune venait à répudier cette charge, l'hospice fût tenu d'ouvrir ses portes à ces malheureuses. La loi de 1851 ne fait aucune distinction entre les filles vénériennes et les malades ordinaires (1). La santé publique exige que le mal soit tari dans sa source, et l'Administration hospitalière faillirait à son devoir, si elle n'admettait pas cette déviation nécessaire du service charitable. Le seul moyen d'atténuer ce que cette solution a de critiquable, en ce qu'elle détourne le patrimoine des pauvres de son affectation naturelle, c'est l'exercice par la commmission hospitalière du recours que la loi autorise contre le malade qui a des ressources; bien maigre correctif, je l'avoue, puisque la prostitution est souvent le dernier terme d'une misère extrême ! En admettant au traitement gratuit celles-là seulement de ces femmes qui sont sans ressources, on restera dans l'esprit de la loi, qui est d'ouvrir l'hôpital à toutes les infortunes, on respectera la destination du revenu hospitalier, et on protégera la

(1) Déc. min., *Bulletin*, 1864, n° 7.

santé publique contre les dangers d'un mal envahisseur.

En principe, sans doute, l'assistance devra être donnée au malade dans les salles mêmes de l'hôpital. C'est le caractère propre de cette institution, qui la distingue du bureau de bienfaisance, chargé de distribuer les secours à domicile. Pourtant, si une épidémie se déclarait dans une localité, si la disposition insuffisante des salles faisait un devoir à la commission, afin d'éviter la contagion, d'organiser des ambulances isolées, en dehors des bâtiments hospitaliers, il serait permis de déroger à la règle. Mais, pour cela, il faudrait l'approbation du préfet, dont le concours est indispensable, « pour arrêter les règlements du service, tant intérieur qu'extérieur. » Si le préfet refuse de souscrire à ces arrangements, on pourra bien attaquer sa décision par voie gracieuse, devant le ministre; mais la décision de ce dernier ne sera susceptible d'aucun recours contentieux (1).

Ce serait pourtant une erreur de croire que le revenu de l'hôpital n'arrive jamais au malade que sous la forme de l'assistance dans les locaux de l'établissement. Une notable fraction en est distribuée comme secours à domicile. A ce sujet un mouvement curieux s'est produit

(1) Ces principes se dégagent d'une affaire intéressante, portée devant le Conseil d'État, le 8 janvier 1857, à la requête de l'hospice de Dôle. Celui-ci avait refusé de traiter dans ses salles les malades de la commune de Rochefort, sous prétexte qu'ils étaient atteints du choléra. Sans méconnaître son obligation, il réclamait le droit de l'exécuter d'une manière un peu différente, en faisant traiter les malades dans leur commune même, dans l'ambulance du chemin de fer. Refus du préfet, recours au Conseil d'État. Cette juridiction écarta le recours de l'hospice, en voyant dans la mesure soumise à l'approbation du préfet, une question de service, que ce magistrat est libre d'approuver ou de rejeter discrétionnairement. Sa décision constituait un acte de pure administration. (D. P. 1857, 3. 60.)

dans l'esprit du législateur depuis le commencement du siècle. On sait avec quel despotisme brutal, avec quel radicalisme inintelligent, la Convention voulut détruire les hôpitaux, « ces tombeaux de l'espèce humaine », comme les appelait Barère. Elle se laissa impressionner par un état de fait, fâcheux sans doute, mais qui n'avait rien d'irrémédiable, au lieu de juger l'institution en elle et pour elle. Depuis on est revenu de ces exagérations, et, tout en reconnaissant la supériorité morale du secours à domicile, on a compris qu'il était des circonstances où le recours à l'hôpital est un véritable bienfait; on a vu que ces deux institutions, par un fonctionnement parallèle, peuvent se prêter un mutuel appui, et, au moyen d'une action combinée, mieux remplir leur mission charitable.

En 1851, un timide essai, sur lequel je reviendrai autre part, fut tenté, pour convertir une partie du revenu des hospices en secours annuels, au profit des vieillards et infirmes, placés dans leurs familles. La tentative ayant réussi, on eut l'idée d'étendre cette faculté de conversion aux hôpitaux, pour secourir à domicile les malades indigents, de concert avec les bureaux de bienfaisance. (Art. 7, loi du 21 mai 1873.) Aujourd'hui, un quart du revenu peut recevoir cette affectation, et, si le Conseil général y consent, ce chiffre peut être porté au tiers. Cette mesure était recommandée par tant de bons motifs, que, depuis plusieurs années, elle était entrée dans la pratique, avant d'être sanctionnée par la loi. L'hôpital demeure ainsi le centre d'où rayonne le service médical; il facilite, par ses subventions aux bureaux de bienfaisance, le traitement à domicile; il se débarrasse des malades atteints d'affections légères, dont la présence dans ses salles serait une cause d'encombrement. En diminuant le nombre des admissions, il évite les bâtiments supplémentaires, qui viennent amoindrir la dotation et font peser de lourdes charges sur le budget des villes.

Il importe que la commission fasse cesser les abus de séjour prolongé indûment à l'hôpital, qui grèvent d'une façon regrettable cet établissement et l'empêchent de recevoir de nouveaux malades. L'individu reconnu incurable doit être envoyé à l'hospice. Dès qu'un malade entre en convalescence, le médecin déclare le fait à la commission, afin que celle-ci puisse ordonner la sortie, aussitôt qu'elle pourra avoir lieu sans danger. (Circul. min. du 31 janvier 1840.)

Aux termes de l'article 80 du Code civil, quand une personne décède à l'hôpital, il ne suffit pas d'informer l'officier de l'état civil, et de faire dresser l'acte de décès, selon le droit commun. L'Administration doit, en outre, faire tenir des registres destinés à inscrire les déclarations et les renseignements relatifs aux décès. Ces deux formalités sont prescrites indépendamment, sans préjudicier l'une à l'autre.

Le corps des personnes décédées peut-il être soumis à l'autopsie? Cette question a soulevé de très graves difficultés, à une époque où ces pratiques inspiraient à l'opinion une répugnance fort excusable alors, moins justifiable aujourd'hui. Une délibération du Conseil des hospices de Paris avait décidé que les corps ne pourraient être soumis à l'autopsie que sur l'autorisation, expressément accordée, de la famille. Cela équivalait en fait, à la suppression d'expériences indispensables au progrès de la science médicale. Le ministre, consulté par le préfet de la Seine, formula à cette occasion la véritable doctrine, celle qui, croyons-nous, a passé dans la pratique des établissements hospitaliers. Il faisait remarquer avec justesse que, l'assistance étant chez nous facultative par essence, on pourrait très bien concevoir, que l'hôpital mît comme condition à l'admission d'un indigent la faculté de soumettre son corps à l'autopsie, au cas où il décéderait, le fait d'implorer l'assistance hospitalière emportant adhésion aux clauses du règlement. On obtiendrait ainsi du malade la permission tacite de disposer de son corps. Tel est le droit strict, affirmé par le ministre.

Mais, pour le concilier avec les préjugés, ou mieux avec les délicatesses de l'opinion, il convient, en pratique, de faire fléchir la rigueur de cette présomption, en présence d'un désir, formellement exprimé, de la famille, d'interdire l'autopsie. C'est dans cet esprit que sont rédigés, d'ordinaire, les règlements hospitaliers.

Si la famille réclame le corps, pour le faire inhumer à ses frais, on le lui rend. Sinon, l'hôpital, qui a entouré de ses soins l'indigent, durant ses derniers jours, poursuivra, pour ainsi dire, son œuvre d'assistance au-delà de la vie, en accordant à sa dépouille les derniers devoirs.

La réclamation d'un corps, faite par des amis, par des sociétés auxquelles le défunt était affilié, n'oblige nullement l'hôpital à une restitution, qu'il croirait devoir servir de prétexte à des manifestations publiques. L'indigent s'est confié à lui, et si son corps n'est pas revendiqué par ses parents, la commission hospitalière appréciera souverainement, s'il convient de céder à la demande qui lui est faite, ou d'y résister.

CHAPITRE VII

Budgets, Comptes, Emprunts

Les règles, qui président à la préparation, au vote, à l'exécution et au contrôle du budget hospitalier, sont, dans leur ensemble, et sauf les différences qui tiennent à la diversité des situations, celles imposées aux comcommunes.

La Commission délibère le budget, dont les éléments ont été réunis par un de ses membres, de concert avec le receveur. Le budget est présenté par exercice, non par gestion. Il est assimilé à une personne, née le 1er janvier, et chargée de pourvoir à un ensemble de dépenses, au moyen des ressources, dont on la dote, dans la période qui va de cette date au 31 décembre. Les trois premiers mois de l'année suivante sont employés à apurer sa succession; c'est seulement au 31 mars que l'exercice est clos.

L'article 15 de la loi du 24 juillet 1867 portait que « les budgets des villes et des établissements de bienfaisance ayant au moins trois millions de revenus » seraient approuvés par le chef de l'État. L'article 145-3° de la nouvelle loi municipale ne mentionne expressément cette règle que pour les communes, et comme, d'autre part, cette législation a abrogé celle de 1867, les hospices restent soumis d'une façon générale à l'autorité préfectorale pour l'approbation de leurs budgets. C'est elle aussi qui autorise les crédits supplémentaires devenus nécessaires en cours d'exercice, et qui, le cas échéant, inscrit d'office les dépenses obligatoires, dans les limites des recettes ordinaires. Au préalable, le budget doit être soumis à l'avis du conseil municipal (Loi du 7 août 1851, art. 9.)

Les recettes des hospices, comme celles des communes, sont réparties en *ordinaires* et *extraordinaires*, et forment le titre Ier du budget, partagé ainsi en deux chapitres. Les recettes ordinaires ont été examinées plus haut. Remarquons seulement que les revenus en nature, produits de jardins, de biens ruraux, sont souvent considérables. Une bonne comptabilité exige qu'ils figurent au budget, aux prix indiqués par les mercuriales.

Les recettes extraordinaires, qui forment le chapitre deuxième, sont les coupes extraordinaires de bois, les donations et legs, les remboursements de capitaux, le prix des biens aliénés, toutes recettes en un mot, qui ne sont pas de nature à se représenter chaque année.

Les emprunts figurent également dans cette liste. A la différence des communes, les hospices ont toujours besoin d'une autorisation pour emprunter, et cela s'explique par ce double motif, que leurs administrateurs ne tiennent pas leurs pouvoirs du suffrage des citoyens, mais d'une délégation administrative, puis que ces établissements ne peuvent pas se créer des ressources à l'aide d'impositions. Il y a toujours à redouter que le remboursement des emprunts n'amène une aliénation partielle de la dotation.

Le régime auquel les hospices sont aujourd'hui soumis, est consigné dans l'article 110 de la loi du 5 avril 1884. Pour que le droit d'autoriser soit dévolu au préfet, quatre conditions doivent concourir. Il faut : 1° que le conseil municipal donne un avis conforme ; 2° que la somme à emprunter ne dépasse pas le chiffre des revenus ordinaires; 3° que la durée d'amortissement n'excède pas douze ans; 4° que la somme à emprunter ne soit pas supérieure à 500,000 francs, soit prise isolément, soit jointe au chiffre d'autres engagements non remboursés. Si l'une quelconque de ces conditions manque, le préfet perd son droit d'autoriser, qui se trouve transporté à une autorité supérieure, différente suivant celle qui fait défaut. La somme à emprunter dépasse-t-elle le chiffre des revenus ordinaires, ou son remboursement est-il réparti sur une durée de temps supérieure à douze ans : il faut un décret. Le conseil municipal est-il d'un avis contraire : le décret devra être rendu en Conseil d'État. Ajoutons, par parenthèse, que, si l'établissement a plus de 100,000 francs de revenus ordinaires, l'autorisation d'emprunter doit toujours être donnée sous cette forme, quel que soit le chiffre. Enfin, l'emprunt dépasse-t-il 500,000 francs, ou a-t-il pour résultat d'élever à ce chiffre le total de la dette existante à la charge de l'hospice : une loi sera nécessaire.

On considère comme un emprunt nouveau, soumis aux règles d'autorisation, qui lui sont propres, toute prorogation d'emprunt, au delà du terme fixé par l'acte originaire d'autorisation. Au point de vue civil, il est inexact d'assimiler une prorogation à un emprunt nouveau; mais la règle se justifie, au point de vue administratif, pour empêcher la persistance indéfinie de dettes qui entravent la gestion financière.

Il peut arriver que l'hospice, sans avoir recours directement à l'emprunt, se livre à des opérations qui s'en rapprochent fort. Par exemple, il stipulera l'exécution d'un travail, l'achat d'un immeuble, et, au lieu de contracter un emprunt, pour solder cette dépense extraordinaire, il ajournera le payement à plusieurs années, promettant jusque-là un simple intérêt. Au fond, on est en présence d'un emprunt déguisé. L'Administration doit déjouer ce calcul, dont l'intérêt principal peut être de changer l'autorité compétente pour autoriser, ou de se passer de l'assentiment du conseil municipal. Ainsi, on veut exécuter un travail important, et un emprunt est nécessaire pour couvrir la dépense. Le conseil municipal pourra s'y opposer, et alors, il faudra demander l'autorisation au pouvoir central. En prenant l'expédient dont je parle, on se passera de l'adhésion du conseil municipal, qui n'aura qu'un avis à formuler, et l'affaire, au lieu d'être portée à Paris, sera résolue dans les bureaux de la préfecture. La jurisprudence du Conseil d'État a considéré comme nuls les engagements ainsi contractés en fraude des règles prescrites pour les emprunts. Depuis quelque temps, cependant, elle semble s'écarter de cette doctrine, et considérer comme valables les engagements dont il s'agit. La seule conséquence de l'irrégularité commise, serait de permettre aux hospices de contester le mode de payement.

Quant au mode de réalisation, on suit les règles prescrites pour les emprunts communaux. L'hospice traite avec une maison de banque, par adjudication ou de gré à gré. Le plus souvent il use de la faculté accordée à la Caisse des dépôts et consignations, de concéder des prêts aux établissements publics. (Circul. du 12 août 1840.)

Le titre II du budget, consacré aux dépenses, se subdivise lui aussi en deux chapitres, l'un affecté aux dépenses ordinaires, l'autre aux dépenses extraordinaires. L'article 550 du décret du 31 mai 1862 en donne la nomenclature. Une seule a besoin d'explication. Une circulaire du 28 février 1863 a fait disparaître du budget de l'hospice dépositaire des enfants assistés, les mois de nourrice de ces derniers. Les dépenses extérieures étant à la charge du département, comme nous le verrons, il a paru que leur présence dans la comptabilité de l'hospice était inutile ; puis, cela amenait l'établissement à faire l'avance d'une dépense qui ne devait pas lui rester, mais devait tomber à la charge du département (1).

Les dépenses extraodinaires sont les constructions, grosses réparations, achats de terrains, de rentes sur l'État, quand il y a des excédents.

Ce budget est exécuté pendant la durée de l'exercice, du 1er janvier au 31 mars de l'année suivante. C'est au receveur qu'il appartient de veiller aux recouvrements. S'il n'existe aucun mode particulier de perception, il dresse un état, que le maire vise, et que le préfet ou le sous-préfet rendent exécutoire. L'hospice est ainsi dispensé de s'adresser au tribunal, pour demander un titre exécutoire.

Les fonds libres sont déposés en compte courant à la dette flottante, par l'entremise du trésorier général, et donnent lieu, en fin d'année, à un compte d'intérêt.

Chaque année, la commission nomme un de se membres pour remplir les fonctions d'ordonnateur. C'est ce délégué qui mandate les dépenses et a la direction financière ; en un mot, il remplit vis-à-vis de la commission le rôle que joue le maire en face du conseil municipal. Il est interdit à l'Administration hospitalière d'opérer des virements; mais, comme une dépense peut avoir été imprévue, ou pourvue d'un crédit insuffisant, on a pris l'ha-

(1) Depuis 1863, la commission dresse, par mois ou par trimestre, le décompte par communes des dépenses faites pour les enfants trouvés. Ce décompte, certifié par un administrateur, donne lieu à la délivrance d'un mandat sur la caisse du trésorier général, par le préfet, et imputable sur fonds départementaux.

bitude d'ouvrir un crédit spécial pour dépenses imprévues, qui rend inutile le droit de virement.

L'exercice est clos le 31 mars. Il se divise, quant à l'exécution, en trois périodes : la première, qui va du 1er janvier au 31 décembre, comprend toute dépense faite et toute recette pour laquelle il y a droit acquis dans cet intervalle. Durant la deuxième période, du 1er janvier au 15 mars de l'année suivante, la dépense doit être liquidée et mandatée. Enfin dans la troisième du 15 au 31 mars, elle doit être payée. Quant aux recettes, le recouvrement doit en être fait avant le 31 mars.

L'ordonnateur, qui dirige la gestion financière de l'hospice, prépare de suite le compte d'administration, pour le soumettre, dans la session d'avril, à la commission, puis dans la session de mai, au conseil municipal. De concert avec le receveur, il dresse un état des restes à recouvrer sur exercice clos, et un état des restes à payer. Ce compte, rendu par exercice, suit, article par article, l'ordre même du budget. Relativement aux recettes il fait connaître : 1° les prévisions ; 2° les droits constatés d'après les titres ; 3° les recouvrements effectués ; 4° les restes à recouvrer. En ce qui touche les dépenses, il rappelle : 1° ce qui a été voté à l'origine, et accordé par des crédits supplémentaires ; 2° ce qui a été dépensé sur ces crédits ; 3° ce qui a été effectivement payé ; 4° ce qui reste à payer ; 5° l'excédent de crédit, la portion à annuler faute d'emploi.

Ce compte donne un résultat de caisse, qui sera, au pis, une balance entre les sommes encaissées et les sommes payées, puisqu'il ne peut sortir plus qu'il n'est entré. En général il y aura un excédent. Mais il serait inexact d'apprécier la situation financière d'après ce résultat. Celui-ci doit être modifié par les restes à recouvrer et les restes à payer sur exercice clos. Il faut voir si ces deux éléments se balancent, ou, ce qui est plus vraisemblable, se traduisent par un solde, au profit de l'hospice ou contre lui. Pour connaître le résultat de l'exercice, il suffira d'ajouter à l'excédent de caisse le solde actif, qui apparaît ; si le solde constitue une dette, on en déduira l'excédent de caisse et on aura la véritable situation financière de l'établissement.

La commission arrête alors, conformément au compte administratif, les opérations de l'exercice, en recettes et en dépenses. Le compte est transmis au conseil municipal, qui donne son avis (art. 70, loi du 5 avril 1884), puis au préfet, qui approuve.

Dans l'année, la commission dresse un budget supplémentaire, ou mieux deux chapitres additionnels à l'exercice en cours, l'un aux recettes, l'autre aux dépenses ; ils forment le chapitre III de chaque titre. A celui des recettes, on fera figurer l'excédent de caisse, puis les restes à recouvrer de l'exercice clos. Dans le chapitre additionnel au titre des dépenses, on inscrira les restes à payer de l'exercice clos, les crédits réservés, c'est-à-dire ceux qui, votés pour une dépense inachevée lors de la clôture, ont été reportés à l'exercice en cours, au lieu d'être annulés. Grâce à ces reports, on rattache l'une à l'autre chaque période de la vie financière de l'hospice, sans qu'il y ait jamais aucune solution de continuité.

Si le créancier de l'hospice, dont le droit est né en 1884, ne s'est pas présenté pendant cet exercice, il pourra réclamer son payement sur le crédit *Restes à payer*, porté au chapitre additionnel du budget courant. Cette faculté lui est ouverte, jusqu'au 31 mars 1886. Alors, l'exercice 1884 étant périmé, il devra, pour être payé, obtenir un crédit nouveau. Il y a dette à la charge de l'hospice, prescriptible par trente ans.

Le compte du receveur est présenté par gestion, et jugé sous cette forme. On peut s'étonner, au premier abord, de cette différence entre le comptable et l'ordonnateur. Puisque le compte d'administration est établi par exercice, pourquoi n'a-t-on pas suivi ici les mêmes règles? La comparaison, d'où résulte tout contrôle financier, entre les deux catégories de documents, entre le compte de l'ordonnateur et celui du comptable, ne va-t-elle pas être rendue impossible? Non; en fait, si le compte est présenté par gestion, on a soin de distinguer les exercices. La présentation par gestion s'imposait. Pour que les vérifications de la Cour des comptes aient un sens, il leur faut une base réelle, résultant d'un arrêté de caisse, à un moment donné; comme cette base réelle est le produit d'opérations se rattachant à divers exercices, d'opérations d'ordre et de trésorerie, force était bien de dresser les comptes par gestion.

Comme pour les communes, suivant que le montant des recettes ordinaires, durant les trois dernières années, a été inférieur ou supérieur à 30.000 francs, la compétence pour juger les comptes sera au conseil de préfecture ou à la Cour des comptes. D'après une jurisprudence constante de celle-ci, le chiffre des recettes ordinaires qui sert à déterminer cette compétence, s'établit, non d'après les recouvrements effectués dans le cours de chaque exercice, mais d'après les droits constatés, déduction faite des réductions et des non-valeurs.

Le receveur doit signaler au préfet les comptabilités occultes qui se produisent. Cette situation irrégulière peut être relevée à la charge d'un membre de la commission, voire même (et cela a été jugé) de la commission, considérée comme collectivité.

TITRE III

Des Hospices proprement dits

Je n'ai, sous ce titre, que fort peu de développements à présenter. L'ensemble des règles exposées jusqu'ici pour les hôpitaux, étant applicable aux hospices, il n'y a qu'à formuler les particularités du sujet (1).

L'hospice n'est plus, comme un hôpital, un asile passager, offert à des afflictions temporaires ; c'est un véritable lieu de retraite, qui ouvre ses portes à des individus plus ou moins nécessiteux, incurables, vieillards, qu'il reçoit pour la vie entière. Je ne parle pas des enfants, pour lesquels la charge est limitée. De cette indétermination des charges qui pèsent sur les hospices, résulte pour la charité l'obligation de limiter, encore plus que pour les hôpitaux, le champ de ce mode d'assistance. La parcimonie s'impose au premier chef. « Ce n'est qu'avec la plus grande réserve, écrivait le ministre de l'intérieur, dans sa circulaire du 31 janvier 1840, que les Administrations charitables doivent admettre les vieillards valides, et je n'hésite pas à dire que la trop grande facilité dans les

(1) Il est intéressant de savoir que le nombre des hommes traités dans les hôpitaux est de beaucoup supérieur à celui des femmes, tandis que, dans les hospices, ce sont celles-ci qui prennent le dessus. Ceci s'explique par les travaux pénibles des ouvriers, qui les exposent davantage aux accidents, par les multiples misères, les causes d'abandon et d'infirmité que la vieillesse apporte surtout à la femme.

admissions de ce genre, est une des causes les plus ordinaires des embarras qu'éprouvent ces établissements. » (Circul. du 31 janv. 1840.)

Au point de vue moral, une trop grande facilité d'admission propage l'idée, que la famille a le droit de se décharger sur la société du soin de nourrir et de soigner ceux qui ne peuvent plus rien lui donner ; on s'habitue à cette idée qu'on ne doit rien aux êtres inutiles.

Le législateur de 1851 a bien été dominé par ces idées. Au lieu de poser, pour l'entrée à l'hospice, un principe analogue à celui qu'une saine intelligence des besoins de la société lui avait inspiré pour les hôpitaux, il s'est laissé guider par une pensée restrictive. Il a craint d'être trop libéral, en fixant lui-même un principe applicable dans tous les hospices de France, et qui imposerait à beaucoup de ces établissements des charges impossibles à porter. Il a laissé à chaque commission le soin de rédiger un règlement spécial, qui détermine les conditions d'âge, de domicile, nécessaires pour être admis « dans chaque hospice destiné aux vieillards et infirmes ». Il est à remarquer que, contrairement à la tendance générale de cette législation, qui est de soumettre au conseil municipal la plupart des actes importants de l'Administration hospitalière, la loi soustrait ce règlement à son examen et n'exige, pour sa validité, que l'approbation du préfet.

Il est donc impossible de poser des règles générales, puisque les règlements sont susceptibles de présenter de notables différences d'hospice à hospice. La richesse de l'établissement, le peu d'importance de la population à laquelle il est destiné, voilà autant de causes qui imposeront à la commission l'obligation de se montrer plus ou moins rigoureuse dans ses exigences.

C'est pourtant une règle administrative généralement

suivie, que les vieillards valides ne doivent dans aucun cas cas être admis avant l'âge de soixante-dix ans. En attendant, c'est au bureau de bienfaisance de pourvoir à leur assistance. Quant au domicile requis, bien que la loi du 24 vendémiaire an II ait fixé à un an le temps nécessaire pour acquérir dans une localité l'aptitude aux secours, je crois que, de la délégation générale faite par le législateur à la commission, dans l'article 2 de la loi de 1851, il faut tirer la faculté pour elle d'allonger la durée du stage.

L'admission à l'hospice est entourée, de par les règlements, de formalités plus complexes et plus minutieuses que l'entrée à l'hôpital. C'est habituellement une délibération de la commission, au lieu d'une simple décision d'un administrateur, qui statue sur chaque demande (1).

Si le vieillard ou l'indigent jouit d'un revenu quelconque, insuffisant pour qu'il puisse se passer de la charité publique, la commission, libre de refuser l'admission, la subordonnera à l'abandon de ce modeste pécule. Le pensionnaire ne recevra alors que quelques faibles sommes, pour ses besoins personnels.

Pour les hospices, on ne retrouve plus appliquée, avec la même largeur, la disposition qui permet aux communes de faire traiter leurs malades dans un hôpital du département, désigné par le conseil général. Des divers clients des hospices, incurables, vieillards, enfants trouvés ou abandonnés, orphelins pauvres, les premiers, seuls, peuvent bénéficier de cette faveur. Pour eux, en effet, il y avait une nécessité impérieuse. La moralité

(1) Bien que le service des enfants assistés constitue un service départemental, c'est une délégation spéciale de la commission qui prononce l'admission dans l'hospice dépositaire.

publique commandait de ne pas laisser, au milieu des populations rurales, de pauvres incurables atteints d'infirmités telles que l'épilepsie, l'idiotisme! Les enfants trouvés ou abandonnés, les orphelins pauvres, sont soumis à un régime protecteur, que nous étudierons et qui place les campagnes sur un pied d'égalité complète avec les villes. Restaient les vieillards indigents. Convenait-il de leur ouvrir l'hospice de la ville voisine? Le législateur ne l'a pas pensé. Écoutons plutôt les motifs qu'alléguait M. de Melun, dans son rapport : « La même faculté n'est pas accordée aux vieillards. Sans parler des abus possibles, les objections élevées contre les hospices des villes paraissent bien plus fortes, lorsqu'il s'agit des campagnes. L'homme habitué aux champs ne pourrait que perdre au physique et au moral, dans l'étroit espace où il serait enfermé. Jusqu'ici plus fidèle aux traditions de la famille, l'habitant des campagnes conserve volontiers ses vieux parents autour du foyer qu'il habite; la perspective d'un asile qui le débarasserait de ses devoirs envers un père, serait un malheureux encouragement à l'imprévoyance et à l'abandon, dont les villes ne nous offrent que trop d'exemples. » Que le paysan ne vienne donc pas protester contre un régime qui semble le mettre dans un état d'infériorité relative, c'est sa vertu même qui a porté le législateur à refuser l'entrée de l'hospice à ses parents âgés.

C'est pour les hospices proprement dits que fut inauguré, par la loi du 7 août 1851, ce système, qui a si bien réussi depuis, de convertir une partie des revenus d'hospices en secours à domicile. Un cinquième, élevé au quart en 1873 et même au tiers, si le conseil général y consent, peut dès lors recevoir cette affectation. Le projet contenait une disposition qui n'a pas été reproduite, et ce me semble, avec beaucoup de raison. La commission proposait d'admettre cette conversion des lits d'hospice en pensions annuelles, pour le placement des malades ou infirmes, non seulement dans leurs familles, mais aussi, comme cela se passe en Suisse et en Allemagne, « au sein de familles honnêtes, qui se chargeraient, pour une faible redevance, de les soigner et entretenir » (1). Les auteurs du projet empruntaient cette idée à la pratique suivie pour les enfants trouvés, qu'on place à la campagne, dans de si heureuses conditions, que beaucoup retrouvent des parents adoptifs, à la place de ceux qu'ils ont perdus. L'idée était malheureuse, je dirai même, quelque peu naïve. Si les charmes naturels de l'enfance lui procurent une sympathie assurée, peut-on trouver beaucoup de gens, qui, moyennament *une faible redevance*, consentent à recueillir un vieillard ou un infirme, peut-être repoussant, à coup sûr incommode, qui ne leur tient par aucun lien ? La disposition ne reparut pas dans le texte définitif. Le traitement du vieillard au sein de sa famille, demeure la condition indispensable de la mesure dont je parle. « La présence du vieillard, ne sera plus une charge pour des enfants pauvres, disait le rapporteur, mais plutôt un adoucissement à leur misère car il partagera avec eux sa modique pension. »

Dans les hospices, les commissions organisent quelquefois des ateliers de travail, appropriés à l'âge et aux infirmités de ceux qui y sont entretenus. Les deux tiers du produit sont versés dans la caisse hospitalière et déchargent d'autant l'établissement ; le tiers restant doit être remis en entier à l'indigent pour ses besoins personnels.

(1) Rapport de M. de Melun.

C'est un principe auquel l'autorité supérieure veille avec un soin attentif, que les revenus du patrimoine hospitalier doivent recevoir une affectation exclusivement charitable. Leur permettre de s'adjoindre des services annexes, ce serait à la fois autoriser le détournement du patrimoine des pauvres du but que lui ont assigné leurs bienfaiteurs, et favoriser des empiètements sur les attributions d'autres établissements publics. Ces principes ont été poussés à un degré de rigueur qu'il est permis de trouver excessif. Témoin le fait suivant : en 1867, la commission administrative d'un hospice demanda l'autorisation d'employer le montant d'un legs, fait sans condition, à la création d'une salle d'asile, dans les dépendances de l'établissement. Le ministre, sur l'avis du conseil des inspecteurs généraux des établissements de bienfaisance, écarta la demande, en s'appuyant sur ce que la salle d'asile ne doit pas être rangée parmi les établissements d'assistance, qu'elle constitue la base de notre système d'enseignement primaire, et que par conséquent l'hospice, en créant une salle d'asile, aurait assumé une charge essentiellement communale.

Il me semble pourtant qu'un hospice pourrait établir, dans ses dépendances, une école exclusivement affectée à ses jeunes pensionnaires. Il y aurait là un enseignement privé, analogue à celui donné à l'enfant dans sa famille.

Ayant ainsi parcouru les dispositions législatives applicables, à la fois, aux hôpitaux et aux hospices, il est temps de fixer l'attention sur un principe commun, posé par l'article 17 de la loi de 1851, principe intéressant, en ce qu'il constitue à mes yeux, une atteinte sensible à cette idée, que le service charitable doit être tout entier confié aux administrations instituées en vue de cette mission.

Cet article est ainsi conçu : « Lorsque la commune ne possédera pas d'hospice ou d'hôpital, ou qu'ils seront insuffisants, le conseil municipal pourra traiter avec un établissement privé pour l'entretien des malades et des vieillards, après avoir consulté la commission des hospices et des hôpitaux, qui sera chargé de veiller à l'exécution du contrat passé avec l'établissement privé. Les traités devront être soumis à l'approbation du préfet. »

Je ne critique pas la disposition dans son principe, elle me paraît excellente, puisqu elle réalise, sous la forme d'une entente explicite, le concours de la charité privée avec l'assistance publique. Il y a là un aveu tacite de la supériorité de la première, puisque le législateur reconnaît qu'elle peut exister là où la charité publique n'a encore rien produit.

Ce que je blâme, c'est plutôt le mode de réalisation qui a été donné à l'idée. Voici une localité où existe un hôpital, un hospice ; mais ils sont insuffisants, et, pour assurer le service, il faut se procurer le concours des établissements privés. Il semblerait naturel que ce fût la commission qui prît l'initiative du traité, sauf à demander au budget municipal les voies et moyens. Nullement. Le législateur de 1851 a scindé les deux choses. Il a chargé le conseil municipal de passer le contrat, et il a confié à la commission hospitalière le soin « de veiller à son exécution ». Cette disposition est triplement fâcheuse ; elle heurte la logique, en confiant la surveillance d'un contrat à une autorité différente de celle qui l'a passé ; elle autorise les pouvoirs locaux à s'introniser dans les affaires charitables plus que ne le veut l'intérêt général ; enfin, elle a le tort de ne pas définir, d'une façon nette, la situation des hospices vis-à-vis de l'établissement. Sera-ce le conseil municipal qui disposera des lits ? Puisqu'il vote les crédits, il semble autorisé à affirmer cette prétention, qui ne heurte en rien « le droit de surveillance » de la commission hospitalière.

Il va sans dire que, si la commune ne possède pas d'établissement hospitalier, ma critique ne porte pas. Le tort de la loi consiste précisément à avoir posé une règle identique pour le cas où la commune est dotée d'un hospice et celui où elle n'en a pas.

En fait, cet article 17 est appliqué plutôt pour les vieillards que pour les malades. Tandis que ces derniers, sauf le cas d'épidémie, se renouvellent dans les hôpitaux suivant un chiffre à peu près constant, les vieillards peuvent déjouer, par une longévité prolongée au delà des prévisions, les calculs de l'Administration. Il faut trouver ailleurs un asile à ceux qui attendent une place que son titulaire, par son attachement obstiné à la vie, ne veut point quitter !

TITRE IV

Des Bureaux de bienfaisance

CHAPITRE I

Notions préliminaires

Si l'assistance à l'hôpital ou à l'hospice s'impose en certaines circonstances, on ne saurait nier qu'elle forme et doit former rationnellement un moyen exceptionnel pour secourir les malheureux. C'est le bureau de bienfaisance qui, dans notre organisation charitable, réalise, si je puis ainsi dire, l'assistance de droit commun. Non seulement, il est l'auxilliaire-né de l'hôpital et de l'hospice, auxquels il évite d'énormes dépenses, en diminuant leur clientèle, mais il est chargé de porter remède aux situations les plus variées de la misère. L'enfance, la maladie, la vieillesse, voilà autant de titres aux secours publics; l'indigence, qui n'est qu'une résultante, dont les causes peuvent se différencier à l'infini, constitue un titre autrement large, pour se réclamer de la bienfaisance administrative.

On est surpris de voir que l'idée de distribuer à domicile les secours publics se soit réalisée aussi tardivement sous la forme d'une institution régulière. Cest, parait-il, dans la ville de Lille qu'elle aurait été appliquée pour la première fois. La mendicité ravageant cette région, les magistrats locaux signalèrent à Charles-Quint l'existence dans leur cité, d'une administration privée, qui recueillait les aumônes, et réunissait dans une bourse commune les ressources de la charité. Ce procédé permettait, à la fois, de soulager les pauvres, et de réprimer la paresse. L'empereur, frappé de résultats obtenus, autorisa les magistrats à désigner dans leur ville douze bourgeois « gens de biens, d'honneur, de moyens et de bonne renommée, » chargés de recueillir et de distribuer les aumônes, sous le nom de ministres généraux des pauvres.

Cette institution se propagea rapidement en France, sous des noms divers, et devint le modèle de nos bureaux de bienfaisance actuels. Les *bureaux d'aumône* se réunirent aux administrations hospitalières, ou formèrent, comme à Lyon, une puissante institution secourant de nombreux pauvres à domicile, ou les nourrissant dans de vastes bâtiments. Paris eut son *bureau général des pauvres*, institué par François Ier, en 1544, qui se composait de treize bourgeois, nommés par le prévôt des marchands, et de quatre conseillers au Parlement. Cet établissement était même autorisé à lever, chaque année, sur les princes, seigneurs, communautés, et sur toutes les propriétés, une taxe d'aumône, pour les pauvres, taxe qui était perçue encore en 1790. En province on vit surgir partout des *bureaux de charité*, qui étaient dirigés par une administration comprenant le curé, le seigneur, le juge, les marguilliers et des notables. Souvent l'institution se présentait comme une annexe de la fabrique.

Ces excellentes institutions furent impuissantes à arrêter le développement de la misère. Le moyen âge avait connu toutes les horreurs de la mendicité, et, pour se protéger contre « les truands » les villes avaient du établir à leurs portes des archers chasse-gueux. Il faut que le mal ait été bien grand, malgré la rudesse des mœurs du temps, pour qu'on ait eu l'idée de recourir à des mesures aussi sévères de répression que celles que l'histoire nous rapporte. En France, une ordonnance de Jean le Bon portait « que le mendiant sain de corps et oiseux, serait mis au pain et à l'eau, et ainsi tenu l'espace de quatre jours. Une fois délivré, s'il était de nouveau «oiseux», on le mettait au pilori. La tierce fois, on le signait au front d'un fer chaud. L'Angleterre ne le cédait en rien à notre pays, dans la voie des rigueurs. Je lis dans le livre de M. Fawcett que les mendiants, à l'état de récidive, subissaient l'amputation du nez et des oreilles.

La royauté, malgré la splendeur de son prestige, ne put réussir à arrêter le mal. « On voyait à Paris, écrivait Fléchier, des troupes errantes de mendiants, sans religion et sans discipline, demander avec plus d'obstination que d'humilité, et voler souvent ce qu'ils ne pouvaient obtenir. » Vauban, dans sa *Dîme royale*, corroborait cette observation, en la généralisant : « J'ai fort bien remarqué, écrivait-il, que, dans ces derniers temps, près de la dixième partie du peuple est réduite à la mendicité, et mendie effectivement. »

Vers le milieu du siècle dernier, le mal devint si intense, qu'il fallut chercher un remède, non plus dans des mesures de rigueur, que l'état des mœurs ne comportait plus, mais dans le système des maisons de correction, où le mendiant était soumis au travail forcé, véritable origine de nos dépôts de mendicité actuels.

Le législateur moderne, plus sage que celui de la Révolution, n'a pas songé un seul instant à retirer au malheureux le droit de tendre la main, et d'implorer la charité des particuliers. C'eût été méconnaître un droit naturel!

Mais, la mendicité accompagnant souvent le vagabondage, il était prudent de prendre des précautions, pour éviter que, sous prétexte d'indigence, des oisifs, des paresseux, ou des malfaiteurs n'abusassent de la charité publique. Chez nous, la mendicité n'est érigée en délit punissable de peines correctionnelles, que si trois conditions concourent. (Art. 275 C. Pén.) Il faut : 1° que l'indigent soit valide, c'est-à-dire en état de travailler ; 2° qu'il se soit livré à des actes répétés de mendicité ; il y a là ce que les criminalistes appellent un délit d'habitude ; 3° qu'il existe, dans le département, un établissement public destiné « à obvier à la mendicité ». Malgré la généralité de l'expression, qui permettrait d'englober les établissements charitables, on s'accorde à croire que la loi n'a entendu viser que les dépôts organisés par le département. Dans cette conception le vieillard, l'incurable, l'enfant, peuvent demander l'aumône continuellement, sans contrevenir à la loi pénale.

Que si le département a établi un dépôt (1), le fait de mendier habituellement, qu'il soit relevé à la charge d'un homme valide ou d'un impotent, d'un vieillard ou d'un enfant, constitue le délit prévu par l'article 274 du Code pénal. Mais, en fait, le ministère public se montre tolérant ; fermant les yeux sur la disposition légale, il n'use pas de l'arme qui lui est donnée.

(1) La jurisprudence de la Cour de cassation s'est efforcée de limiter l'article 274 du Code pénal, par une interprétation restrictive. Elle ne considère pas comme suffisant, pour constituer un *dépôt légal* dans le département, le traité intervenu entre le préfet et la commission du dépôt d'un département voisin, pour y envoyer les mendiants (11 avril et 23 mai 1846). La Cour suprême déclare aussi fort justement la disposition non applicable, quand le règlement du dépôt exclut certaines catégories de mendiants, par exemple les épileptiques et les infirmes. (20 fév. 1845.)

Les maires peuvent, en vertu de leur pouvoir de police, prendre des arrêtés prohibant la mendicité d'une façon générale, sur le territoire de leur commune, et la contravention est alors sanctionnée, comme tous les règlements de l'autorité municipale, par la disposition de l'article 471-15° du Code pénal. Mais, comme la pénalité consiste en une amende, on peut dire qu'à l'égard de l'indigent, l'arrêté est dépourvu de sanction. Le seul moyen, pour le maire, de rendre sa défense efficace, sera la faculté de dénoncer la contravention au ministère public, et, lorsqu'elle constitue le délit prévu aux articles 474 et 475 du Code pénal, de provoquer, de la part de ce fonctionnaire, une poursuite correctionnelle.

Bien que les maires éprouvent quelque peine à faire respecter leurs règlements, on ne saurait trop les exhorter à user de leur pouvoir de police pour repousser les abus de la mendicité. Quand il existe, dans une localité, un bureau de bienfaisance, chargé de distribuer des secours aux malheureux, en parfaite connaissance de cause, astreint moralement à ne laisser sans soulagement aucune infortune digne de compassion, la mendicité doit disparaître : elle n'a plus sa raison d'être. L'autorité qui le tolère, le particulier qui la favorise par des aumônes inconsidérées, tombent sous le reproche d'entretenir la fainéantise, et de collaborer à l'abaissement moral de l'individu. La bienfaisance, exercée dans ces conditions, au lieu de rapprocher et d'unir les différentes classes de la société, me semble plutôt une cause de séparation et d'éloignement. Celui qui donne, parait avoir cédé plus à l'importunité de la demande et au danger du refus, qu'à une inspiration du cœur ; celui qui reçoit, n'est nullement porté à améliorer son sort. Ce recours à la bienfaisance anonyme du passant, ne lui fait pas sentir le poids de la dépendance au même degré que s'il était inscrit à un bureau de bienfaisance, par suite, il n'éprouve pas le même zèle à se relever, et à ressaisir sa liberté d'action. « La mendicité est un mal qui tue son homme dans fort peu de temps, » disait Vauban(1) ; il aurait pu ajouter, que c'est un mal qui se transmet par hérédité, et que toujours le fils d'un mendiant devient mendiant lui-même.

L'indigent est sans cesse, l'objet de la sollicitude du législateur. Dans nos textes, les dispositions ne manquent pas, qui témoignent de ce sentiment généreux. Je ne puis en faire une nomenclature complète ; mais il est indispensable de signaler les principales faveurs qui lui sont accordées, sous forme d'exemptions des charges, auxquelles sont soumis les autres citoyens. Dans cette assistance négative, il y a un appui effectif de la société, dont il faut connaître les principales manifestations, avant de voir sous quelle forme se traduit son action positive.

C'est d'abord l'exemption des impositions publiques, qui, par leur incidence directe, semblent peser plus lourdement que les autres sur le contribuable. La loi du 21 aril 1832 consacre l'immunité pour le pauvre, en déclarant « que la contribution personnelle et mobilière est due par chaque habitant *non reputé indigent.* » Le conseil municipal dressera une liste des indigents, et les répartiteurs devront les exclure des personnes entre lesquelles se répartira le contingent communal. La charge devant retomber sur les autres habitants de la localité, il y a là une mesure d'assistance communale au premier chef. Si l'état d'indigence est survenu après la confection

(1) *Projet de dîme royale* p. 128.

des rôles, le préfet a la faculté d'accorder, à titre gracieux, des remises et des modérations d'impôt. Pour favoriser le pauvre, la loi accorde l'exemption de patente à l'ouvrier, qui travaille seul chez lui, eût-il boutique ouverte.

Vieux ou infirme, a-t-il besoin de conserver, comme soutien, son fils que la loi militaire appelle sous les drapeaux : le conseil de révision pourra le lui laisser. La loi déroge, en sa faveur, à ce principe d'égalité qui nous est si cher.

A-t-il des droits à faire valoir en justice, droits pécuniaires ou moraux: on lui accorde l'assistance judiciaire. S'il est loin de son domicile, sans ressources, il recevra des secours de route pour rentrer chez lui.

Longtemps avant que la gratuité de l'instruction primaire fût devenue une mesure générale, l'indigent envoyait ses enfants gratuitement à l'école, à la charge de ses concitoyens.

Enfin, s'il habite la campagne, il aura la jouissance des biens communaux. Il ne faut pas oublier qu'un des plus puissants motifs qui ont fait jusqu'ici écarter l'aliénation de ces propriétés, c'est le désir d'assurer des ressources aux pauvres habitants des campagnes, par l'élevage de quelques têtes de bétail, ou par la cueillette des produits spontanés du sol.

En échange de ces faveurs (et on en pourrait citer bien d'autres), la loi a-t-elle touché aux droits de l'indigent ? lui a-t-elle fait une place inférieure dans la société ? Nullement. Le législateur français n'a fait payer ses faveurs par aucun sacrifice.

En Allemagne, les lois d'Empire refusent le droit électoral à l'individu qui reçoit des secours des établissements publics ou privés. En Angleterre, pays de liberté s'il en fut, on a toujours considéré que l'indigent assisté manquait de l'indépendance nécessaire pour s'élever à la vie politique, et l'entrée du parlement lui est légalement fermée.

Chez nous on chercherait vainement des dispositions de ce genre; la seule incapacité spéciale, que je trouve dans nos lois est celle qui est aujourd'hui inscrite dans l'article 32 de la loi du 5 avril 1884. Ce texte déclare inéligible au conseil municipal, les individus « dispensés de subvenir aux charges communales, ou secourus par le bureau de bienfaisance ». Les conseils locaux ayant avant tout pour mission de gérer des intérêts, il serait singulier qu'un individu affranchi de toute participation aux charges communales, tenu même dans la dépendance d'une administration charitable, pût exercer une influence aussi directe sur le patrimoine commun, que celle qui résulte de l'émission d'un vote dans l'assemblée municipale.

CHAPITRE II

Création des bureaux de bienfaisance

Ces utiles établissements, qui existent dans un tiers des communes de France, n'ont pas tous la même origine. Beaucoup furent créés au commencement du siècle, en exécution de la loi du 7 frimaire an V. Un certain nombre doivent leur existence à des actes ultérieurs, intervenus quand besoin s'en est fait sentir (1).

Les bureaux de charité de l'ancien régime avaient sombré sous la Révolution, et leurs biens avaient été appréhendés par l'État. Leur histoire fut celle des hôpitaux, durant cette période tourmentée. En 1793, on sentit la nécessité de former dans chaque canton « une agence chargée, sous la surveillance des corps administratifs et du pouvoir exécutif, de la distribution du travail et des secours aux pauvres, valides et non valides, domiciliés, qui se seront fait inscrire sur un registre ouvert à cet effet dans leur canton. » Voilà l'origine de l'inscription d'aujourd'hui. Cette agence devait faire la répartition matérielle « des crédits ouverts à l'indigence par la législature ». Mais ceux-ci n'arrivèrent point ; il fallut revenir aux errements du passé, et constituer une

(1) Il existait en 1881, 14.033 bureaux, secourant 1.449.021 individus avec un total de recettes de 48.169.335 francs. (*Ann. stat. de la France de* 1884.)

dotation aux établissements qu'on créait. Ce fut le fait de la loi du 7 frimaire an V.

On se consola en se payant de mots. Si on revenait en arrière, reprenant une institution d'ancien régime, du moins était-ce sous une dénomination différente. On emprunta à l'abbé de Saint-Pierre un mot, dont il s'était fait le parrain, et on appela ces institutions du nom qui est resté depuis : *bureaux de bienfaisance.*

Ce n'est guère qu'en l'an X que paraissent avoir été prises les mesures nécessaires, pour arriver à la mise en pratique de cette loi. Le fâcheux régime des municipalités de canton, établi en l'an III, ne devait guère être favorable à ces institutions, qui ne peuvent grandir qu'au sein d'une association communale cohérente. Quand il eût disparu, l'Administration hésita sur le rattachement à la commune de l'institution légale. J'en trouve la trace dans une circulaire du ministre aux préfets, du 28 vendémiaire an X, qui disait : « Cette démarcation n'existant plus, je n'en vois pas de plus convenable à suivre que celle que le gouvernement détermine pour les justices de paix. »

L'hésitation ne dura pas. L'institution se dégagea avec son double caractère communal et laïque. On concentra entre les mains de ces agences toutes les fondations charitables, à quelque titre et sous quelque dénomination qu'elles fussent.

Dans le cours du siècle, beaucoup de bureaux ont été créés, et il est à désirer que le pouvoir exécutif entre dans cette voie le plus largement possible. Là où il manque une institution, pour diriger la main qui donne et centraliser toutes les ressources de la charité, beaucoup de personnes hésitent à faire le bien, de crainte d'être égarées ; le soulagement est long à venir. Sans avoir la prétention, comme on l'a dit, d'arrêter par ce moyen l'émigration croissante des campagnes, en retenant le paysan dans sa chaumière par l'appât d'un secours assuré, l'institution s'impose dans les communes rurales, d'autant mieux que l'hospice est absent. Enfin, certaines taxes, comme le droit des pauvres, dont le législateur a doté les bureaux de bienfaisance, ne peuvent être levées que par cet établissement. Même dans les communes rurales, il y aurait là un élément de recette qui ne serait pas à dédaigner, si on y tenait la main.

C'est à ces idées qu'à obéi la loi du 24 juillet 1867, en transportant de l'Administration centrale aux préfets, le droit de créer des bureaux de bienfaisance.

Avant la promulgation de ce texte, la législation applicable était renfermée dans le décret du 25 mars 1852, qui, en transférant d'une façon générale du gouvernement à son représentant dans le département, le soin d'exercer la tutelle en matière d'assistance, avait pourtant fait exception pour la création des bureaux de bienfaisance et des hospices.

Cette réserve se justifiait pleinement. Créer un établissement public, c'est un acte de haute gravité, qui mérite d'être entouré de toutes garanties. L'Administration pourtant, sous l'empire du décret de 1852, poussée par le désir de faciliter la création des bureaux de bienfaisance, s'était écartée du texte. Les préfets, sans doute avec l'assentiment de leur supérieur hiérarchique, avaient procédé à des créations de ce genre, en violation flagrante de la législation en vigueur. La question de l'existence légale de ces institutions fut soumise aux tribunaux, à propos de libéralités, qui leur avaient été adressées, et tranchée dans le sens de l'incompétence des préfets. S'il est, en effet, un principe incontestable de notre droit public qui ait ses racines profondes dans le passé, c'est assurément celui-ci qu'aucun établissement public ou d'utilité publique ne peut exister sans l'intervention du pouvoir souverain. L'ancienne monarchie l'a constamment affirmé pour les établissements laïques et ecclésiastiques, et, il a trouvé son expression générale, formulée sans équivoque dans l'édit de 1749. On exigeait pour ces créations les formes les plus solennelles qui fussent alors en usage. Le principe a passé dans la législation moderne, modifié par la théorie nouvelle de la séparation des pouvoirs. Si l'intervention législative est la règle, il est des cas où une délégation expresse est faite au pouvoir exécutif, et c'est même ce qui a lieu d'ordinaire. Mais c'est là un minimum de garantie, au-dessous duquel on ne peut descendre sans un texte formel.

L'innovation introduite par la pratique administrative, sous le décret de 1852, se heurtait donc à la double autorité, d'un texte absolument clair, et d'une tradition fondée depuis plusieurs siècles.

Le législateur de 1867 crut bon de consacrer formellement le droit que certains préfets s'étaient arrogé, tant en reconnaissant « que c'était la première fois qu'une attribution si haute était dévolue à un simple magistrat local » (1).

Nous avons vécu sous ce régime jusqu'à ces derniers temps, sans que son application ait provoqué des abus, ni des plaintes de personne. Bien que le pouvoir du préfet ne fût limité par aucune condition, le ministre recommanda à ses subordonnés « dans l'intérêt de ces établissements, et pour assurer leur stabilité, d'exiger qu'ils soient pourvus d'une dotation d'au moins 50 francs, soit en revenus soit en rentes », simple règle administrative sans

(1) Rapport de M. Bonjean au Sénat.

doute, mais dont la fidèle observation, sous l'autorité du ministre, suffisait à écarter les abus.

En 1884, la loi municipale du 5 avril est venue, dans sa disposition finale (art. 168-15°), abroger la loi du 24 juillet 1867, et avec elle a disparu la mesure, si hautement décentralisatrice, qui avait conféré aux préfets le droit de créer un bureau de bienfaisance. Un autre texte de la loi, l'article 70-4° s'est occupé de la création de ces établissements, pour dire qu'elle sera désormais soumise à l'avis préalable du conseil municipal, sans s'occuper de l'autorité compétente pour procéder à cette importante mesure. Pour moi, la question ne peut faire doute. J'ai exposé la règle applicable à la création des personnes morales de droit public. J'ai montré, dans l'article 14 de la loi de 1867, une exception qui, pour exister, avait besoin d'un texte. Celui-ci disparaissant, la seule solution admissible, c'est un retour au principe, c'est-à-dire au décret de 1852. Il y a là une reprise incontestable de la décentralisation, puisque désormais un décret devient nécessaire.

La circulaire du 15 mai 1884 n'a pas pas hésité à admettre cette solution, la seule qu'imposassent et les textes et l'esprit de la législation. Aussi a-t-on peine à concevoir qu'on ait pu écrire les lignes qui suivent : « La nouvelle loi a *évidemment maintenu l'état de choses ancien* ; mais elle a eu le tort de ne pas excepter cet article 14 de la loi de 1867 de l'abrogation édictée par l'article final, car c'est le seul texte qui donne à cet égard compétence au préfet (1). » C'est là une évidence qui n'est rien moins que contestable.

(1) Extrait d'un ouvrage de M. Léon Morgand sur la loi du 5 avril 1884, t. III, p. 376. — L'opinion que je défends se recommande de la haute autorité d'un de mes maîtres, M. Ducrocq, qui l'a enseignée dans son cours de la Faculté de droit de Paris (1884-85).

Cette importante modification, que le législateur de 1884 a apportée à la législation des bureaux de bienfaisance, on peut le dire, sans même s'en apercevoir par action reflexe, mérite-t-elle d'être approuvée? Les opinions sont partagées. En faveur de la compétence préfectorale, on peut faire valoir cet argument, que la disposition décentralisatrice de 1867 avait l'avantage de diminuer les lenteurs de la procédure, en permettant une solution immédiate; on peut remarquer qu'elle n'avait donné lieu à aucun abus. Contre elle, on argue en sens inverse, qu'elle constituait un dérogation à un principe bien établi de notre droit public. Créer un établissement public, ne fût-ce qu'une simple institution de bienfaisance, c'est former une personne civile, ayant capacité de recevoir des dons et legs, de posséder des biens, d'acheter, de vendre, en un mot d'exercer tous les actes de la vie civile. La concession d'un semblable privilège, n'excède-t-elle pas les intérêts purement locaux? Ne touche-t-elle pas à l'intérêt général? Je crois qu'il faut préférer la solution actuelle, qui fait de la création d'un bureau de bienfaisance un acte de haute administration, que le gouvernement accomplit avec le concours des lumières du Conseil d'État.

Un autre innovation introduite par la loi du 5 avril 1884 (art. 70), consiste à exiger l'avis du conseil municipal. Sous la législation antérieure, le ministre avait bien recommandé aux préfets de procéder ainsi. Mais c'était une pure pratique administrative, qui n'avait aucune existence légale. Si un préfet l'avait négligée, cette omission n'aurait pu servir de base à un recours au Conseil d'État. Mieux valait un texte formel.

Peut-on former plusieurs bureaux dans une même commune? Interrogé sur cette question, le comité de l'intérieur formula, le 25 août 1835, l'avis qui suit: « Rien dans la loi de frimaire an V, ni dans l'ordonnance du 31 octobre 1821, n'indique qu'un seul bureau doive être nécessairement établi dans chaque commune. Si, en général, il vaut mieux n'en établir qu'un seul, il est des circontances où il y a lieu déroger à ces principes. Si, par exemple, dans un acte de donation, le donateur avait mis pour condition, qu'il serait établi un bureau de bienfaisance dans une section de commune, et que la donation fût assez importante pour que ses intentions pussent être respectées, comme cette condition ne renferme rien que de licite, et qu'elle n'est pas en opposition avec la loi, rien ne paraîtrait pouvoir motiver un refus d'autorisation. »

Il est quelquefois nécessaire d'établir des subdivisions à l'intérieur du bureau, afin de faciliter la distribution des secours. On pourra établir des maisons de secours, ayant un rayon d'action limité à une fraction de territoire, pures créations administratives, rattachées en droit à l'établissement central. Autrefois, c'était là un détail de service intérieur, que l'administration réglait à son gré. L'article 70-1° de la nouvelle loi municipale, en exigeant désormais qu'on soumette au conseil nunicipal « les circonscriptions relatives à la distribution des secours publics », a sans doute visé les créations dont je parle.

Lorsqu'il survient dans une commune, privée de bureau de bienfaisance, une grande calamité publique, telle qu'un incendie, une épidémie, une inondation, l'Administration peut se trouver embarrassée, pour opérer une distribution éclairée des secours, que le gouvernement et la charité des particuliers font affluer, de tous les points du territoire, dans cette localité. C'est un honneur pour notre pays, en même temps qu'une preuve de sa profonde unité nationale, que les calamités qui frappent le plus reculé village de notre territoire, trouvent partout un écho et provoquent un immense effort de la charité.

Sous la législation de 1867, le préfet avait un moyen de parer à la difficulté par la création immédiate d'un bureau. Aujourd'hui les lenteurs de la procédure, qui obligent d'envoyer le dossier à Paris, peuvent causer de fâcheux retards dans la distribution des secours, qui, pour être efficaces, demandent une prompte application. Le ministre de l'intérieur, dans sa circulaire du 5 mai 1852, sous un régime qui est devenu celui d'aujourd'hui, conseillait aux préfets un remède, peut-être hardi, mais que la nécessité imposait. « Vous pourrez, en présence d'un besoin urgent, disait-il, créer des bureaux de bienfaisance, à *titre purement provisoire*, sauf à m'en rendre compte immédiatement, afin que je puisse veiller à la suppression de ces établissements ou à leur régularisation dans le cas où, par des raisons particulières, il semblerait utile de les conserver. » Il y a, ce me semble, dans cette délégation éventuelle de pouvoir, un expédient dont l'utilité peut se présenter aujourd'hui, et dont les préfets feront bien d'user le cas échéant.

CHAPITRE III

Commisson administrative ; personnel ; délibérations ; tutelle.

Comme celles des hospices, les commissions des bureaux de bienfaisance, furent rattachées intimement à l'administration municipale, dont elles procédaient par l'élection. L'article 3 de la loi du 7 frimaire an V, portait le nombre des membres à cinq, chiffre qui est resté.

Le sort de ces agences collectives, a suivi exactement celui des commissions hospitalières. Sorties à l'origine du sein de la municipalité, elles sont tombées, en l'an XIII, aux mains du gouvernement, puis de son représentant le préfet. Aujourd'hui, on en est au système mixte, qui fait à peu près part égale aux deux principes de nomination, celui de l'autorité, et celui de l'élection.

La composition des commissions est réglée par la loi du 21 mai 1873, modifiée en 1879. Les longs commentaires dont je l'ai accompagnée, me dispensent d'y revenir ici. La seule appréciation que je veux formuler, c'est une critique de l'assimilation établie de tout temps entre la composition des commissions hospitalières et celle des bureaux de bienfaisance. Bien que la même pensée charitable soit à la base des deux institutions, il me semble que le législateur de toutes les époques s'est laissé impressionner par une fausse apparence d'identité dans les situations, et qu'en allant au fond des choses, on découvre des intérêts différents, qui appellent un régime dissemblable.

J'ai montré que les habitants de la commune ne sont pas les seuls auxquels la bonne gestion de l'hospice puisse tenir à cœur, mais que l'État, par les affectations qu'il peut imposer au profit de différents services publics, les communes, par la faculté qu'elles ont de faire traiter leurs malades, sont hautement intéressés à une bonne administration. Aussi un partage d'influence entre le gouvernement et les municipalités me semble-t-il l'extrême concession, qu'il soit possible de faire aux revendications communales. Pour les bureaux de bienfaisance, je cherche en vain le motif qui justifie cette large action que le gouvernement exerce sur la commission, par le fait que quatre nominations sur six, lui appartiennent. L'institution est purement communale ; ses ressources proviennent de subventions municipales, de taxes perçues, de dons recueillis dans les limites mêmes de la localité ; elles sont destinées uniquement à des individus qui y ont acquis leur domicile de secours, non à des passants du dehors. N'est-il pas juste de donner à la commune la prépondérance exclusive dans les commissions du bureau ? Pourquoi même, au moins dans les petites localités, ne pas laisser le conseil municipal jouer le rôle même de commission? les affaires d'un bureau de bienfaisance, du moins en tant que direction générale, n'ont pas la complexité des affaires hospitalières, et la nécessité d'un pouvoir délibérant spécial, ne se fait pas sentir au même degré.

Contre ces solutions extensives de l'influence communale en matière de secours à domicile, on peut faire valoir, il est vrai, ce motif, que, confier le service à la municipalité ou à une commission émanée complètement d'elle, c'est introduire dans la distribution des secours, à la place d'un esprit de charité pur de tout mélange, la possibilité d'une bienfaisance de parti, dictée par les préférences politiques. L'objection, à mon sens, prouve trop, elle fait le procès de toute représentation politique. La tutelle de l'Administration, le recours à l'opinion publique suffisent, dans un pays libre, à écarter tout abus.

La commission, dont le rôle est de donner l'impulsion à l'ensemble du service, a besoin d'un nombreux personnel, pour procéder à la répartition matérielle des secours, distribuer les bons, vêtements, remèdes. C'est elle qui nomme en principe les employés et qui les révoque. (Ord. du 31 octobre 1821, art. 18.) Pour les médecins, pharmaciens et agents comptables, elle présente seulement une liste de trois candidats au préfet, qui nomme et révoque, sauf pour ce dernier cas, approbation du ministre de l'intérieur. Enfin, s'il y a lieu, à raison de l'importance exceptionnelle de l'établissement, de nommer un receveur spécial, c'est au ministre que la compétence est attribuée, sur proposition de la commission et avis du préfet.

Les bureaux passent quelquefois avec les congrégations de femmes, pour le service intérieur des maisons de secours, des traités analogues à ceux conclus par les hospices. Les sœurs délivrent le secours accordé, mais ne sont point investies du droit de l'accorder elles-mêmes.

L'ordonnance du 31 octobre 1821 (art. 4) permet aux administrateurs de s'adjoindre des commissaires et même des dames de charité. L'institution, bien qu'un peu abandonnée quant à ces dernières, subsiste néanmoins légalement et peut contribuer à rendre la distribution des secours plus éclairée, et plus efficace. Je crois que l'intérêt des pauvres exige, de toute nécessité, le maintien des dames de charité. La femme, par ses inépuisables qualités de cœur, l'esprit de propagande qu'elle déploie dans l'excution de l'idée à laquelle elle se voue, mérite d'entrer dans le personnel administratif de l'assistance. Puis, n'y a-t-il pas des cas nombreux où seule elle peut décemment franchir le seuil du pauvre, par exemple quand il s'agit de visiter une accouchée?

Nous avons vu que les hospices sont soumis à une étroite tutelle de l'État, les délibérations réglementaires ne formant dans le système de la loi du 7 août 1851 qu'une très mince exception. Pour les bureaux de bienfaisance, c'est bien pis encore. J'en demande pardon à la logique, pour le législateur; l'absence d'intérêt direct de l'État dans ces affaires semblait justifier un régime plus libéral. La faute en est au législateur contemporain, qui a laissé la matière réglée par des textes rendus en un temps où le ressort de la centralisation était tendu au dernier point.

Sans doute, il peut paraître superflu de se demander de quelle somme de liberté jouit, au point de vue de ses délibérations, un conseil dont le gouvernement tient la composition en ses mains, dont il peut révoquer les membres à son gré. On ne comprend des freins imposés à une assemblée locale par le gouvernement, que si celle-ci ne tient pas de lui ses pouvoirs. Pourtant, même avec la nomination préfectorale, on conçoit que les bureaux jouissent d'une certaine liberté d'allures; la révocation individuelle, la dissolution sont des ressources extrêmes, qui ne peuvent être employées que dans les cas où une divergence profonde se produit, non point sur un simple détail d'administration.

Le seul texte où soient indiquées les matières qui font l'objet de la délibération de la commission est l'ordonnance du 31 octobre 1821. Celle-ci régissait autrefois les hospices et les bureaux de bienfaisance; mais depuis

1851, elle est demeurée applicable seulement à ces derniers.

Pour connaître la somme de pouvoir que possède le bureau de bienfaisance, il faut se rappeler l'esprit qui dominait la législation, quand ce texte a été rendu. On était alors au plus beau temps, au paroxysme de la centralisation administrative; les conseils locaux ne possédaient en aucune façon le droit de décision; leur intervention se résolvait en un simple droit d'avis dont le gouvernement tenait tel compte qu'il voulait. Du moment qu'on trouvait ce régime excellent, il était naturel de l'appliquer aux établissements charitables, dont les membres étaient à la nomination directe du gouvernement, comme les conseillers municipaux et généraux.

En 1851, on a donné aux hospices le droit de décision, dans ce qu'il a de négatif, le droit de ne pas faire. Mais les bureaux de bienfaisance sont restés soumis au régime antérieur, et, si le gouvernement leur suggérait un projet dont ils ne voulussent pas, je crois qu'il serait impossible de lui dénier le droit d'agir à leur place. Certes, cette solution tranche nettement avec l'idée que les établissements publics ont des représentants légaux, qui seuls peuvent agir en leur nom. L'étude des textes et de leur filiation me portent à admettre une exception à ce principe L'ordonnance du 31 octobre 1821 constitue un texte indicatif des matières qui doivent occuper l'activité des commissions, plutôt qu'elle ne définit la portée exacte de leurs pouvoirs, plutôt qu'elle ne précise les limites dans lesquelles doit s'exercer leur droit de décision.

Quant aux délibérations, toutes sont soumises à l'autorisation administrative, sans excepter les actes de pure administration, qui n'engagent en aucune façon l'avenir,

L'article 16 de l'ordonnance de 1821 porte bien « que les commissions pourront ordonner, sans autorisation préalable, les réparations, et autres travaux dont la dépense n'excède pas 2.000 francs. » Mais je n'ose pas voir là une mesure décentralisatrice ; l'administration renonce bien au droit d'autoriser *préalablement*, non point à celui de s'opposer à un contrat qu'elle désapprouve.

Le décret du 25 mars 1851 a eu son contre-coup sur l'administration des bureaux de bienfaisance. Désormais le droit d'exercer la tutelle s'est trouvé transporté du pouvoir central à l'autorité préfectorale. Bien plus, le décret réglementaire du 13 avril 1861 a opéré une déconcentration au deuxième degré, en donnant aux sous préfets le droit de statuer, soit directement, soit par délégation préfectorale, sur une foule de matières, énumérées à l'article 6 (n° 14 à 19).

L'influence que le conseil municipal peut exercer sur les délibérations de la commission, est limitée à un simple droit d'avis ; jamais son dissentiment ne peut faire échouer une décision prise par l'Administration charitable, pas même lorsqu'il s'agit d'aliéner un immeuble, comme cela a lieu en matière hospitalière. L'ordonnance du 31 octobre 1821 avait appelé expressément les conseils municipaux à donner leurs avis, sur certains actes de gestion des bureaux; mais elle restreignait cette intervention seulement aux établissements qui recevaient des subventions sur le budget communal. Les lois municipales successives ont effacé toute distinction, et aujourd'hui l'article 70-5° de la loi municipale appelle le conseil à exprimer son avis sur les autorisations d'acquérir, d'aliéner, d'emprunter, d'échanger, de plaider ou de transiger demandées à l'Administration, sur l'acceptation de dons et legs. L'idée qui se dégage du texte, c'est que les délibérations relatives au patrimoine du bureau, sont seules assurées de cette garantie. Les marchés de travaux, et surtout les marchés de fourniture, si importants pour un établissement, dont la fonction principale est de distribuer des secours en nature, vêtements, remèdes, combustibles, aliments, échappent à tout contrôle de l'administration municipale.

Si on veut juger le régime qui est fait à ces organes officiels de la charité en France, par une législation décousue et mal coordonnée, on peut lui reprocher de les maintenir trop étroitement dans la dépendance de l'administration supérieure, d'exclure trop complètement l'influence communale. Poussée à l'excès, la tutelle atténue la responsabilité du corps qui y est soumis, partant son zèle et son désir de bien faire. « Le vrai rôle de l'Administration supérieure en cette manière, dit un savant publiciste (1), ce n'est pas d'intervenir à chaque acte particulier, pour l'homologuer ou l'annuler; c'est de surveiller l'ensemble, c'est de demander des comptes exacts; c'est de se réserver la décision dans quelques cas particuliers seulement, d'une sérieuse et exceptionnelle importance. »

(1) M. Leroy-Beaulieu, *De l'Administration locale en France et en Angleterre*, p. 246.

CHAPITRE IV

Des ressources des bureaux de bienfaisance

Tout service public étant subordonné, dans son fonctionnement, aux voies et moyens dont il dispose, l'ordre logique nous amène à étudier les ressources financières que la loi a mises à la disposition des bureaux de bienfaisance, avant d'examiner l'emploi qu'ils en font. Nous verrons successivement les revenus de la dotation, le produit des droits attribués, les recettes tirées de la charité publique ou privée, et enfin les subventions municipales.

SECTION I

REVENUS DE LA DOTATION

Détruits par la Révolution, les bureaux de charité retrouvèrent à leur résurrection, ceux de leurs biens qui n'avaient pas été vendus. La loi du 5 ventôse an V, qui leur appliqua les dispositions de la loi du 16 vendémiaire an V, relative aux hospices, ouvrit la série des lois réparatrices qui formèrent à nouveau le patrimoine des pauvres.

L'arrêté consulaire du 27 prairial an IX décida que les biens, spécialement affectés à l'entretien et au logement des hospitalières, des filles attachées aux anciennes corporations vouées au service des pauvres et des malades, feraient essentiellement partie des biens destinés aux besoins généraux des établissements de secours à domicile. Le texte ajoutait : sont pareillement compris dans les dispositions qui précèdent, les biens affectés à l'acquit de fondations relatives à des services de bienfaisance et de charité, à quelque titre et sous quelque dénomination que ce soit. »

Cet arrêté reçut du décret du 12 juillet 1807 une interprétation très large. Ce dernier document augmentait la dotation des bureaux des biens qui avaient appartenu aux institutions diverses, connues sous le nom de caisses de secours, de charité, ou d'épargne, dont le but était le soulagement des pauvres.

Tels furent les principaux textes qui restituèrent le patrimoine des pauvres, après son absorption temporaire dans le domaine de la nation.

Ce revenu assez important, s'est beaucoup accru depuis, surtout dans les villes, par les libéralités des particuliers (1). A côté des biens immobiliers, on voit figurer une quantité importante de rentes sur l'État, le gouvernement ayant suivi pour ces institutions charitables les tendances de conversion que nous avons vues à propos des hospices.

Les dons et legs faits aux bureaux de bienfaisance méritent d'attirer notre attention, non pour reprendre l'énoncé de règles déjà exposées en détail et applicables ici dans leur ensemble, mais pour signaler les différences.

Les libéralités sont acceptées par la commission avec l'approbation du préfet ou du gouvernement, suivant les distinctions admises pour les hospices, et après mise en demeure des héritiers. Mais ici la décentralisation a

(1) Le revenu de la dotation a été en 1881, de 14.831.123 francs, sur un total de recettes de 48.169.335 francs. (*Ann. stat. de la France de* 1884.)

été poussée plus loin. S'il s'agit d'accepter des objets mobiliers ou des sommes d'argent, dont la valeur n'excède pas 3.000 francs, et si la famille du disposant n'élève aucune réclamation, la compétence, pour autoriser, est dévolue au sous-préfet. (Décret du 13 avril 1861, art. 6, n° 19.)

La question de beaucoup la plus intéressante qui se pose, est celle qui concerne l'acceptation à titre conservatoire; question longtemps discutée, puis tranchée par la jurisprudence, mais qui tire, à mon avis, de la loi du 5 avril 1884, un regain d'intérêt.

J'ai montré que l'article 910 du Code civil, posant un principe général, avait subordonné à une autorisation du gouvernement la capacité des établissements publics pour accepter les libéralités qui leur sont adressées ; mais que, d'autre part, il a fallu, pour éviter l'inconvénient des lenteurs inévitables de la procédure, accorder à certains le droit d'accepter provisoirement. On se demande dès lors, si cette faculté exceptionnelle doit être reconnue au bureau de bienfaisance, ou s'il faut le laisser sous la règle générale de l'article 910, dût-il en souffrir préjudice.

Pour étendre l'acceptation provisoire, on a invoqué l'ordonnance du 2 avril 1817 (art. 2), qui autorise les établissements d'utilité publique, auxquels une libéralité est déférée, à prendre, en attendant l'autorisation gouvernementale, les *mesures conservatoires*. L'acceptation provisoire, dit-on, ne rentre-t-elle pas excellemment dans cette expression ? Il est impossible de l'admettre, car une simple ordonnance ne peut pas porter atteinte à un principe, consacré par un texte législatif aussi formel que l'article 910. Une lacune existe dans la loi; c'est fâcheux; mais le silence des textes ne permet pas à l'interprète de se substituer au législateur.

La jurisprudence a pourtant trouvé le moyen de corriger la loi. La Cour de cassation a emprunté à la législation communale un texte sur lequel elle a étayé une théorie plus conforme aux nécessités de la pratique. L'article 48 de la loi du 18 juillet 1837 donnait au maire « le droit d'accepter les libéralités faites aux communes et *aux établissements communaux*. » Le bureau de bienfaisance étant un établissement communal, rien ne parut plus simple que d'appliquer ce texte, pour soutenir la possibilité d'une acceptation provisoire.

Je ferai d'abord remarquer combien il est singulier de chercher dans la loi communale la solution d'une question qui se réfère directement à la législation charitable. Mais passons. Si la loi de 1837 accordait d'une façon générale au maire le droit d'accepter provisoirement les libéralités adressées à tous les établissements communaux, comment se fait-il que le législateur de 1851 ait jugé nécessaire d'insérer un texte formel, admettant cette faculté pour les établissements hospitaliers ? C'était inutile, semble-t-il. La Cour de cassation répond bien que ce texte était nécessaire parce qu'il existe non seulement des hospices publics, mais aussi des hospices privés, et que, pour ces derniers, la législation antérieure ne suffisait pas. Mais la remarque est sans valeur, car la loi de 1851 n'a entendu statuer que pour les hospices établissements publics. Pour moi, l'article 11 de la loi de 1851 doit servir de base à l'argumentation à contrario, d'autant mieux que celle-ci ramène à la règle de l'article 910, pour rejeter l'acceptation provisoire partout où elle n'est pas consacrée expressément par la loi. L'article 48 de la loi de 1837, lorsqu'il parle « d'établissements communaux », ne vise que ces services annexes dépendant de l'administration municipale, dirigés par elle, soutenus de ses deniers, non dotés d'une personnalité civile distincte, tels qu'un asile, une crèche, un dispensaire, etc. Les biens qu'elle affecte à ce service, sont des biens communaux qui reçoivent une destination spéciale, mais dont la propriété appartient à la commune. Rien d'étonnant que, pour les libéralités qui viennent accroître ce fonds, le maire intervienne et accepte à titre provisoire. En réalité il accepte une libéralité faite à la commune même. Telle était la véritable portée de cet article 48, sur lequel s'appuyait la Cour suprême, dans le dessein fort justifié de réparer l'oubli du législateur. L'argument n'offrait qu'une base peu solide à la thèse jurisprudentielle ; mais si chancelante que fût celle-ci, la pratique se tenait pour satisfaite. La loi du 5 avril 1884, vient de la lui enlever.

Tandis que l'article 48 de la loi de 1837 parlait de l'acceptation des dons et legs « faits à la commune et *aux établissements communaux* », la loi du 5 avril 1884 prévoit simplement l'acceptation des dons et legs ; des établissements communaux, il n'est plus question. Certes, je ne critique pas le législateur de 1884 d'avoir fait cette omission ; il était inutile de mentionner spécialement des institutions qui se fondent dans la personnalité communale. Mais ce silence, cette répudiation des termes qui avaient servi d'appui au système de la Cour de cassation, n'ont-ils pas pour conséquence de rendre désormais insoutenable la doctrine autorisant l'acceptation des dons et legs faits aux bureaux de bienfaisance ? Pas de doute, à mon sens, pour l'affirmative. La Cour sera obligée de faire appel à son ingéniosité, pour trouver un argument nouveau, puisque le législateur de 1884 vient de lui enlever fort inconsciemment celui qu'elle avait mis à la disposition d'intérêts fort respectables.

Cet état d'infériorité qu'une lacune de nos textes crée

aux bureaux de bienfaisance, est d'autant plus fâcheux que, dans les localités où cette institution fait défaut, c'est la commune elle-même qui recueille les libéralités adressées aux malheureux, et là le maire peut accepter conservatoirement. De ce jeu de principes, il résulte que la création d'un bureau de bienfaisance se retourne contre l'intérêt des pauvres, qu'elle a précisément pour but de défendre.

SECTION II

DROITS ATTRIBUÉS

Parmi les droits attribués au bureau de bienfaisance, le plus important est celui qu'on désigne sous le nom de *taxe des pauvres*.

§ 1.

« Cet impôt sur le plaisir au profit de l'indigence », comme l'appelait M. Dupin, en 1851, remonte déjà haut dans notre histoire. L'idée qui l'a inspiré se présentait trop naturellement à l'esprit, pour qu'on n'ait pas songé de bonne heure à en tirer parti. Au XVIe siècle, un acte du Parlement de Paris, du 27 janvier 1542, imposa aux entrepreneurs des représentations des mystères de la *Passion*, de verser « une somme de 1.000 livres aux pauvres, à cause que le peuple sera distrait du service divin, et que cela diminuera les aumônes ».

Une ordonnance de Louis XIV déclara qu'un sixième serait levé « en sus des sommes qu'on perçoit, et qu'on percevra, à l'avenir, pour être ledit sixième employé à la subsistance des pauvres. » Les directeurs de théâtres regimbèrent, et il fallut que des actes royaux vinssent spécifier que la taxte serait perçue par augmentation. Abolie par la Révolution, elle a été rétablie par le Directoire, et depuis elle est restée définitivement dans notre législation.

Le droit des pauvres constitue un véritable impôt somptuaire, à affectation spéciale. Bien que, en général, la science financière recommande peu les impôts de cette nature, à raison de leur faible produit, il me semble qu'en leur attribuant cette destination charitable, on leur donne une justification parfaite. Le citoyen qui prend part à une réjouissance publique, affirme ainsi, d'une façon non équivoque, qu'il possède du superflu. La morale veut que cette affirmation tourne au profit de ceux qui n'ont pas le nécessaire. Cette idée, à mon sens, mérite même de recevoir une application plus large. Dans nos opulentes sociétés, le luxe est un défi insolent et permanent du riche à l'adresse du pauvre; les sentiments de jalousie, voire même de haine, si naturels chez celui qui n'a rien, ne pourraient qu'être atténués du jour où les manifestations bruyantes de la richesse deviendraient l'occasion d'une perception fiscale.

Pourtant, les économistes ont attaqué cette taxe, qu'ils accusent de mentir à son étiquette, et de frapper le directeur de théâtre plutôt que le spectateur. La pratique, qui existait autrefois, de séparer la perception de l'impôt de celle du billet d'entrée, a été abolie, afin de faciliter la circulation, à l'entrée des théâtres, si bien que beaucoup de gens, assistant à une représentation, ignorent avoir acquitté une taxe au profit des pauvres. La loi de l'offre et de la demande, régulatrice des prix, amène le débat entre le directeur, obligé de tenir compte de la taxe, et le public, qui, se gardant bien de séparer les deux éléments, n'envisage que la satisfaction offerte. Il y a là, au fond, une question d'incidence d'impôt. Dans l'état de nos mœurs, où l'amour du plaisir pénètre de plus en plus, il est peu à craindre, que le directeur de spectacle n'impose pas « sa loi ».

Si l'objection portait, ce n'est pas seulement le directeur de théâtre qui aurait à se plaindre; le marchand de vin qui perçoit pour l'État le droit de détail, le voiturier qui perçoit l'impôt sur les transports, pourraient unir leurs réclamations aux siennes.

Cet impôt, productif d'un très beau revenu dans les grandes villes, est cependant négligé, bien à tort, dans la plupart des localités; il serait à désirer que les bureaux de bienfaisance connussent mieux leurs droits, afin de ne pas laisser se perdre cette source abondante de recette.

La loi du 7 frimaire an V, en rétablissant les bureaux de bienfaisance, leur attribua ce droit comme premier élément de dotation. « Il sera perçu, disait-elle, un décime par franc, en sus du prix de chaque billet d'entrée dans tous les spectacles où se donnent des pièces de théâtre, des bals, des feux d'artifice, des concerts, des courses de chevaux, pour lesquels les spectateurs payent. » Une loi subséquente, du 8 thermidor de la même année, maintint ce taux de perception du dixième pour les théâtres, mais porta la taxe au quart de la recette brute dans les autres lieux de réjouissance, en y ajoutant « les autres fêtes où l'on est admis en payant ».

De ces textes, il résulte clairement que la taxe à percevoir de droit commun, est du quart de la recette brute; la faveur du dixième est réservée aux seuls théâtres proprement dits. Cela se conçoit d'autant mieux, qu'à l'époque où cette législation fut rendue, ces établissements étaient les seuls, qui eussent des représentations quotidiennes.

Une réduction à leur profit se justifiait, et par l'extrême mobilité de la recette, qui peut tomber très bas à certains jours, et par le désir de protéger l'art dramatique. Le législateur a si bien admis ce point de vue, que, lorsque les concerts sont devenus quotidiens, il a jugé son intervention nécessaire, pour abaisser au dixième la perception à opérer sur eux. (Loi du 16 juillet 1840, art. 9.)

Pourtant, la jurisprudence du ministre de l'intérieur, trouvant la perception du quart trop élevée, pour des spectacles devenus quotidiens, est arrivée à transformer en règle, ce qui, dans le système légal, n'était que l'exception. Pour cela, il a fallu interpréter largement, je dirai même forcer les mots: « *spectacles où se donnent des pièces de théâtre* ». C'est ainsi que le ministre de l'intérieur, dans une décision du 9 mai 1809, a assimilé aux théâtres proprement dits, non seulement les théâtres mécaniques ou pittoresques, mais tous les établissements où se jouent des pantomimes, scènes équestres, salles de curiosité. Il ajoute même que la taxte du dixième sera perçue dans tous les établissements, non désignés par la loi comme devant être soumis au payement du quart de la recette brute. Cette interprétation est en contradiction formelle avec les textes de l'an V.

Pourtant ce vice a été couvert en pratique. C'est d'abord le décret du 9 décembre 1809, qui, en rendant définitive cette imposition, jusque-là temporaire, porta « qu'elle continuerait à être indéfiniment perçue, *ainsi qu'elle l'a été* pendant le cours de cette année. » Le retour du régime parlementaire a apporté à la perception une sanction légale. Le droit des pauvres étant une contribution publique, a besoin d'être mentionné dans la loi annuelle de finances. Or celle-ci sanctionne le système admis par la pratique administrative, en autorisant, comme règle générale, la perception du dixième « sur les spectacles et concerts quotidiens », le taux du quart étant réservé « pour les fêtes et autres réunions, où l'on est admis en payant » et dont le caractère est d'être exceptionnelles (1).

L'existence d'un taux variable avec le genre de réjouissances, donne intérêt à cette remarque, que le législateur a entendu atteindre la fête elle-même, indépendamment du lieu où elle est donnée. Un bal dans un théâtre resterait soumis à la contribution du quart de la recette. (Conseil d'État, 24 fév. 1817.)

Ce peut être le principe même de la perception qui soit mis en question, et que ma remarque serve à affirmer. Ainsi, on s'est demandé si une messe en musique, célébrée dans une église, doit acquitter la taxe des pauvres. La question s'est présentée devant le Conseil d'État, le 25 novembre 1806. Une messe en musique ayant été célébrée dans l'église Saint-Roch, à Paris, à l'occasion de la Sainte-Cécile, les fermiers de la taxe des pauvres obtinrent du conseil de préfecture le droit d'exercer le prélèvement. Appel fut interjeté au Conseil d'État, et, la décision infirmée sur ce motif que, sous aucun prétexte, « les cérémonies de la religion ne sauraient être assimilées aux spectacles, bals et fêtes publics, désignés dans les lois. » Cette doctrine est incontestable, en tant qu'il s'agit des exercices ordinaires du culte. Mais le Conseil inséra dans son arrêt un considérant qui ressemble fort à une réserve. Pour motiver son refus, il

(1) La loi de finances du 3 août 1875 (art. 23), par un surcroît de faveur pour la musique, a même abaissé à 5 0/0 le droit à percevoir sur les entrées dans les concerts non quotidiens, qui auraient dû être imposés à 25 0/0, d'après les lois de l'an V.

s'appuyait sur ce que « l'église n'avait pas cessé d'être ouverte gratuitement au public, quoique le prix de certaines places eût été très augmenté. » C'est donc à dire que, si l'entrée avait cessé d'être libre, le Conseil eût éprouvé plus d'hésitation à casser la décision du conseil de préfecture.

Pour moi, pas de doute qu'il faille écarter la perception pour les cérémonies du culte, alors même que les chaises feraient l'objet d'un prix de location plus élevé que d'ordinaire. L'immunité est acquise lorsqu'il s'agit des cérémonies du culte. Mais il serait contraire à la règle que les fêtes frappées par la loi doivent l'être, et au taux fixé, sans distinction du lieu où elles sont données, d'affranchir un concert de musique religieuse, une audition d'orgues, par cela seul qu'ils sont donnés dans un temple. Sans doute, on adjoindra souvent à ces fêtes une cérémonie religieuse, un sermon, une bénédiction. Ce sera à l'autorité à apprécier, dans chaque espèce, le véritable caractère de la solennité.

Il est à remarquer que la publicité est une condition indispensable de la perception. Quant à définir en quoi consiste celle-ci, c'est une question qui varie suivant les cas. Ainsi je crois que, si les organisateurs de la fête font distribuer des billets par des commissaires, dans le cercle des relations de ces derniers, ils donnent par là même à la réunion un caractère privé, qui exclut toute réclamation du bureau de bienfaisance. Mais si, tout en conservant ce mode de distribution, ils indiquent, par la voie de la presse, le domicile de ces commissaires et la possibilité de se procurer des cartes chez eux, j'y verrai un appel au public, changeant le caractère de la réunion, et qui justifierait la perception.

Peu importe le but que les organisateurs de la fête

ont eu en vue. Celle-ci fût-elle donnée déjà dans un but charitable, la revendication du bureau de bienfaisance doit être admise. La taxe a été établie, indépendamment de l'idée qui a présidé à l'organisation de cet amusement, non au profit de n'importe quelle catégorie de pauvres, mais bien au profit d'une classe spéciale, celle qui est secourue par la bienfaisance publique, organisée administrativement (1). En fait, l'administration charitable pourra ne pas réclamer ou faire des concessions; en droit, ses prérogatives restent intactes. La remarque est importante, car souvent des fêtes sont données dans une commune pour venir en aide à des malheureux étrangers; ceux de la localité doivent avoir leur part dans le produit. Le seul cas où la destination charitable de la recette peut servir de prétexte à l'immunité, est celui où une représentation *à bénéfice* est accordée à un artiste malheureux, et encore celle-ci est-elle restreinte à l'augmentation du prix ordinaire du billet. (Décret du 9 décembre 1809, art. 3.)

L'application de la taxe des pauvres a donné lieu, dans la pratique, à beaucoup de difficultés. Sans prétendre les examiner toutes, j'indiquerai les plus curieuses, celles qui servent à mieux faire comprendre la nature et l'assiette de cette imposition.

Certaines solennités ont été déclarées exemptes par la jurisprudence, à raison même de l'intérêt public qui s'y attache. Le Conseil d'État n'a pas hésité à statuer en ce sens pour les expositions destinées à l'amélioration de l'industrie. (7 mai 1857.) Pour les courses de chevaux, la question était plus discutable. A la vérité, l'Adminis-

(1) En ce sens, Conseil d'État, 27 juillet 1883. Il s'agissait d'un bal charitable donné par la Loge centrale maçonnique de Rouen.

tration considère ces fêtes comme établies dans le but de perfectionner la race chevaline. Mais le public y voit un mode de divertissement, et pour lui, la première considération passe au second plan. Si le droit des pauvres est un impôt du luxe au profit de l'indigence, il ne saurait, certes, avoir une plus belle occasion d'être appliqué que dans ces exhibitions fastueuses, où chacun rivalise par la richesse de sa toilette ou de ses équipages. Pourtant, dans l'état des textes, il est impossible d'admettre cette solution. Quand une institution existe, il faut l'envisager du point de vue où s'est placé le législateur, non avec les caractères que lui confère le public. Les lois de l'an V parlent bien « de courses et d'exercices de chevaux » ; mais on ne peut y voir une allusion aux courses telles que nous les concevons aujourd'hui, car, à l'époque, celles-ci, déjà existantes en Angleterre, n'avaient pas apparu dans notre pays. Est-il possible au moins de les faire rentrer dans l'expression finale de la loi de thermidor an V : « et autres fêtes où l'on est admis en payant? » Nullement, car cette finale, malgré l'apparence de sa généralité, se réfère aux réjouissances dont l'énonciation précède, et dont le caractère est d'attirer le public et son argent, si bien que, sans le public, elles n'ont pas leur raison d'être (1). Or dans l'espèce, ce critérium n'est pas applicable, car l'institution des courses prend place

(1) Dans l'affaire qui a abouti à l'arrêt du Conseil d'État le 13 juin 1873, base de la jurisprudence actuelle, le commissaire du gouvernement, M. David, donnait un critérium excellent, qui pourrait être utilisé en d'autres cas. « Toute fête, toute réunion, disait-il, qui aura ce caractère et ce but (d'attirer le public et son argent), alors même que son origine serait postérieure à la loi de thermidor an V, ne se trouverait pas moins comprise dans l'énonciation générale qui termine son énumération, et devrait dès lors le droit des pauvres. »

dans nos services administratifs. Un décret du 4 juillet 1806, encore applicable, consacré à l'organisation des haras, confère au ministre le soin de faire des règlements pour la distribution des prix et la police des courses. D'après son article 28, la connaissance des difficultés entre les concurrents est réservée à l'autorité administrative, sauf recours au Conseil d'État. Alors même que la course a été organisée par une société privée, avec l'approbation de l'Administration et sous son patronage, les commissaires sont nommés par le préfet, auquel leurs décisions sont déférées en cas de contestation. Aux yeux du législateur, il y a là un véritable service administratif, et cela suffit à écarter toute revendication du bureau de bienfaisance. En fait, les sociétés de courses versent aux pauvres, à titre gracieux et bénévole, une partie de la recette.

Lorsque les cafés-concerts entrèrent dans nos mœurs, la taxe leur fut réclamée. Ce fut en vain que les propriétaires objectèrent qu'elle faisait double emploi avec le droit de patente. Restait à en fixer la quotité. Ils prétendirent déduire de la recette sur laquelle le dixième serait perçu, la somme afférente au prix des consommations. Mais cette prétention échoua avec raison sur ce motif qu'alors même que le spectateur ne consomme pas, il n'en est pas moins forcé d'acquitter intégralement le prix d'entrée. Un correctif était pourtant nécessaire; il serait injuste de prélever la taxe sur les consommations prises en renouvellement. Aussi les propriétaires de ces établissements dressent-ils un double tarif : celui qui constitue la recette sur laquelle le bureau de bienfaisance prélève sa quote-part, puis le tarif de renouvellement, dont le produit reste en entier entre leurs mains. L'établissement, après avoir fonctionné comme concert, redevient simple café.

L'application de la taxe aux représentations théâtrales a donné lieu à quelques difficultés spéciales. On s'est demandé si le droit des pauvres devait être assis sur la somme produite, en additionnant le prix des places occupées, ou sur la recette brute, réalisée effectivement à la porte, si bien que là fut limitée la surveillance du bureau de bienfaisance. L'intérêt de la question est que ces deux chiffres ne concordent pas toujours. Le Conseil d'État, après quelque hésitation, a fixé la jurisprudence en faveur de la deuxième opinion par un arrêt du 5 août 1831 (1). Pour le premier mode d'asseoir la taxe, on pouvait invoquer les termes de la loi du 8 thermidor an V, qui suppose que la perception a lieu « sur le prix de chaque billet d'entrée », par conséquent sur chaque place occupée. Mais l'esprit de la loi ressort très nettement de l'article suivant, qui, pour les autres réjouissances publiques, asseoit le droit sur la recette brute. Celle-ci est le véritable objectif du législateur, et, à la vérité, rien ne justifierait rationnellement une base différente pour les théâtrés. Sans doute, dans la conception admise par la pratique, les billets gratuits échapperont à la taxe ; mais c'est justement là un des motifs qui ont dicté au Conseil d'État sa décision ; la loi suppose essentiellement qu'un prix a été payé, et l'interprète doit se renfermer dans ses termes. Des fraudes seront possibles ; des directeurs feront vendre au dehors des billets au rabais ; ce sera au bureau de bienfaisance, de surveiller avec soin ces agissements, de démontrer judiciairement la fraude.

De ce que le droit des pauvres est prélevé sur la recette brute, il résulte deux conséquences :

(1) C'est le Théâtre-Français qui était en contestation avec l'Assistance publique de Paris.

1° Tout ce qui viendra accroître le prix ordinaire des places, entrera en compte. Les majorations, résultant d'un abonnement, d'une location d'avance, d'une représentation extraordinaire, seront atteintes.

2° Les entrées qui, sans procurer au directeur un encaissement direct, se traduiront pour lui en une prestation équivalente, devront être ajoutées aux sommes recueillies au guichet, pour servir de base au décompte. Ainsi, un auteur vend sa pièce à un directeur; il stipule comme prix, outre le versement d'une somme d'argent, la délivrance d'un certain nombre de billets. En réalité, ces billets sont acquis à titre onéreux, et compte doit en être rendu au bureau de bienfaisance, avec l'estimation que les parties leur ont donnée au contrat. Autre application : le propriétaire d'une salle la loue à un directeur, et se réserve le droit de disposer d'un certain nombre de places. En réalité, il y a là un élément distinct du prix de bail. Le droit des pauvres devra être perçu, car les entrées, qui ont pour objet ces places réservées, n'ont de la gratuité que l'apparence ; juridiquement, et en allant au fond des choses, elles ont pour contre-partie la jouissance que le propriétaire abandonne de sa salle, ou mieux une fraction de cette jouissance (1). Les billets émis dans ces conditions, au lieu d'être payés en argent, sont acquittés par une sorte de *datio in solutum*, dont la valeur doit accroître les sommes encaissées à la porte du théâtre, pour former la base du prélèvement au profit des pauvres.

La perception peut se faire suivant trois modes différents : 1° par régie simple, c'est-à-dire par un préposé de l'Administration ; 2° par mise en ferme ; il est alors passé un traité avec une personne, qui, moyennant un

(1) Conseil d'État, 8 juin 1854, salle Ventadour.

prix convenu, se charge de la perception à ses risques et périls, sans aucune allocation de frais ; 3° par régie intéressée. Ici le régisseur s'engage à verser une somme fixe, plus une part proportionnelle dans les produits dépassant le prix principal et la somme qui lui est allouée pour frais.

Que le bureau fasse la perception par lui-même, ou se substitue un tiers, un abonnement pourra être passé avec le redevable, représentant la moyenne de ce qui serait perçu d'après les règles ordinaires. Comme ce traité offre des dangers, en ce que l'Administration ne peut invoquer aucun privilège sur les biens personnels du débiteur, ni même sur le matériel de l'exploitation, les sommes dues en vertu de cet abonnement doivent être acquittées à intervalles fréquents, afin de ne pas laisser la dette s'accroître démesurément. Il est à remarquer que le but de l'abonnement est de supprimer les règlements de compte minutieux ; c'est un véritable forfait. Mais on ne saurait y voir en général une prise à sa charge, par l'entrepreneur de théâtre, des cas de force majeure, qui pourraient contrarier le cours des représentations. Le Conseil d'État a admis ces principes, sur la demande d'un directeur, dont le nombre de représentations avait été réduit par la Révolution de février 1848 (1).

Il serait à désirer que les très nombreuses communes où le droit des pauvres n'est pas perçu, usassent des facilités que leur offre l'abonnement pour assurer la rentrée de cet impôt.

Quant au contentieux de la taxe des pauvres, il se partage entre l'autorité administrative et l'autorité judiciaire. Tout ce qui concerne la fixation de la taxe, son assiette

(1) Conseil d'État 26 juillet 1854.

et sa quotité, la délivrance de la contrainte, va au conseil de préfecture. Il existe en effet un texte formel, l'arrêté du 8 fructidor an XIII, qui porte « que les poursuites, pour assurer le recouvrement des droits ci-dessus mentionnés, seront désormais dirigées suivant le mode fixé par l'arrêté du 16 thermidor an XIII, et autres lois relatives aux contributions directes. » Toutefois c'est au tribunal judiciaire de connaître de la régularité des poursuites, à partir du commandement, et de toutes les questions d'ordre civil. (Trib. des conflits, 2 avril 1881.)

§ 2

Le décret du 23 prairial an XII, sur les cimetières, disposait, dans son article 11, que « des concessions ne seront accordées qu'à ceux qui offriront de faire des fondations ou donations en faveur des pauvres et hôpitaux, indépendamment d'une somme qui sera versée à la commune. » Des difficultés surgirent naturellement, sur la proportion à établir entre la part revenant aux indigents et celle réservée à la commune. L'ordonnance du 16 décembre 1843 la fixa, en décidant que les deux tiers du capital versé tourneraient au profit de la commune, et un tiers au profit des pauvres ou des établissements de bienfaisance. Dans la circulaire qui suivit son ordonnance, le ministre prit bien soin d'observer que la fixation du tiers au profit de ces derniers, n'était qu'un minimum, que le concessionnaire demeure libre de dépasser, pourvu que la commune reçoive au moins la somme qui lui est due, aux termes du tarif.

La prestation du concessionnaire a une nature juridique différente, suivant qu'il s'agit de la part du prix afférente à la commune, ou de celle qui revient aux pauvres. La première représente en effet l'objet d'un contrat à titre onéreux et synallagmatique, dont l'autre terme est la concession de terrain. La seconde, au contraire, forme une donation, d'un genre particulier sans doute, puisqu'elle n'est pas spontanée et constitue la condition *sine qua non* du contrat à intervenir entre la commune et le futur concessionnaire ; mais peu importe, elle n'en conserve pas moins le caractère de libéralité, puisque l'hospice et le bureau sont des établissements de bienfaisance, parfaitement distincts de la commune, et que, de leur côté, il n'apparaît aucune trace de prestation équivalente. Le décret de prairial avait raison de dire que ces libéralités seraient autorisées par le gouvernement dans les formes accoutumées. Toutefois, l'absence des motifs, qui ont fait entourer les libéralités adressées aux établissements publics de si minutieuses formalités, a eu pour conséquence, dès 1843, de faire abandonner aux préfets l'approbation de ces fondations spéciales. (Circul. min. du 30 déc. 1843.)

En fait, il est très rare que le concessionnaire dépasse, dans son versement, la somme qui est portée au tarif.

Le conseil municipal a une action très directe sur la quotité de cet élément de revenu, puisque la fixation des tarifs lui est dévolue. Depuis la loi du 5 avril 1884, il n'exerce cette attribution que sous l'approbation du préfet. Quant à la répartition entre les bureaux et les hospices, du tiers attribué aux pauvres, il est libre d'adopter telle base de répartition qu'il juge la meilleure. Il peut, sans excès de pouvoir, en remettre l'intégralité à un seul de ces établissements. Mais là s'arrête son pouvoir. On ne saurait lui permettre d'en verser le produit à d'autres établissements charitables, publics ou privés, par exemple à la Caisse des écoles, instituée dans la commune. En faveur de cette dernière institution on peut arguer, il est vrai, qu'elle a pour objet de secourir les élèves indigents par des dons de livres, de fournitures, de vêtements. Mais rien ne prouve qu'en employant l'expression d'« *établissements de bienfaisance* » l'auteur de l'ordonnance ait voulu appeler au partage d'autres établissements que ceux dont il est parlé au décret de prairial. Puis, la Caisse des écoles n'a pas seulement un caractère charitable; elle a aussi pour but de faciliter, par des encouragements aux élèves, la fréquentation des classes (1).

SECTION III

DONS, QUÊTES ET COLLECTES

Un des motifs qui justifient l'existence d'organes officiels de la charité, c'est, on le sait, d'offrir aux particuliers, désireux de gratifier les pauvres, un intermédiaire digne de toute confiance, recommandable par les moyens dont il dispose, pour connaître les véritables besoins. Les bureaux de bienfaisance comptent ainsi parmi leurs recettes « les dons qui leur sont offerts ».

Mais il ne suffisait pas d'attendre les libéralités, il fallait les provoquer. L'arrêté du 5 prairial an XI permit aux administrateurs des bureaux de bienfaisance « de faire quêter dans tous les temples consacrés au culte, de placer des troncs dans les églises et dans les édifices affectés à la tenue des corps civils, militaires et judiciaires, dans les établissements d'humanité, enfin de faire pro-

(1) Décision ministérielle, 12 sept. 1882.

céder, tous les trois mois, à des collectes publiques, dans leurs arrondissements respectifs. »

Le seul point intéressant est celui qui concerne le droit de quêter dans les églises, car la présence dans l'enceinte d'un même lieu de trois autorités, le curé, la fabrique, le bureau de bienfaisance, peut amener des conflits.

Le décret du 12 septembre 1806, avait autorisé les administrateurs à faire par eux-mêmes des quêtes dans les églises paroissiales, dont le nombre et l'époque devaient être fixés par les évêques, sous l'approbation du ministre des cultes. Mais le décret du 30 décembre 1809, après avoir parlé des quêtes faites par les fabriques dans l'intérêt du culte, ajoute, dans l'article 75 ces mots : « Sans préjudice des quêtes faites pour les pauvres, lesquelles devront toujours avoir lieu dans les églises toutes les fois que les bureaux de bienfaisance le jugeront convenable. » Cette disposition, par la largeur de ses termes, effaçait le principe limitatif énoncé au texte antérieur. « Les derniers mots, dit M. Gaudry, donnent une telle latitude aux bureaux de bienfaisance, que, si on les appliquait à la rigueur, ces quêtes pourraient se faire tous les jours (1). » Si le bureau élevait des prétentions excessives à ce sujet, la fabrique n'aurait d'autre ressource que celle de demander à l'autorité supérieure un règlement des droits respectifs des pauvres et du culte, afin de partager équitablement le bénéfice de la générosité des fidèles.

La question délicate est celle-ci : de ce droit, reconnu sans conteste au bureau, de quêter pour les pauvres, ne résulte-t-il pas à contrario, défense pour toute autre

(1) *Traité de la législation des cultes*, t. II, p. 607.

personne de quêter dans ce but à l'intérieur de l'église ?

Mettons de côté les fabriques. Ces personnes morales, instituées pour veiller aux intérêts du culte, n'ont pas à s'occuper d'œuvres de charité, et il ne saurait être question pour elles de quêter pour les pauvres. Une pareille prétention les ferait sortir de leurs attributions légales.

Reste le curé. Faut-il aussi lui refuser l'exercice de ce droit, sur un terrain où il semble si bien chez lui ? Les affirmations en ce sens n'ont pas manqué, et, en pratique, elles se sont traduites sous la forme d'une revendication, exercée par le bureau, sur les deniers recueillis par cet ecclésiastique. Le comité de l'intérieur du Conseil d'État, consulté par le ministre, le 6 juillet 1831, n'a pas hésité à admettre, au profit de cet établissement charitable le droit exclusif de quêter pour les pauvres, à l'intérieur des temples. Il est même des curés qui ont accepté cette doctrine. J'ai relevé un curieux arrêt du Conseil de préfecture de l'Indre (9 mars 1866), déclarant comptable occulte le père d'une mariée qui avait quêté pour les pauvres, à la messe de mariage de sa fille, et avait, *sur le refus du curé* de recevoir le produit pour l'affecter à sa destination, procédé lui-même à la distribution. La jurisprudence récente du Conseil d'État a pourtant résolu la question en sens inverse. Consulté par le ministre de l'intérieur sur les prérogatives conférées aux bureaux de bienfaisance, la haute assemblée a adopté, dans un avis du 24 mars 1880, les véritables principes, ceux qui concilient avec la liberté de la charité, le juste contrôle qui revient à l'autorité sur l'intérêt des pauvres.

La portée de ce document est très générale, et j'aurai à y revenir. Il tire son importance de ce que, déniant au bureau le monopole de la charité, c'est-à-dire le droit de concentrer dans ses caisses les sommes recueillies publiquement par les particuliers au profit des pauvres, il affirme implicitement en faveur du curé, comme de tout citoyen, le droit de quêter pour les indigents. Spécialement, le droit de ce dernier à l'intérieur de l'église s'exercera par cela même qu'il n'est pas exclu, sans être effacé par celui du bureau de bienfaisance. Mais je lui appliquerai la réserve que formule le Conseil : le maire, seul représentant des pauvres, comme je le montrerai, aura, à ce titre, le droit de veiller si l'ecclésiastique, institué intermédiaire public entre le bienfaiteur et le pauvre, ne détourne pas l'argent de son affectation naturelle. Je ne vois pas pourquoi le curé échapperait, sur ce point, à la surveillance du maire, plus qu'un autre citoyen.

Investi d'un droit de police *sui generis* à l'intérieur du temple, le curé pourra faire quêter par des paroissiens, au profit de toute œuvre charitable.

Quant au droit du bureau de bienfaisance, de quêter dans les églises, la pratique a admis que les administrateurs sont tenus d'exercer par eux-mêmes cette prérogative. S'ils désignent une personne charitable, pour s'acquitter de cette mission, celle-ci devra être agréée par le curé ou desservant. Ces solutions se justifient pleinement, en ce qu'elles empêchent la présence dans l'église contre le gré du prêtre, d'une personne qui, munie d'une délégation du bureau, s'imposerait à lui, et serait pour les fidèles un objet de scandale. (Lettre du min. des cultes à l'évêque d'Amiens, 5 déc. 1868.)

Quant aux troncs, placés pour les pauvres, dans les églises, Mgr Affre pense que tout ce que le bureau peut exiger, c'est qu'ils soient placés dans un lieu apparent, sur le passage des fidèles, ou dans un endroit dont ils puissent facilement approcher ; mais il lui dénie le droit de choisir lui-même (1). Cette solution me parait assez juste. Aucun texte n'existant, on est en présence du seul droit de police du curé à l'intérieur de l'église ; c'est donc à lui de choisir la place que doit occuper le tronc des pauvres.

Par analogie de ce que j'ai dit du droit de quêter, il faut reconnaître à cet ecclésiastique le droit de placer un tronc « pour ses pauvres » comme cela a lieu en pratique dans beaucoup de localités (2).

SECTION VI

SUBVENTION MUNICIPALE.

Lorsque les ressources des bureaux de bienfaisance sont insuffisantes, les conseils municipaux se font un devoir de leur allouer, dans les limites de leurs disponibilités, des secours pécuniaires. C'est là non l'accomplissement d'une obligation mais l'exécution d'un devoir moral, conseillé aux communes, tant par leur propre intérêt que par sentiment d'humanité.

Il a d'ailleurs été jugé que ce mode d'assistance de la commune est seul régulier, et que celle-ci ne saurait être admise à exercer directement la charité légale, en s'imposant volontairement pour secourir les malheureux. On a vu là une sorte de taxe des pauvres, qui, si

(1) *Traité de l'administration des paroisses*, p 200.

(2) Dans les églises de Paris, la dualité des troncs est parfaitement observée ; à coté du tronc du bureau de bienfaisance, figure le tronc des pauvres de M. le curé.

elle n'est pas défendue par un texte, heurte l'esprit général de notre législation (1). Quand le conseil municipal accorde une subvention demandée par le bureau, il peut bien indiquer ses vues générales sur le meilleur emploi à lui donner, mais il ne saurait, sans excéder ses pouvoirs, arrêter le détail des dépenses, ni dicter des conditions. (2)

En législation, je ne crois pas qu'il soit bon de permettre aux communes de voter des centimes spéciaux pour l'assistance. Dans un pays de démocratie, où les luttes de partis sont ardentes, il serait imprudent d'accorder une telle facilité à des conseils locaux. Mieux vaudrait permettre au conseil général de voter quelques centimes, pour subvenir aux besoins produits dans une commune, par une épidémie, un chômage, une calamité quelconque, sans donner d'ailleurs à ce secours aucun caractère de généralité ni de périodicité.

(1) Décret contentieux du 18 déc. 1841, comm. de Geffoses.

(2) Le total des subventions municipales, pour la France entière, s'est élevé à 10.004:699 fr. en 1881. (*Ann. stat. de la France de* 1884.

CHAPITRE V

De la distribution des secours

L'ordre naturel du sujet nous amène à étudier quel emploi le bureau de bienfaisance va faire des sommes qu'il a puisées aux diverses sources indiquées dans le précédent chapitre. Deux modes étaient possibles : les distribuer en argent ou sous forme de secours à domicile.

Le législateur de l'an V n'a pas hésité à poser comme règle générale, que « les revenus seront donnés en nature, autant que possible. » (Art. 10.) Ce mode d'emploi permet à la charité de s'exercer avec plus de largeur, puisque les achats de fournitures, réalisés par grandes masses, se traitent à de meilleures conditions. Puis il donne la certitude à l'administration charitable, que les secours accordés ne seront pas détournés de leur but et dépensés follement. Il semble en effet que l'imprévoyance soit la compagne inséparable de l'indigence.

Distribution de vêtements, d'aliments, de combustibles, assistance médicale à domicile, octroi de remèdes, voilà les formes principales que revêt le secours en nature, sans parler des secours spéciaux, que la vue de telle infortune individuelle peut suggérer à la vigilance des administrateurs. La pensée dominante qui, dans l'accomplissement de son œuvre doit guider le bureau, c'est d'exercer son action au domicile même de l'indigent. C'est au sein de la famille, dans ce milieu où les joies et les douleurs communes sont partagées par tous, que le secours public produira son action morale la plus salutaire, agira avec le plus d'efficacité, pour opérer le relèvement du pauvre. Souvent des bureaux de bienfaisance ont demandé à l'Administration supérieure d'appliquer une partie de leurs revenus à la création de lits dans les hospices; toujours celle-ci s'y est opposée, à moins qu'une clause formelle d'une libéralité ne lui en fît une obligation inéluctable, et le motif qu'elle a donné, c'est que l'assistance du pauvre à domicile est l'objectif même, la raison d'être de ces utiles institutions.

Il arrive pourtant que le secours en argent s'impose quelquefois, par exemple pour acquitter le loyer d'habitation du pauvre. Comment sera-t-il distribué? Si l'on voulait suivre à la lettre la loi de frimaire, il faudrait dire que le seul mode légal consiste dans la délivrance à la personne secourue, par l'ordonnateur des dépenses, d'un mandat payable à la caisse du receveur d'après les règles de la comptabilité. On peut d'ailleurs donner à ce mandat la forme d'un simple bon, que le receveur produira à l'appui de son compte de gestion. Mais, de distribution d'argent, faite directement par les administrateurs, il ne saurait être question, en présence de l'article 5, qui porte: « Les membres du bureau de bienfaisance ne toucheront personnellement aucun fonds; ils nommeront un receveur, qui fera toutes les perceptions. » (Art. 5.)

Toutefois, en pratique, on admet qu'une fraction des secours en argent, fixée d'avance par la commission, pourra être distribuée de la main à la main par les administrateurs, sans autre justification que celle d'un état de répartition, simplement affirmé.

Quant aux conditions à remplir pour être admis aux secours, c'est là une question qui rentre dans les dispositions fixées par les règlements de service intérieur, variables par conséquent suivant les établissements. L'article 17 de l'ordonnance du 31 octobre 1831 invite les préfets à prescrire la rédaction de ses règlements partout où ils le jugeront utile. En fait, cela a été exécuté, et depuis le décret du 13 avril 1861, le soin d'aprouver a été dévolu au sous-préfet. (Art. 6, n° 18.)

Une distinction qu'on retrouve partout consiste à diviser les personnes secourues en deux catégories : celles qui reçoivent des secours annuels, et constituent la clientèle fixe des bureaux de bienfaisance, comme les vieillards, les orphelins, les infirmes, incapables de pourvoir aux besoins de l'existence ; puis celles qui sont assistées temporairement, capables d'ordinaire de se tirer d'affaires elles-mêmes, tant que des circonstances exceptionnelles, un chômage, une maladie ne les jettent pas dans la misère. Rationnellement, on conçoit que l'admission aux secours de la première espèce soit entourée de plus de garanties, exige des conditions plus sévères, quant à l'aptitude, pour en bénéficier. Ce sont là des idées qui devront inspirer les rédacteurs de règlements.

Dans chaque bureau, on tient avec grand soin, un livre où sont inscrites toutes les personnes qui participent aux secours publics. Il y a là non seulement une formalité de bonne ordre administratif, mais une constatation officielle de l'état d'indigence, qu'il peut être utile de consulter, en maintes circonstances. Sur la confection de ces listes, il est à noter que le conseil municipal n'a aucune action, bien qu'on ait souvent réclamé pour lui le droit d'exercer un contrôle.

Le fonctionnement d'un bureau de bienfaisance peut se concevoir, sans qu'il possède un bâtiment affecté en propre au service charitable, et c'est ce qui a lieu dans l'immense majorité des communes de France. Le bâtiment de la mairie offre un local aux réunions de la commission ; le receveur réunit dans sa caisse les fonds destinés au service ; le pauvre, muni d'un bon, va quérir directement chez le fournisseur la prestation qui lui est accordée. Dans les grandes villes pourtant, les administrations charitables ont cru devoir mieux faire. Elles ont installé des locaux, où sont concentrés dans des magasins, les divers objets à distribuer. Les personnes chargées de ce service, qui est souvent confié à des religieuses, n'ont alors qu'une délivrance matérielle à faire, sur la présentation des bons remis par les administrateurs, les commissaires-adjoints et les dames de charité. Ces locaux sont utilisés pour les consultations gratuites, qui n'exigent pas le transport du médecin au lit du malade. Le service de l'assistance médicale se trouve facilité, et l'économie de temps que procure la combinaison, permet d'en étendre les bienfaits.

Quelquefois, dans les localités moins importantes, le bureau de bienfaisance établit un dispensaire, institution dont le but est de donner aux indigents, avec des consultations gratuites, les médicaments nécessaires. Quelques-uns possèdent un certain nombre de lits, où les malades sont reçus, en attendant leur admission à l'hôpital. Ils ne constituent en tous cas qu'une annexe du bureau, dont les dépenses sont rattachées aux siennes, ordonnancées sur les crédits de son budget, et payées par le receveur.

Lorsqu'il existe dans la commune un hospice qui désire convertir une partie de ses revenus en secours à domicile, conformément aux lois de 1851 et de 1873, le bureau de bienfaisance prête son concours à la commission hospitalière. Il lui fait connaître les malades, infirmes ou vieillards, les plus dignes de recevoir ce secours. Quant aux conditions dans lesquelles se réalisera ce « concours » des deux intitutions charitables, je crois qu'en s'inspirant de l'esprit de la loi, on peut le définir ainsi : à la commission hospitalière sera dévolu le choix des titulaires du secours qu'elle accorde sur ses revenus, et si en fait, elle l'abandonne à l'appréciation du bureau, en droit elle conserve une faculté de contrôle et d'opposition ; au bureau de bienfaisance, seul chargé de distribuer les secours à domicile, reviendra la remise matérielle des secours.

Indiquons, en terminant, une amélioration qui pourrait être introduite dans notre législation, et que les déposants à l'enquête de 1872 ont réclamée à l'unanimité. Il s'agit d'étendre aux bureaux de bienfaisance la faculté de recourir contre les parents de l'assisté, qui tient du Code civil une créance alimentaire à faire valoir. Pourquoi les bureaux de bienfaisance ne seraient ils pas assimilés aux hospices ? Une autre réforme qui serait le complément rationnel de la première mesure, consisterait à les admettre au bénéfice de l'assistance judiciaire. On faciliterait ainsi beaucoup l'exercice de ce recours.

CHAPITRE VI

Fournitures et travaux, actes de disposition et d'administration; budgets et comptes

Nous avons vu que les commissions des bureaux de bienfaisance ne peuvent prendre aucune délibération exécutoire par elles-mêmes, et sont toujours soumises à l'autorisation administrative. Le décret du 25 mars 1852 avait conféré au préfet le droit d'exercer la tutelle, d'une façon générale, dans les affaires du bureau de bienfaisance. Celui du 13 avril 1861, tout en respectant le principe, permet à cet agent de déléguer lui-même ses pouvoirs au sous-préfet. Sans doute l'énumération des cas, où le sous-préfet statuera est limitative, mais les articles 14 à 19 du décret qui la renferment, comprennent à eux seuls, la plupart des affaires courantes d'un bureau de bienfaisance, et les cas où le préfet doit forcément intervenir lui-même, deviennent, pour ainsi dire, l'exception.

Les marchés de fournitures, dont l'importance est si grande pour un établissement dont la mission est de transformer en objets d'alimentation, de vêture, etc., les sommes qui lui sont remises, méritent d'attirer l'attention. L'Administration exercera sur eux un double contrôle : 1° en réglant le budget, elle pourra contester le crédit ouvert, apprécier la dépense en elle-même, d'une façon abstraite; 2° lorsqu'il s'agira de passer les marchés, de réaliser les crédits alloués, elle pourra refuser son approbation à la délibération de la commission. C'est le sous-préfet qui exercera ce double contrôle. Conformément à l'ordonnance du 14 novembre 1837, tous les marchés devront être faits par adjudication, sauf les cas exceptionnels, où ce document autorise le marché de gré à gré. L'adjudication sera, sans conteste, approuvée par le sous-préfet, puisque c'est lui qui autorise « les acquisitions d'objets mobiliers des bureaux de bienfaisance ». (Art. 17 du décret du 13 avril 1861.) Mais s'il y a lieu de traiter de gré à gré, la délibération de la commission devra, ce me semble, être adressée au préfet, avec une demande d'autorisation, car l'ordonnance de 1837 exige formellement, dans ce cas, la garantie d'une intervention préfectorale.

Il n'est pas sans intérêt d'observer que le bureau de bienfaisance ne saurait réclamer l'extension, à son profit, de l'article 15 de la loi de 1851, qui permet aux commissions hospitalières, moyennant l'assentiment du conseil municipal et du préfet, de traiter de gré à gré, pour la fourniture des aliments et des objets de consommation.

Remarquons que, si le sous-préfet est compétent pour approuver les budgets des bureaux de bienfaisance, les allocations de crédits, soit au budget primitif, soit aux chapitres additionnels, soit hors budget, ça ne lui donne pas le droit d'autoriser la dépense, lorsqu'elle se lie à une mesure qui exige, par elle-même, une autorisation spéciale. Ainsi les travaux et les constructions doivent être autorisées par le préfet, conformément à l'ordonnance du 31 octobre 1821 et au décret du 25 mars 1852. S'il s'agit d'un crédit alloué en dépense pour l'achat d'un terrain, ou en recette pour une vente, le préfet reste seul compétent pour autoriser l'acquisition ou l'aliénation.

Les marchés de travaux et les réparations restent soumis à l'approbation ; un semblant d'indépendance est seulement accordé à la commission, quand la dépense n'excède pas 2.000 francs, en ce que celle-ci n'est pas obligée de demander « une autorisation préalable ». L'examen de l'Administration sur les articles du budget qui allouent le crédit, est considéré comme suffisant.

Lorsque la délibération a pour objet d'accroître ou de diminuer le patrimoine du bureau, le préfet reste seul compétent pour autoriser, après que l'avis du conseil municipal a été demandé. (Art. 70 loi du 5 avril 1884.) Y a-t-il lieu de procéder à l'expropriation d'un terrain : il est procédé comme pour les hospices,

Lorsque le bureau de bienfaisance qui possède un immeuble, le donne à bail ou à ferme, la délibération est soumise à l'approbation du sous-préfet, si la durée du contrat est inférieure à dix-huit ans, à celle du préfet, si elle excède ce chiffre. (Décret du 13 avril 1861, art. 15.)

Sur les budgets et comptes, je ne puis que renvoyer à ce que j'ai dit sur la législation hospitalière. Ce sont, en général, les mêmes principes, sauf qu'ici l'approbation appartiendra au sous-préfet, quelle que soit la quotité du revenu. Par conséquent ce sera à lui de statuer sur les ouvertures de crédits supplémentaires, les chapitres additionnels, les reports, les non-valeurs. Pour assurer l'observation de la loi, qui exige l'avis du conseil municipal sur les budgets et comptes, la décision du sous-préfet devra viser cette formalité. Le compte de l'exercice clos et le budget primitif de l'exercice suivant, devront être dressés par la commission du 1er au 15 avril de chaque année, afin d'être soumis au conseil municipal, dans sa session de mai, et obtenir de lui, s'il y a lieu, un concours financier.

Notons que l'article 119 de la loi du 5 avril 1884 sur les emprunts des hospices, est applicable identiquement aux bureaux de bienfaisance.

CHAPITRE VII

De la représentation légale des pauvres

On conçoit que la loi se soit préoccupée de donner aux pauvres d'une commune, considérés comme collectivité, un représentant officiel et attitré, afin de recueillir les libéralités entre vifs et testamentaires qui leur seraient adressées sans autre détermination, et, d'une façon générale, de prendre en main leurs intérêts, quand ils se trouveraient compromis. Le maire, chef de l'association communale, était désigné tout naturellement pour remplir cette mission. C'est en effet la solution qui a été consacrée par les textes. L'article 937 du Code civil posa le principe : « Les donations faites au profit des pauvres d'une commune seront acceptées *par les administrateurs* de cette commune. » L'article 3 de l'ordonnance du 2 avril 1817 fut plus précis : « L'acceptation des dons et legs sera faite *par les maires* des communes, lorsque les dons et legs seront faits pour le soulagement des pauves. »

De ces textes il résulte que les libéralités adressées aux pauvres d'une commune seront acceptées par le maire, à charge par lui de leur donner la destination voulue par le donateur ou le testateur.

Mais, cette doctrine était, jusqu'en 1873, appliquée aux seules communes où il n'existait pas de bureau de bienfaisance. Là où cette institution fonctionnait, c'est à elle qu'avait été dévolue la mission de représenter les pauvres.

Cette distinction, qui va directement à l'encontre des textes ci-dessus, était le résultat indirect d'une jurisprudence que j'exposerai plus loin, sur la capacité des fabriques et des consistoires. Comme on refusait à ces établissements ecclésiastiques la faculté de s'occuper d'œuvres de charité, de pourvoir au soulagement des pauvres, pour opérer une concentration du service charitable entre les mains du bureau de bienfaisance, on avait été conduit, par une exagération critiquable, inspirée, sans doute, par le désir de mieux affirmer le droit exclusif du bureau, à dénier au maire le droit de représenter les indigents dans toutes les communes où cette institution existait. Le lien mental entre ces deux question : 1° la fabrique et le consistoire sont-ils capables de recevoir des dons et legs charitable? 2° est-ce au bureau ou au maire qu'appartient la représentation des pauvres? — est si manifeste, que du jour où le Conseil d'Etat, par son très important avis du 6 mars 1873, reconnut à ces établissements la faculté de s'occuper d'œuvres d'assistance, il rendit au maire le droit exclusif de représenter les pauvres; enlevant au bureau de bienfaisance le monopole de la charité publique, il se sentit à l'aise à l'égard du maire. Il y a là un retour à l'interprétation exacte de l'article 937 du Code civil et de l'ordonnance de 1817. Il est impossible, en effet, de trouver dans ces textes, qui constituent le maire représentant légal des pauvres, le moindre prétexte à une distinction. On ne peut découvrir, non plus, dans la loi de frimaire an V, où se trouve fixé le champ d'activité des bureaux, aucun passage qui leur permette de tirer à eux cette attribution du maire. Je vois bien un article qui les investit du soin de percevoir le droit des pauvres sur les spectacles (art. 1), un autre qui leur confie le soin de répartir les secours à domicile et de diriger les travaux de secours (art. 4), un dernier qui les charge de recevoir les dons, qui leur seront offerts (art. 8). Mais il n'est pas un mot, dans cette loi organique, d'où l'on puisse induire pour le bureau de bienfaisance établi dans une commune, le droit de se prétendre représentant légal des pauvres, à l'exclusion du maire. Celui-ci, au contraire, peut invoquer des textes formels et clairs jusqu'à l'évidence.

La doctrine qui a été inaugurée en 1873 par le Conseil d'État, peut se résumer ainsi : 1° le bureau de bienfaisance ne peut accepter que les libéralités qui lui sont *offertes;* 2° ce n'est pas lui, mais le maire, qui, dans toutes les communes, est investi par la loi du soin de représenter les indigents. Une troisième solution était contenue dans l'avis ; déniant, avec raison au bureau, le monopole de la charité, celui-ci s'appuyait sur des textes spéciaux, pour reconnaître aux fabriques et consistoires la capacité de recevoir des libéralités pour les pauvres (1).

En quelles circonstances, au juste, le maire aura-t-il à user de ses prérogatives, en tant que représentant légal des pauvres? Pour résoudre cette question avec plus de clarté, je crois qu'on peut ramener à quatre, les situations diverses que la pratique est susceptible de présenter. Des libéralités charitables sont adressées :

1° Aux pauvres d'une commune, ou à une catégorie de personnes sans autre désignation ;

2° A un établissement non reconnu, installé dans la commune ;

3° A une personne morale reconnue, mais incapable

(1) Nous verrons plus loin que, sur ce point, l'avis de 1873 a été modifié par un avis postérieur ; mais les autres solutions qu'il posait demeurent appliquées par la jurisprudence administrative.

de recevoir des libéralités affectées à cette destination ;

4° Des particuliers, des comités, usant de la liberté de la charité, prennent l'initiative d'un appel à la bienfaisance publique et organisent des fêtes ou collectes. Quel sera le rôle du représentant des pauvres?

Reprenons ces quatre questions dans autant de paragraphes.

§ 1

Il arrive souvent qu'un testateur laisse tout ou partie de sa fortune *aux pauvres* d'une commune, sans spécifier davantage le mode de distribution. Le bureau de bienfaisance n'étant appelé à recueillir que les dons « qui lui sont offerts », n'aura jamais, depuis l'avis de 1873, à réclamer la délivrance de la libéralité. C'est au maire de se présenter, et de faire, dès le décès, tous les actes conservatoires. Après avoir accepté à titre provisoire, il demandera au préfet si la famille du défunt ne conteste pas, au chef de l'État dans le cas contraire, l'autorisation d'accepter définitivement. Dûment habilité, le maire recueillera la libéralité pour la distribuer conformément aux intentions du défunt.

Le maire est compétent pour représenter les pauvres, quels qu'ils fussent, à quelque communion religieuse qu'ils appartiennent. Cela a été jugé dans une affaire où il s'agissait d'un legs adressé aux pauvres protestants de Marseille. Le maire fut seul admis à accepter, à l'encontre du conseil presbytéral (1). Il en serait de même pour les dons attribués à une catégorie de pauvres quelconque, par exemple aux prisonniers d'une ville, aux

(1) *Journal de droit administratif* de 1877, p. 447.

enfants naturels, aux indigents remplissant telle ou telle condition.

Si le défunt a désigné une personne, pour répartir ses libéralités, par exemple le ministre d'un culte, cette clause n'empêchera en aucune façon le maire d'être seul compétent pour accepter et se mettre en possession des biens transmis. Seulement, dans ce cas, pour tenir compte de la volonté du *de cujus*, l'acte administratif autorisant l'acceptation, contiendra une clause destinée à assurer, sous le contrôle du maire, l'exécution du legs, conformément aux intentions exprimées.

Bien plus, le défunt ne saurait valablement exclure, par une disposition formelle, l'immixtion dans l'exécution de son testament de l'autorité que la loi a désignée pour veiller aux intérêts des pauvres. Une clause de ce genre serait tenue pour illicite et annulée, aux termes de l'article 900 du Code civil, comme contraire aux lois. La jurisprudence de la Cour de cassation a constamment affirmé cette doctrine, qui a été admise par elle, dans deux affaires importantes. Dans l'une, un sieur Hubert, ancien notaire à Paris, avait fait un legs de 200.000 francs, au profit d'ouvriers pauvres, dont le choix devait être fait par son légataire universel « *à l'exclusion du bureau de bienfaisance et d'une autorité administrative quelconque.* » Dans l'autre, une dame Bonnabaud avait légué 200.000 francs, pour constituer une rente annuelle de 200 francs à vingt-cinq vieillards de Clermont-Ferrand, qui devaient être désignés par les quatre juges de paix de la ville; le bureau de bienfaisance était également exclu de toute participation à l'exécution du legs. Dans les deux hypothèses, la clause fut déclarée non écrite par la Cour de cassation, et le représentant légal des pauvres, appelé à recueillir (1). (4 août 1856 ; — 14 juin 1875.)

§ 2

Le maire doit intervenir, lorsqu'une libéralité a été déférée à un établissement non reconnu en droit, mais jouissant d'une existence de fait, s'il ressort des termes de la disposition que l'intention réelle du *de cujus* était de gratifier les pauvres, plutôt que l'établissement lui-même nominativement désigné. Une application très intéressante du principe a été faite en 1866, par la Cour de cassation. Le curé Varin, de la paroisse de Vaucelles, à Caen, avait laissé en mourant un testament ainsi conçu : « Je veux que ce que je posséderai à ma mort soit donné aux pauvres; deux tiers aux Petites-Sœurs des pauvres de Caen, l'autre tiers aux pauvres de ma paroisse. » La congrégation était bien reconnue comme personne morale, mais son établissement dans la paroisse de Vaucelles n'avait pas reçu l'approbation exigée par l'article 4 de la loi du 24 mai 1825. Les héritiers attaquèrent le testament comme fait à un établissement n'ayant pas l'existence légale. Mais la Cour de Caen, puis la Cour de cassation, écartèrent leur réclamation, en se fondant sur ce que la libéralité, dans l'esprit du curé Varin, n'avait pas pour bénéficiaires les Petites-Sœurs elles-mêmes, mais les pauvres qu'elles soignaient. Or ceux-ci ont un représentant légal, permanent, qui doit

(1) Notons que si, dans les deux espèces, l'exclusion avait porté sur le bureau de bienfaisance, la solution serait tout aussi vraie, dans l'hypothèse où le *de cujus* écarterait l'intervention du maire.

en toute occasion, prendre leurs intérêts en main : le maire. Grâce à l'acceptation faite par lui, la libéralité échappait à la caducité.

Une autre application très pratique de cette doctrine peut se rencontrer, pour les libéralités adressées aux sœurs, qui sont préposées, par les bureaux de bienfaisance, à l'administration intérieure des maisons de charité, maisons de secours, comme cela a lieu à Paris et dans quelques villes de province. Un testateur léguera une somme aux sœurs, en prenant en considération leur mission charitable. Le plus souvent la libéralité aura, dans sa pensée, pour bénéficiaires les pauvres qu'elles secourent. Ce sera à l'autorité supérieure d'examiner, en chaque espèce, les vraies intentions du défunt, et, quand la libéralité sera à l'adresse des pauvres, de faire accepter par le maire, en assurant aux volontés du défunt la plus complète exécution, compatible avec l'organisation des services charitables.

§ 3

Il pourra y avoir lieu à intervention du maire, comme représentant légal des pauvres, dans une troisième hypothèse, celle où une libéralité charitable aura été faite à un établissement public ou d'utilité publique, légalement existant, mais qui ne compte par l'assistance du pauvre dans ses attributions légales.

C'est une théorie aujourd'hui entrée dans la pratique, et qui reçoit chaque jour de nouvelles applications, qu'un établissement créé par la loi, dans le but de remplir une mission donnée, un service public, ne saurait jouir des droits civils, ni les exercer par l'intermédiaire de ses représentants, dans toute leur étendue. « Les hommes seuls sont des personnes, dit M. Laurent, si la loi reconnaît certaines facultés aux personnes appelées civiles, c'est parce qu'elle les assimile, par fiction, aux personnes réelles. L'assimilation est fondée sur ce que les corps et les établissements publics ont aussi une certaine mission à accomplir, et, pour qu'ils puissent le faire, ils ont besoin de certaines facultés que la loi leur accorde. Mais l'assimilation n'est toujours qu'une fiction, et toute fiction légale est, par son essence, limité à l'objet pour lequel elle est établie (1). »

Ainsi, au lieu d'avoir une capacité générale, leur permettant d'exercer leur activité sans aucune restriction, les établissements publics sont enfermés dans le cercle étroit d'une capacité relative, qui les limite à l'exécution du seul service que la loi leur confie. On l'a dit avec raison, s'écarter de cette idée, ce serait autoriser un établissement non reconnu à fonctionner, à l'insu du législateur, sous le couvert d'un établissement autorisé.

Ces idées trouvent une application immédiate, lorsqu'une libéralité est adressée à un établissement public, pour le soulagement des pauvres, alors que sa mission est de pourvoir à un service différent. Que deviendra le legs? sera-t-il caduc, comme fait à une personne incapable? ou celle-ci pourra-t-elle le recueillir quand même cela excède les limites de sa capacité? La jurisprudence a parcouru plusieurs étapes. Dans une première opinion, elle admettait à l'acceptation le maire ou le bureau de bienfaisance, à l'exclusion de l'établissement désigné. Cette solution impliquant une violation trop flagrante de la volonté du testateur, on se rallia ensuite au système

(1) *Principes de droit civil*, t. I, n° 300.

de l'acceptation conjointe, espèce de transaction, qui faisait accepter la libéralité par la personne morale gratifiée, et confiait au maire le soin d'exécuter le testament ou de surveiller l'emploi des sommes transmises. Ce système péchait par la logique; si l'établissement désigné était capable, il ne servirait à rien de lui adjoindre le maire ou le bureau, et s'il était incapable on ne voyait guère comment cette adjonction pouvait lui déférer la capacité, dont il était dépourvu. La solution la plus sage, bien qu'en pratique elle pût être préjudiciable aux intérêts des pauvres, était d'appliquer, dans toute sa rigueur, la théorie de la capacité restreinte des établissements publics que j'ai exposée avec le savant professeur belge, et de déclarer caduque toute libéralité pour les pauvres faite à un établissement qui ne compte pas le soulagement des indigents parmi ses attributions légales. Telle a été la dernière étape de la jurisprudence.

Pour atténuer la rigueur du système, il faudra, dans chaque espèce, chercher avec soin la pensée du *de cujus* au fond de ses dispositions testamentaires. S'il en ressort que l'établissement gratifié était bien l'unique destinataire de ses bienfaits, il faudra s'incliner devant les nécessités juridiques, et déclarer caduque la disposition. Si les pauvres ont été les véritables sujets de ses intentions bienveillantes, l'établissement désigné ne jouant qu'un rôle accessoire, ne constituant qu'un intermédiaire, sans doute, on maintiendra l'observation exacte des principes, en écartant une personne civile incapable, mais on admettra le maire, *seul* représentant des pauvres, a accepter en leur nom une libéralité, qui en dernière analyse, leur était destinée.

Cette doctrine a été étendue par la jurisprudence même aux établissements d'utilité publique. Dans un avis du

2 décembre 1881, le Conseil d'État s'en est inspiré directement. Un sieur X. avait institué la chambre des notaires de Paris sa légataire universelle, en stipulant que la totalité de sa fortune serait distribuée par le président, en secours aux indigents. L'Assistance publique fit valoir l'incapacité de cet établissement à s'occuper d'œuvres charitables, et, comme la volonté du disposant de gratifier les indigents ressortait nettement de l'instruction, elle obtint délivrance à son profit.

Une autre notion pourra intervenir dans les difficultés de cette espèce. Le testateur a bien l'intention de gratifier les pauvres, en faisant un legs à un établissement public ou d'utilité publique, au mense curiale, à une caisse d'épargne, à une société de secours mutuels, qu'il charge seuls de l'exécution. Mais, prévoyant que le représentant des pauvres tentera d'intervenir, il l'écarte par une clause formelle et prohibitive. Faudra-t-il respecter cette volonté du testateur ? Nullement. L'article 900 du Code civil déclare non écrites dans les disposions testamentaires et entre vifs, toute clause contraire aux lois. Or ici il y a, dans cette prétention du défunt d'enlever l'exécution du legs à celui auquel le législateur a commis la garde du patrimoine des pauvres, une atteinte directe à un principe d'ordre public.

Bien plus, si le *de cujus* ne se contentait pas d'écarter le maire purement et simplement, mais s'il déclarait nulle sa libéralité, au cas où le gouvernement autoriserait l'acceptation par le maire, je crois qu'il faudrait, par application de l'article 900 du Code civil, ne tenir aucun compte de ces stipulations. Contraires aux lois, elles doivent être tenues pour non écrites, et laisser place à l'intervention du maire, constitué par la loi unique représentant des pauvres.

Il est à noter que, dans toutes ces hypothèses, où une libéralité pour les pauvres ayant été adressée à un établissement incapable, le maire est autorisé à accepter, le gouvernement s'efforce de donner satisfaction aux vœux du testateur, en assurant sous le contrôle de ce magistrat la distribution de la fondation, par les représentants de l'établissement désigné. On n'a pas admis chez nous que l'intervention d'un tiers dans la distribution des secours, constituât un empiètement sur les attributions du maire, assez caractérisé pour motiver une application de l'article 900 du Code civil (1).

Si l'intervention du représentant légal des pauvres, lorsqu'un legs charitable a été fait, pour eux, à un établissement incapable de recevoir, est pleinement justifié, on peut se demander s'il en sera de même quand la libéralité aura été adressée à une fabrique catholique ou à un consistoire protestant. Sous une autre forme, ces établissements comptent-ils, parmi leurs attributions légales, à côté du service du culte, la mission de soulager les pauvres? La question n'est pas neuve; elle est contemporaine du rétablissement en France du culte public, et a donné lieu, dès ce moment, à des conflits entre l'administration de l'intérieur et celle des cultes.

Supprimées par la Révolution, les fabriques furent

(1) En Belgique, la jurisprudence se montre plus sévère. Ainsi, dans une affaire, le testateur avait exigé que la distribution de son legs se fît sous la surveillance d'une personne désignée par une communauté protestante d'Anvers. Le gouvernement raya la condition sur ce motif « que le bureau de bienfaisance étant, à l'exclusion de toute autre personne, appelé à régir les dotations affectées aux secours à domicile, la loi ne permet pas d'admettre, à titre obligatoire, l'intervention de tiers, dans les distributions à faire aux indigents. »

rétablies par le Concordat, avec la charge « de veiller à l'entretien et à la conservation des temples, à *l'administration des aumônes.* » (Loi du 18 germinal an X, article 76). Il semble que, de ce texte, découle la faculté, pour ces établissements religieux, de s'occuper d'œuvres charitables. Cependant tout le monde n'a pas admis cette solution; on a épilogué sur le sens à donner au mot *aumône ;* on s'est livré à des recherches étymologiques. Pour les uns, le mot doit être pris dans son sens vulgaire, et désigne ce qu'on donne aux pauvres par charité ; d'où résulte, dit-on, l'aptitude des fabriques à recueillir les libéralités faites aux indigents. Pour les autres, il faut prendre l'expression dans un sens étroit, spécial à la matière, et y voir « les fondations faites en faveur de certaines églises, pour l'entretien du culte» (1); avec cette acception on est à l'aise pour dénier aux fabriques la capacité de comprendre le service charitable dans leurs attributions.

En faveur de la capacité des fabriques, on peut alléguer d'excellentes raisons, empruntées à la fois à la tradition historique et à de nombreux textes de nos lois. Dans l'ancien droit, les fabriques ont toujours été en possession du droit de recevoir des aumônes pour les pauvres et de les administrer. On ne saurait nier que la charité ait grandi sous l'égide de la religion, que de tout temps elle ait été protégée par elle, recommandée aux fidèles, et exercée le plus souvent dans une pensée pieuse. Le souvenir du passé devait être présent à l'esprit du législateur de l'an X, et, lorsqu'il parlait « de l'administration des aumônes » confiée aux fabriques, il est tout naturel d'inférer qu'il avait en vue les fondations chari-

(1) Merlin, *Rép.*, V° AUMONE, § 1.

tables. C'est là le sens courant que notre langue attribue à l'expression, et c'est, semble-t-il, forcer celle-ci, que lui donner le sens restreint et spécial d'une fondation au profit du culte (1).

Cette idée de réunir deux choses qui vont si bien ensemble, la charité et la religion, ne s'est pas rencontrée seulement chez le législateur de l'an X. L'auteur du décret du 25 mai 1844, sur l'organisation du culte israélite, a permis aux consistoires de fonder des établissements hospitaliers et de charité; ici les textes sont formels, et aucune contestation ne peut être soulevée sur la double capacité de ces personnes morales. (Art. 10. 19. 22.) Tout récemment encore, lorsque le législateur du 1er août 1879 a modifié l'organisation du culte de la religion d'Augsbourg, il a, dans l'article 19, permis au synode particulier « de délibérer *sur les œuvres de charité établies par lui*, ou placées sous son patronage. » Le même texte lui accordant le droit de « statuer sur l'acceptation des donations ou legs qui lui seront faits », il n'est pas douteux que cette circonscription ecclésiastique forme une personne morale, capable de recevoir des libéralités pour les pauvres.

En présence de la pratique ancienne, consistant à réunir dans les mêmes mains les œuvres du culte et celles de la charité, pratique que le temps n'a pas effacée, puisque deux textes émanés, l'un du pouvoir exécutif, l'autre issu des délibérations du Parlement, ont accordé à des établissements dissidents, juif ou protestant, le droit de joindre à l'entretien du culte le soulagements des pauvres, il me semble qu'on est mal venu à discuter sur la portée

(1) Le *Dictionnaire de Trévoux*, composé au XVIIIe siècle, définit le mot *aumône* d'une façon qui autorise les deux opinions. « C'est, dit-il, la libéralité qu'on fait, soit aux pauvres, soit à l'église, soit pour quelques œuvres pies. »

du mot *aumône,* et à le revêtir d'un sens, qui, quoi qu'on en dise, est forcé et exceptionel.

Telle n'a cependant pas été la pratique suivie. Dès le début, le Conseil d'État impérial se prononça contre la capacité des fabriques. La Restauration et le gouvernement de Juillet, du moins jusqu'en 1841, maintinrent la doctrine dans toute sa rigueur. Je la trouve très nettement formulée dans un avis du 15 janvier 1837 : « Toute libéralité faite aux pauvres, disait le Conseil, doit, aux termes de l'ordonnance du 2 avril 1817, être acceptée par le bureau de bienfaisance, ou, à défaut, par le maire, qui sont leurs seuls représentants légaux. Il ne peut appartenir aux donateurs de modifier, à leur gré, cette règle d'administration, et de conférer soit aux consistoires, soit aux curés, soit aux fabriques, *dont les attributions se bornent à ce qui intéresse le culte,* le droit de représenter les pauvres et d'exercer l'action qui leur appartient. » Cette thèse n'était pas, en fait, hostile aux fabriques ; toutes les fois que, dans un legs charitable, la fabrique était chargée de faire la distribution, l'ordonnance d'autorisation prenait soin de dire que le représentant des pauvres accepterait, mais que l'exécution matérielle serait confiée à la fabrique, conformément aux vœux du testateur.

En 1841, un avis célèbre s'écarta de ces idées, en appliquant à la matière la théorie de l'acceptation conjointe. Désormais, on faisait accepter par la fabrique, conjointement avec le maire ou le bureau, la libéralité charitable ; le représentant légal des pauvres conservait, comme par devant, sa mission de surveillance sur l'emploi de la libéralité. Quand des rentes étaient léguées, on les faisait immatriculer au nom de la fabrique et du bureau ou du maire. Ce système transactionnel, loin de terminer le conflit, ne fit que l'augmenter en mécontentant tout le monde :

les curés, parce qu'il leur imposait un contrôle incommode, les suspectant sans cesse; les maires, parce qu'il leur donnait une charge, la surveillance, sans compensation.

L'avis du 8 mars 1873 ne fut que le développement du principe posé en 1841. A cette première date, on n'avait pas osé conférer à la fabrique le droit d'accepter seule; on avait laissé intervenir le représentant des pauvres, afin qu'il trouvât dans cette acceptation conjointe le prétexte, ou mieux la justification du contrôle qu'il pourrait exercer. En 1873, on fit disparaître cette gêne importune, en reconnaissant franchement aux fabriques le droit d'accepter des legs charitables (1). Ce mouvement jurisprudentiel aboutissait à attribuer à ces établissements une capacité multiple, il introduisait dans notre droit public cette grave innovation d'une personne morale, investie d'une double fonction.

Cette doctrine n'alla pas sans soulever de très vives récriminations. Si elle prétendait reprendre la tradition de l'ancien droit, si elle se félicitait d'activer la charité par les incitations de la religion, il faut avouer qu'elle rompait nettement avec la jurisprudence administrative qui s'était formée, au lendemain des lois organiques, et avait traversé tous les régimes politiques depuis le commencement du siècle, sauf l'atteinte de 1841. Elle était contraire à cette notion de bon ordre administratif, qui commande de renfermer chaque établissement public dans l'exercice strict du service qui lui est confié. Et puis, ne pouvait-on pas reprocher à la nouvelle jurisprudence de prendre le mot *aumône* de la loi de germinal

(1) Il est intéressant de rappeler que vers la même époque le Conseil d'État reconnaissait aux fabriques le droit de fonder des écoles, et de recevoir des libéralités avec cette affectation.

dans un sens trop large ? Sans doute, disait-on, les fabriques sont aptes à recevoir des aumônes, mais on entend par ces expressions les menues libéralités, faites de la main à la main, non des legs ou donations en due forme au profit des pauvres.

Ces griefs ont paru fondés au Conseil d'Etat de 1881, et un avis récent, du 13 juillet de cette année, est venu refuser aux fabriques cette capacité secondaire, que leur avait attribuée l'avis de 1873. Dans les considérants, je trouve naturellement exposé ce motif « que les établissements publiés ne sont aptes à recevoir et à posséder que dans l'intérêt du service qui leur est spécialement confié par les lois, et dans les limites des attributions qui en dérivent (1) » . Le décret du 30 décembre 1809 sur les fabriques, a fourni un argument contre elles. Enumérant les différents biens dont il confie l'administration aux conseils de fabrique, il cite celle des *aumônes*, et semble fixer le sens de ce mot dans son article 1er, par cette finale : « et généralement tous les fonds destinés à l'exercice du culte. »

Telle a été la dernière étape de la jurisprudence, qui après avoir parcouru un cercle, est revenue simplement au point de départ. Je ne dirai pas qu'elle a repris la vraie doctrine légale ; il est plus exact de la qualifier en disant qu'elle s'est ralliée à la pratique, formée de bonne heure au sein de l'Administration, dans le but d'exclure les administrations fabriciales des œuvres d'assistance. La conséquence de la jurisprudence actuelle (et c'est pour nous le point important à noter) c'est que le maire, seul repré-

(1) L'avis du Conseil d'État, 13 juillet 1881 est très habilement justifié par M. Léon Béquet, aujourd'hui conseiller d'État, dans un article publié par la *Revue générale d'administration*, 1881, t. III.

sentant des pauvres, acceptera désormais les libéralités à eux faites par l'intermédiaire des fabriques ou des consistoires, légalement incapables.

§ 4

Sa qualité de représentant des pauvres, donne au maire la faculté d'exerçer une surveillance attentive sur les fonds que des particuliers ont recueillis, par un appel à la charité publique, afin d'empêcher qu'ils ne soient détournés de leur affectation.

Aucun texte, il est vrai, ne confère au maire cette prérogative, d'une façon expresse; mais elle est contenue implicitement dans la mission qui lui est dévolue par la loi, et la jurisprudence du conseil d'État l'a admise. (Avis du Cons. d'État du 24 mars 1880.)

On a même tenté d'élargir bien au delà les droits de l'autorité municipale, et on a fait pour cela un raisonnement ingénieux.

Il arrive souvent, surtout dans les moments de crise industrielle, d'hiver rigoureux, de calamité publique, que des groupes privés, des comités, s'organisent spontanément, sans attache officielle, mus uniquement par le désir de soulager la misère. Par des appels réitérés au public, ils réunissent parfois des sommes considérables. Sans prétendre atteindre la charité privée, celle qui s'exerce, si je puis ainsi dire, d'une façon concrète et individuelle, dans l'esprit du bienfaiteur, on a soutenu que l'autorité municipale peut revendiquer les sommes recueillies de la sorte, dans des situations où le donateur ne peut se faire aucune idée de la personne qu'il secourt. Les pauvres d'une commune, a-t-on dit, pris dans leur ensemble, forment une collectivité, à laquelle on a donné un représentant-né, le maire. Or le quêteur, membre d'un comité, qui se présente chez moi pour solliciter une aumône, de qui tient-il son mandat? Certes, ce n'est pas du maire, qui ne lui a délégué aucune mission; ce n'est pas des pauvres, qu'il ne connaît pas et dont il ne peut se constituer lui-même le représentant. Dès lors, on voit bien un donateur ayant l'*animus donandi*, une somme d'argent ou un autre don, remis au quêteur, simple détenteur de fait; mais cela ne suffit pas; les principes du droit exigent quelque chose de plus. Si le don manuel est exempt des formalités irritantes des donations entre vifs, il ne peut exister que moyennant une acceptation du donataire, et, sans cet accord, il n'est pas de donation possible. Le donateur, lors même qu'il s'est dessaisi, peut revenir sur un acte généreux. Partant de ces prémisses, on aboutit fort logiquement à exiger l'intervention du maire, représentant des pauvres, afin de former celui des deux termes qui manquent, pour parfaire le contrat. La conséquence pratique, c'est de lui reconnaître le droit de revendiquer le produit de la quête ou collecte. Et si j'objecte que la libéralité du donateur était implicitement subordonnée à cette conditon, qu'elle serait distribuée par le comité, on me répond que, aux termes de l'article 900 du Code civil, cette condition doit être tenue pour non écrite, comme tendant à retirer au maire une attribution légale.

Cette argumentation séduisante est d'une correction parfaite, au point de vue des principes du droit. Comme résultat pourtant, il faut reconnaître qu'elle est bien regrettable, car, de son adoption, résulte un espèce de monopole de fait, au profit du maire, bien propre à stériliser toutes les initiatives. Aussi, en l'absence de texte, je crois qu'on est à l'aise, et qu'on peut trouver une autre explication juridique de la situation, capable de calmer les scrupules des jurisconsultes pointilleux, et de sauvegarder le salutaire principe de la liberté dans la charité.

Ne peut-on pas dire que, si le quêteur qui se présente chez moi, n'est muni d'aucun mandat pour recevoir, il vient en solliciter un, de ma part, pour donner? En me demandant une aumône, il se propose, pour ainsi dire, comme ministre de mes libéralités. Si j'adhère, je l'investis du mandat de réaliser, en mon nom, une donation qui n'était jusqu'ici qu'une pure abstraction de mon esprit, faute de donataire individuellement fixé; je le charge d'avoir l'*intuitus personæ*. C'est au moment où le pauvre reçoit l'aumône de ses mains, que l'accord de volonté, nécessaire à toute donation, se trouve réalisé. De cette façon, l'opération se justifie en droit, sans qu'il faille accorder au maire le droit d'intervenir pour accepter et revendiquer les sommes recueillies par un comité. Il ne lui reste qu'un droit de surveillance général sur l'emploi des deniers. C'est à cela que le Conseil d'État, développant un principe posé par lui en 1873, a limité le pouvoir du maire, dans son avis du 24 mars 1880.

Le maire trouvera cependant, dans ses pouvoirs généraux de police, le droit de soumettre les quêtes et collectes faites sur la voie publique à une autorisation préalable. Celles-ci sont de nature à entraver la circulation, à produire des désordres et des attroupements; le maire pourrait, dans un but de police, faire échec à ce principe de liberté, reconnu en France, à l'exercice de la charité. Mais je crois qu'il commettrait un excès de pouvoir s'il se laissait guider dans sa décision par des préoccupations d'un autre ordre, et que son arrêté pourrait être annulé par le Conseil d'État, si de l'instruction résultait la preuve que ce magistrat a cédé à un autre mobile, que celui d'assurer la commodité du passage sur la voie publique.

Quant aux quêtes, faites à domicile, par des particuliers, elles échappent absolument à tout contrôle de l'autorité municipale. Elles constituent des actes qui ne portent, par eux-mêmes, aucune atteinte à l'ordre public, du moment qu'elles sont exemptes de manœuvres frauduleuses, et sont dès lors couvertes par le principe supérieur de la liberté individuelle (1).

Pour terminer ce chapitre, voyons ce qui arrive lorsqu'une libéralité est adressée aux pauvres d'une circonscription embrassant plusieurs communes. Dans ce cas, il serait difficile de faire intervenir plusieurs maires, qui peuvent être d'un avis différent. L'acceptation est dévolue au préfet, et si le bénéfice du legs s'étend aux pauvres de plusieurs départements, elle appartient au ministre de l'intérieur. C'est ce qu'a décidé un avis du Conseil d'État, rendu le 15 janvier 1837, au rapport de M. Vuillefroy, dans une affaire où la libéralité était adressée aux pauvres d'une circonscription ecclésiastique, embrassant plusieurs communes. Le conseil général ne saurait élever la prétention d'intervenir, car il est seulement le repré sentant d'une personne morale, le département, non celui de cette collectivité, les pauvres désignés (2).

(1) En ce sens : Cassation, 13 août 1858.

(2) Accepté d'après ces principes le legs Lannes, fait aux pauvres du canton de Montech pour les arrérages être affectés au mariage le plus pauvre, célébré chaque année dans le canton.

CHAPITRE VIII

Effets juridiques, quant aux biens des pauvres, des modifications au territoire communal

Le bien des pauvres peut se présenter sous un aspect juridique fort différent, suivant qu'il existe ou non un bureau de bienfaisance. Dans le premier cas, la propriété en est dévolue à une personne civile, distincte de la commune, l'établissement charitable. Dans le second, il fait partie intégrante du patrimoine communal, et la seule particularité qui le distingue, c'est qu'il est affecté au soulagement des indigents.

Il est curieux de suivre le sort de ces biens, lorsqu'une modification est apportée au territoire communal, en distinguant soigneusement les deux situations prévues. Pour préciser, je supposerai qu'une fraction de commune, section ou non, est distraite de la commune-mère, pour être érigée en commune distincte, ou pour être unie à la commune voisine. Je montrerai la quotité des biens qu'elle emporte et ce que deviennent ces biens dans la nouvelle circonscription.

I. *Il n'y a pas de bureau de bienfaisance.* — Nos lois municipales ont toujours gardé un silence complet sur la question, jusques et y compris la loi du 5 avril 1884. La jurisprudence a du suppléer aux lacunes de la loi, et dans l'incertitude elle n'a rien trouvé de mieux que d'étendre à notre hypothèse les règles posées pour les biens communaux ordinaires. De cette assimilation, il résulte : 1° Que si la commune possède un immeuble affecté au service charitable (ce qui est rare) la propriété en restera à la commune sur le territoire de laquelle il se trouvera après l'opération ; 2° que les autres biens, qui forment la dotation des pauvres, se partageront, dans une proportion qui reste à fixer (1).

Sur la question des bases du partage à effectuer, la circulaire du 15 mai 1884, disait « qu'*en principe* les biens des pauvres doivent être partagés au prorata de la population des circonscriptions intéressées, conformément à la règle posée par la loi du 10 juin 1793. » Remarquons la réserve du ministre ; il indique une base à suivre *en principe*, mais dans son esprit, il n'y a là aucune obligation. Cette base, en effet, introduite par la jurisprudence, est très fragile. La loi de 1793 est celle qui prescrivit le partage des biens communaux entre les

(1) Le ministre de l'intérieur exposait ainsi la question, dans sa circulaire du 15 mai 1884 : « Quoique les biens des indigents, administrés soit par un bureau de bienfaisance, soit, à défaut d'établissement spécial, par la municipalité, ne constituent pas, à proprement parler, des biens communaux, et que, par suite, l'article 7 de la loi ne leur soit pas applicable, il y a lieu de maintenir la jurisprudence antérieure, d'après laquelle on étendrait par analogie, et à défaut de dispositions spéciales, aux biens des pauvres, les règles posées par la loi de 1837, pour les partages résultant des modifications apportées dans la circonscription des communes. Il conviendra donc de faire instruire, en même temps que les projets de modification, les conditions concernant le patrimoine charitable. Les commissions administratives des bureaux de bienfaisance, quand il en existera, seront appelées à délibérer, et, dans ce cas, les conseils municipaux n'auront qu'un avis à émettre. Dans l'hypothèse contraire, il appartiendra aux conseils municipaux, et aux commissions syndicales, de délibérer sur cette question comme sur les autres. »

habitants, et qui étendit ce mode de calcul aux partages de biens indivis, entre les communes et sections de commune. Le partage par tête des biens communaux ayant été suspendu, puis prohibé, on pouvait se demander si cette base devait être maintenue dans les rapports des communes et sections. Deux avis du Conseil d'État, approuvés par l'empereur, et insérés au *Bulletin des lois*, l'un du 4 juillet 1807, relatif aux biens communaux en général, l'autre du 12 avril 1808, applicable aux bois, avaient tranché la question, en rejetant le partage par tête d'habitants, pour y substituer le partage par feux, mode suivi depuis par le Code forestier, en matière d'affouages. Les biens des pauvres étant des biens communaux, la logique eût exigé qu'on leur appliquât ce ce dernier mode de computation, non point celui de la loi de 1793. L'autorité qui procède au remaniement territorial, étant d'ailleurs libre d'en régler les conditions, il ne saurait être question de lui imposer telle base plutôt que telle autre.

Toutes les questions qui se rattachent aux modifications du territoire communal, qui en sont la conséquence directe ou indirecte, devant être tranchées dans l'acte même qui opère le changement, on n'aura plus à craindre que le sort du patrimoine des pauvres reste indéterminé pendant longtemps, comme cela avait lieu jadis.

Mais si de cette observation il résulte qu'aujourd'hui il ne peut plus y avoir lieu à l'exercice d'une action en partage, des questions de propriété pourront néanmoins être soulevées, en dehors des actes administratifs intervenus. A ces questions, ni la loi, ni le décret, ni la délibération du conseil général ne peuvent toucher. Les droits de propriété, conférés aux pauvres d'une commune sur les biens légués sont placés sous la sauvegarde de l'autorité judiciaire, et si un acte de l'administration les avait méconnus, le juge civil pourrait, sans aller à l'encontre du principe de la séparation des pouvoirs, constater le lien juridique établi entre une catégorie donnée d'indigents et un ensemble de biens déterminé. Saisi par les parties, il statuerait à côté de l'Administration, sans lui imposer sa sentence autrement que par sa force morale, puisque, en droit, l autorité chargée de régler le partage opère en toute liberté. Les tribunaux seraient compétents pour juger des questions comme celle-ci : Est-ce telle catégorie de pauvres qui est bénéficiaire d'un legs? Quelle est l'étendue de son droit? (Cass., 7 janv. 1863.) (1)

(1) Dans l'espèce, il s'agissait d'une demande en partage, formée contre la commune-mère par une section séparée, alors que la décision administrative avait négligé de procéder au règlement du patrimoine des pauvres. La demande fut rejetée avec raison par la Cour de Poitiers et par la Cour de cassation ; son adoption aurait eu pour résultat de substituer l'autorité judiciaire à l'Administration, et de violer le principe de la séparation des pouvoirs. « Nous comprenons bien, dit fort judicieusement M. Léon Aucoc, en annotant l'arrêt de la Cour suprême, que, dans le silence de la législation relative aux bureaux de bienfaisance, la Cour de cassation n'ait pas cru pouvoir casser, pour violation de la loi, un arrêt qui rejetait une demande en partage des biens d'un bureau de bienfaisance, formée en conséquence d'une modification de territoire. Il nous paraît que les articles 5 et 6 de la loi de 1837 n'ont pas prévu ce cas, et ne concernent que les biens des communes. Mais la Cour n'en a pas moins reconnu qu'il y avait une question de droit de propriété engagée dans les affaires de cette nature. Aussi nous pensons que si, au lieu de demander à l'autorité judiciaire le partage des biens du bureau de bienfaisance de Callian, la commune de Tanneron, fût venue lui demander de décider que malgré la séparation, les pauvres de cette portion détachée avaient droit à recevoir les secours du bureau de bienfaisance, en exécution des libéralités faites à ce bureau, alors que la commune de Callian n'avait pas été divisée,

Quant aux biens charitables que la fraction séparée emporte dans la nouvelle commune, elle en conserve la propriété exclusive, et si l'union vient à prendre fin, il y aura lieu, au moment de la séparation, de lui restituer ses apports. Mais aussi longtemps que l'union persiste, les revenus profitent à tous les indigents, indistinctement, de la nouvelle circonscription. J'admets la même solution que pour les biens communaux ordinaires.

II. *Il existe un bureau de bienfaisance.* — Ici, on concevrait, à la rigueur, que les modifications au territoire communal, ne touchassent pas le bureau. Sa personnalité juridique étant distincte de celle de la commune, il pourrait continuer, comme par le passé, à exercer son action sur la même surface, sans avoir égard aux changements de circonscription. Telle n'a pourtant pas été la pratique adoptée. On a pris l'habitude de procéder au partage des biens du bureau, comme on l'aurait fait s'il s'était agi de biens appartenant en propre à la commune. Quant à la base de répartition, on était en présence d'un silence complet des textes. Les biens de l'établissement n'étant pas des biens communaux, on avait encore moins de raisons que dans l'hypothèse précédente, d'étendre la base de partage de la loi de 1793. Aussi l'Administration pourrait-elle, sans aucune espèce d'hésitation, adopter le partage par tête, le partage par feux, ou même le partage *pro modo jugerum* de l'ancien droit. Ce sera à elle de s'inspirer des circonstances.

Par application de l'article 5 de la loi du 5 avril 1884,

l'autorité judiciaire aurait dû consacrer cette prétention, parce qu'elle a le pouvoir et le devoir d'interpréter et de faire respecter les volontés des donateurs et testateurs. » (*École des communes*, 1863, p. 119.)

il faut dire que si le bureau de la commune démembrée avait affecté un immeuble au service charitable, la propriété en resterait, sauf indemnité, à la commune sur le territoire de laquelle il se trouverait, la modification opérée. Pour tous les autres biens, comme un bureau de bienfaisance peut être propriétaire dans une autre commune que la sienne, il ne sera pas nécessaire d'établir entre les nouvelles circonscriptions et la part du bureau, dans le partage, une concordance matérielle, qui n'est nullement nécessaire.

Notons enfin avec le ministre que lorsque la section distraite a été érigée en commune, et que le chiffre de sa population, ainsi que l'importance de la part qui reviendra à ses pauvres, dans la dotation charitable le permettra, un nouveau bureau de bienfaisance devra être créé. (Circul. min. du 15 mai 1884.)

TITRE V

Contribution communale au service des enfants assistés

CHAPITRE I

Considérations générales

Parmi les multiples misères que présente l'état social il en est une dont le soulagement s'impose avec une impérieuse nécessité. Contre l'organisation d'un système légal destiné à y porter remède, personne ne songe à protester, et le législateur a fait un devoir à la société d'y pourvoir. Je veux parler des enfants que des parents coupables ont laissés sans secours, ou qu'une mort prématurée de leurs protecteurs naturels, a mis à la charge de la charité publique.

Parmi ces enfants, qui deviennent les pupilles de l'Administration, les uns sont issus de rapports illicites, nés hors mariage ; les autres possèdent une filiation légitime, mais l'extrême pénurie de leurs parents les expose à de graves dangers. L'abandon, voilà le résultat commun produit par des causes différentes.

Que l'intervention de la société s'exerce en leur faveur, c'est ce qu'on ne saurait blâmer, quand on songe aux risques de toute espèce que courent les uns et les autres. L'enfant naturel se trouve placé dans des conditions extrêmement défavorables. Avant sa naissance sa vie est en danger, et la statistique nous apprend que le chiffre des morts-nés est de 7,82 0/0 parmi les enfants illégitimes, au lieu de 4,46 0/0, chiffre des naissances légitimes. Quand il est né, le défaut de soins qui l'attend, produit ce résultat, que sur 1.000 enfants âgés de moins d'un an, il en meurt 301 naturels, pour 155 légitimes (1). C'est un devoir pour le législateur d'entraver ces effrayantes moissons de la mort. Bien plus, ce devoir passe à la hauteur d'une véritable obligation, lorsqu'il refuse à la fille-mère, trompée par un séducteur, ou abusée par son inexpérience, le moyen de rejeter sur qui devrait les supporter, les charges de l'éducation de son enfant. Quand la loi se rend complice d'un pareil déni de justice, au moins doit-elle fournir à cette malheureuse l'assistance qu'elle ne peut réclamer ailleurs.

Quant aux enfants légitimes qui appartiennent à des parents indigents, leur sort n'est pas meilleur. Les mauvaises conditions d'hygiène dans lesquelles ils vivent, en font une proie facile pour la mort. Sans doute, on peut regretter l'imprévoyance des classes pauvres, qui inspirait à M. d'Haussonville la pensés d'ériger en axiome que « l'aisance est stérile et la misère féconde ». Mais, on ne saurait s'autoriser de cette remarque pour restreindre l'assistance des enfants, que leurs parents ne peuvent élever. Ils existent et dès lors il faut les secourir. C'est d'autant plus nécessaire chez nous, que notre pays vient au dernier rang en Europe, pour le taux de sa natalité.

(1) « Si la mortalité des enfants naturels était la même que celle des enfants légitimes, dit M. Cheysson, on sauverait tous les ans près de 10.000 vies humaines. » (*La Réforme sociale* du 1er juillet 1883.)

n'y aurait-il une singulière contradiction à critiquer trop vivement la fécondité de certaines classes?

Le problème des secours à l'enfance abandonnée ne va pas sans soulever de grosses difficultés. Si l'enfant est digne de toute la sollicitude de la loi, par cela même que, dénué d'intelligence et de force, il ne peut pourvoir lui-même à ses besoins, que, privé de la liberté, il ne saurait équitablement supporter les fautes d'autrui, il est à craindre que, par une trop facile admission à l'assistance publique, on n'incite à l'abandon, à la répudiation de leurs devoirs, ceux à qui était dévolue la charge de l'élever, de le nourrir. La difficulté consiste à trouver un système qui, sans sacrifier les droits à la vie d'une créature innocente, ne pousse pas ses auteurs à se soustraire aux obligations que leur impose la morale la plus impérieuse.

De fait, a-t-on réussi complètement à réaliser cette institution moyenne, et de juste milieu, sévère pour les parents, bienveillante pour l'enfant ? Je ne le pense pas.

Longtemps la crainte de favoriser l'inconduite a fait écarter les enfants naturels des secours publics. A Rome, cette idée de défaveur pour les bâtards, qui ne fit que grandir avec le temps, les faisait exclure de toute participation aux générosités de l'empereur. Trajan faisait des fondations, pour élever les enfants abandonnés ; mais sa charité était limitée aux enfants légitimes ; dans sa fameuse institution alimentaire, deux bâtards seuls étaient admis, pour que l'exclusion ne fût pas complète. *Spurius unus, spuria una.*

Partout au moyen âge on retrouve cet esprit restrictif. Des lettres patentes de Charles VII défendaient à l'hôpital du Saint-Esprit, de recevoir d'autres enfants que ceux nés en mariage légitime, par la raison, disait-on,

« qu'il pourrait advenir qu'il y en aurait grande quantité parce que moult de gens s'abandonneraient, et feraient moins de difficultés de eux abandonner à pécher, quand ils verraient que tels enfants bâtards seraient nourris davantage et qu'ils n'en auraient pas de charge première ni sollicitude ».

On a bien fait de rejeter ces idées excessives. Mais n'y a t-il pas de l'exagération en sens inverse, à recevoir à l'hospice, sans examen préalable de l'autorité, sans la garantie du moindre contrôle, tout enfant qui est présenté, comme cela a eu lieu pendant longtemps en France, sous le régime des tours? L'intérêt de l'enfant peut justifier cette procédure sommaire ; mais n'est-ce pas provoquer l'abandon que d'en faciliter ainsi la réalisation ?

Je préfère beaucoup le mode de présenter l'enfant à l'Administration, qui est suivi dans notre pays, et concilie assez heureusement les divers intérêts en présence. D'une part, l'enfant est toujours assuré de trouver l'assistance à laquelle lui donne droit le seul fait de sa situation, sans que sa filiation naturelle constitue un motif d'exclusion. D'autre part la mère, obligée, ou de délaisser son enfant sur la voie publique, ou de venir publiquement, devant une commission hospitalière, répudier ses devoirs, ne trouvera pas, dans l'extrême facilité du dépôt un encouragement, une incitation à rejeter sur la société les devoirs qui lui incombent.

L'assistance des enfants trouvés était jadis la charge du seigneur haut justicier. C'était la contre-partie de la jouissance qui, dans toutes les coutumes, lui fut abandonnée des terres vaines et vagues, des droits d'épave, de déshérence, de bâtardise, etc. (1).

(1) Nous trouvons des traces de cet état de choses, jusqu'à la Révolution. Necker, dans son travail sur l'administration des finances

Ils furent libérés par la loi des 29 novembre-10 décembre 1790 ; celle-ci posa à la charge de l'État, le principe qui faisait de l'éducation des enfants abandonnés une dette nationale. Cette notion était en harmonie avec les règles régissant alors l'assistance publique. Lorsque la nécessité fit délaisser cette conception, en tant que principe général, lorsqu'on fut obligé de confier à la commune le soin de secourir toutes les misères, on comprit que ce délicat service des enfants assistés ne pouvait fonctionner qu'aux mains d'une autorité, dépassant les limites d'une si étroite circonscription. A cela beaucoup de raisons. Nombre d'enfants ne peuvent être rattachés à une localité, par cela même que leurs parents les ont abandonnés, en laissant planer sur eux un impénétrable mystère ; et cette considération était grave, à une époque où les tours étaient admis. On ne pouvait exiger de toutes les communes, fût-ce des plus petites, l'organisation d'un service, pour lequel le nombre des enfants secourus eût été très minime.

On lit souvent que l'assistance des enfants abandonnés a été constituée comme service départemental dès l'origine. Je m'inscris en faux contre cette affirmation. Il suffit

(t. II, ch. XVI, p. 170), dit que chaque année deux mille de ces enfants étaient expédiés à Paris, par l'intermédiaire des voituriers, venant de différents points du royaume, et que d'ailleurs neuf sur dix périssaient dans le voyage ou peu après leur arrivée. Cet usage ne saurait, à mon sens, s'expliquer uniquement par la plus grande générosité avec laquelle étaient distribués, à Paris, les secours publics. Il faut d'autres raisons pour expliquer cet usage ; et je ne serais pas éloigné d'en voir une dans ce fait, que les rois de France, seigneurs de Paris, succédèrent, peu à peu, aux seigneurs féodaux, recueillant avec leurs domaines, leurs obligations, et, parmi elles, celle de recevoir les enfants trouvés dans les hospices de leur « bonne capitale ».

de lire le décret du 19 janvier 1811, qui constitue encore la législation organique du sujet, pour se convaincre que le nom du département n'y est même pas prononcé. La charge y est présentée comme pesant au premier chef sur l'État, du moins en tant qu'il s'agit des dépenses faites par l'enfant, en dehors de l'hospice. Mais l'État limite son concours à un forfait de 4 millions. C'est seulement au cas où cette somme sera insuffisante, que les hospices et les communes devront contribuer à la dépense. Cette conception du service, charge de la nation, était si bien dans l'esprit des auteurs du décret, qu'ils stipulaient qu' « à l'âge de douze ans, les enfants mâles, en état de servir, seraient mis à la disposition du ministre de la marine. » En fait, l'État ne tint pas sa promesse. Il laissa peser la charge sur les hospices et les communes, s'affranchit lui-même de toute contribution, et s'efforça, à mesure que la personnalité du département se dessinait, de rejeter sur le budget départemental la dette, qu'il avait acceptée, mais laissée en souffrance.

Ces tendances se retrouvent dans les différentes branches de notre législation. Les lois municipales de 1837, 1867, 1884, inscrivent toutes parmi les dépenses obligatoires, la contribution des communes au service des enfants assistés, et, jusqu'en 1869, aucun maximum n'y était apposé. On pouvait en enfler le chiffre à volonté. De leur côté, nos lois départementales successives, à l'exception de celle de 1838, ne prennent même pas la peine de faire figurer parmi des dépenses obligatoires les frais de ce service ; il semble qu'il ait répugné au législateur d'imposer au département un fardeau dont il pouvait rejeter le poids sur les localités. Il est donc vrai de dire que c'est la pratique, plutôt que la loi, qui a fait entrer l'assistance des enfants parmi les services départementaux.

Aujourd'hui même il n'est guère exact d'accepter sans réserve cette manière de voir. Il est vrai que le budget départemental est appelé presque toujours à fournir la plus grosse partie des dépenses, que l'exécution matérielle est confiée au préfet ; mais à côté, il y a un concours très important des communes, émané soit d'elles-mêmes, soit de leur hospice. La vérité consisterait plutôt à dire qu'il y a là un service mixte, dont l'exécution est confiée au département, mais dont les charges financières se répartissent entre la commune et ses hospices, le département et l'État, dans des proportions qu'il faudra fixer.

Étudiant surtout l'assistance communale, mon but sera de dégager la part qui incombe de ce chef aux localités. Mais, pour bien saisir le rôle exact qui leur revient, il faudra élargir l'horizon, et embrasser, au moins d'un coup d'œil, l'ensemble du service.

CHAPITRE II

Des hospices dépositaires

Pour recueillir les enfants abandonnés, il a fallu choisir dans chaque département un ou plusieurs hospices. L'intention du législateur a été qu'ils y restassent le moins possible, bien qu'ils trouvassent là des personnes dévouées, pour les soigner, des administrateurs zélés pour leur servir de tuteurs. D'ordinaire, c'est ailleurs qu'ils doivent vivre. Le séjour à la campagne, dans un milieu moins corrompu que celui des villes, le placement dans une famille honnête, où ils ont chance de retrouver les parents qu'ils ont perdus, c'était là une conception trop naturelle, pour qu'elle ne vint pas à l'esprit du législateur. On a beaucoup admiré de nos jours ce qu'on a appelé la table alimentaire de Trajan. De récentes découvertes ont appris que les empereurs romains faisaient des fondations en faveur des enfants trouvés, et qu'ils avaient l'habitude de les placer en nourrice chez des paysans. Les propriétaires auxquels ces infortunés étaient confiés, s'engageaient à les élever, à les nourrir, moyennant l'abandon d'un capital qui leur était avancé par le Trésor impérial. Les tables découvertes en Italie, parlent d'*obligatio prædiorum*. Tout porte à croire que les engagements pris étaient garantis par une sorte d'hypothèque, ou | mieux par une sûreté assez analogue à notre ancienne rente foncière (1). Je ne prétends point chercher un lien de filiation entre le placement moderne et l'institution ancienne ; mais on ne saurait nier que les deux pratiques aient été inspirées par une idée commune. Jusqu'à l'âge de treize ans, le département acquitte entre les mains des nourriciers une faible rétribution, dont le taux va en diminuant d'année en année. A cet âge, on considère que l'enfant procure plus d'utilité à ses parents adoptifs qu'il ne leur en coûte, et l'Administration, sans le perdre de vue, borne son action à une simple surveillance. Inscrit sur les registres de l'hospice dépositaire, il reste uni à son tuteur légal lors même qu'il ne réside pas dans l'établissement, et, si quelque circonstance l'oblige à quitter la personne à la garde de laquelle il était commis, certitude lui est acquise de trouver là un refuge assuré.

Certes, trop de ces malheureux sont destinés à une vie misérable et on conçoit que M. de Wateville ait pu, à une époque relativement récente, tracer ce sombre tableau : « On ignore, écrivait-il, ce que deviennent les trois quarts des enfants trouvés, une fois qu'ils ont atteint leur treizième année. Ce que l'on sait, c'est que le nombre des enfant trouvés est de 15 0/0 dans les bagnes, et de 13 0/0 dans les maisons centrales ; que la grande majorité des filles trouvées se livre à la prostitution ; que dans soixante villes, situées sur des points très divers du territoire, le nombre des filles trouvées, placées dans les maisons de tolérance, est toujours égal au cinquième du chiffre des malheureuses qui composent ce triste personnel. » Aujoud'hui ce tableau paraîtrait trop sombre. Les documents les plus digne de

(1) *Cours de droit romain*, de M. C. Maynz, t. I, p. 429.

foi permettent d'affirmer que le sort de ces enfants s'est sensiblement amélioré, et que la plupart arrivent à gagner leur vie d'une façon honorable. Mais il n'empêche qu'il n'y ait là un très intéressant sujet d'études, offert à la méditation des hommes d'État. Une idée excellente est en ce moment à l'étude, celle d'établir en Algérie des colonies agricoles, remises aux soins des enfants trouvés. Nous croyons qu'il y a des résultats à obtenir dans cette direction, et que, sans céder trop vite à l'entraînement d'une idée séduisante, on pourrait offrir là à ces déshérités du monde un champ merveilleux d'activité.

Au point de vue de l'exécution du service, le préfet conserve la haute main, tout en restant soumis, en ce qui touche la question financière, à l'autorité du conseil général. C'est d'abord lui qui, dans la pleine liberté de son apréciation, choisit entre tous les hospices communaux du département, celui qui, par sa position, par l'abondance de ses ressources, par son aménagement le plus salubre, est le plus apte à recevoir les enfants trouvés. Dans la crainte d'avoir des abandons trop fréquents, le décret du 19 janvier 1811 défendait d'établir dans chaque arrondissement plus d'un hospice dépositaire; depuis, leur nombre a encore décru, et dans la plupart des départements, il n'en existe plus qu'un seul. Ce système de concentration est excellent; le service de l'assistance enfantine, à raison des graves conséquences morales et sociales qu'il a, gagne à être confié à des mains expérimentées; son exécution se trouve facilitée par l'emploi de méthodes mieux conçues et mieux étudiées.

La désignation d'un hospice dépositaire faite par le préfet, n'est susceptible d'aucun recours contentieux. La seule voie d'attaque possible contre cette décision, est le recours gracieux devant le ministre. Il y a, dans ce droit du préfet, une prérogative importante, car l'hospice désigné, se trouve *ipso facto*, chargé « de toutes les dépenses *intérieures*, relatives à la nourriture et à l'éducation des enfants ». Vainement invoquerait-il que ses titres de fondation ne le destinent point au service des enfants assistés, ou même sont contraires à cette affectation; la décision de l'Administration s'impose à lui.

Souvent, des hospices dépositaires ont prétendu faire supporter aux autres hospices du département une part proportionnelle dans les dépenses intérieures. Ils se fondaient sur ce que avant le décret de 1811, la charge pesait indistinctement sur tous les établissements hospitaliers, et que, si un hospice prenait à sa charge exclusive toutes les dépenses du service, il acquittait en quelque sorte la dette d'autrui ; d'où ils concluaient à une contribution proportionnelle. Jusqu'en 1837, cette combinaison fut même appliquée par l'Administration. En 1844, le gouvernement consulta les conseils généraux, dont l'accord fut unanime pour donner au principe de la répartition proportionnelle une consécration solennelle. Mais, cette pratique était-elle conforme à la loi ? Dans une série d'arrêts qui ont fait jurisprudence, le Conseil d'État s'est prononcé pour la négative. Sans doute, en équité, le recours exercé par l'hospice dépositaire était hautement justifié. Mais les termes du décret de 1811 ne permettaient aucun doute ; en mettant à la charge de l'hospice désigné les dépenses intérieures, il ne prévoyait aucun recours possible contre les autres. On ne pouvait même pas dire exactement que celui-ci acquittait, à lui seul, une dette pesant jadis sur tous, car, dans la législation antérieure au décret de 1811, si tout hospice était tenu de recevoir les enfants, c'était là seulement une charge de service, la charge financière était *en droit* supportée par l'État, qui devait la rembourser (1).

Quant à ce qu'il faut entendre par dépenses *intérieures*, la loi du 5 mai 1869 (art. 2), écartant les controverses existantes, comprend sous cette rubrique : 1° les frais occasionnés par le séjour des enfants à l'hospice ; 2° les dépenses de nourrices sédentaires ; 3° les layettes.

La doctrine admise, consistant à laisser peser le poids des dépenses intérieures sur le seul hospice dépositaire, ne va pas sans gêner beaucoup l'Administration. Souvent un hospice du département voit sa dotation accrue par de fortes libéralités ; il se trouve jouir d'un revenu supérieur aux besoins de la population indigente locale. Le faire contribuer à la dépense intérieure des enfants assistés, serait un excellent moyen d'employer ses excédents. La jurisprudence s'y opposant, la pratique s'est ingéniée à trouver un expédient, pour atteindre ce résultat. Le préfet de l'Ain imagina de déclarer *fictivement* dépositaire l'hospice de Belley, en laissant l'hospice de Bourg continuer l'exécution matérielle du service. Le moyen ne prévalut pas devant le Conseil d'État, qui annula pour excès de pouvoir l'inscription d'office que le préfet avait faite de la dépense au budget du premier établissement. Il y avait là, en effet, une violation certaine, bien que dissimulée sous le voile d'une fiction, de la jurisprudence admise antérieurement. (Hosp. de Belley, 16 fév. 1870.)

La loi du 5 mai 1869 ne modifia en rien la situation de l'hospice dépositaire. « Vous remarquerez, disait le ministre aux préfets, que la loi n'a rien changé au droit,

(1) Cons. d'Ét., 7 avril 1859, Hosp. de Vaucouleurs ; — avril 1864, Hosp. de Verdun.

qui vous appartenait de déclarer dépositaire tel ou tel hospice de votre département. Ce droit subsiste tout entier. Elle n'a rien changé non plus aux obligations qu'ont les hospices désignés comme tels, d'assurer au service des enfants assistés, soit les appropriations matérielles qu'il comporte, soit un personnel suffisant pour la surveillance et, s'il y a lieu, pour la comptabilité et la tenue des écritures. Ce sont là des dépenses inhérentes à la qualité d'hospices dépositaires, et, s'ils doivent en être indemnisés, c'est seulement, comme l'a expliqué le rapport de la commission législative, par l'allocation que la loi leur attribue sous le titre de *frais de séjour* (1). »

Quant aux conditions dans lesquelles est déterminé le tarif des frais de séjour, le ministre les résumait fort exactement : « Ils doivent représenter à peu près l'équivalent de la pension payée au nourricier. » Ceci néanmoins sous le bénéfice d'une réserve : lorsqu'il s'agit de placements à la campagne, le taux de la pension diminue à mesure que l'enfant peut rendre plus de services à sa famille adoptive, tandis que pour les hospices cette compensation n'existe pas. Il est donc juste de calculer le prix de journée, non pas sur le taux décroissant de la onzième ou douxième année, mais d'après les proportions les plus élevées du tarif départemental (2). »

L'exacte constatation des frais que le séjour des enfants a causés à l'hospice a un très grand intérêt. C'est là le plus gros élément des dépenses intérieures, et c'est au cinquième de ces dernières que la loi du 5 mai 1869 a fixé la contribution de l'Etat.

(1) Circul. du 3 août 1869.
(2) Idem.

L'hospice dépositaire désigné, quels enfants seront aptes à y entrer? comment sera prononcée leur admission?

C'est le préfet qui, d'une façon générale, détermine, dans un règlement, les conditions que doit remplir l'enfant pour être admis à l'assistance hospitalière, ainsi que le mode d'admission. (Décret du 23 mars 1852, tabl. A, n° 23). Mais, dans la confection de ce règlement, il ne jouit pas d'une liberté complète. Le décret de 1811, en indiquant les différentes catégories d'enfants, pose des principes dont ce magistrat ne saurait s'écarter.

Le décret indique trois classes, correspondant à des degrés différents d'infortune : les enfants trouvés, les enfants abandonnés, et les orphelins pauvres.

Les enfants trouvés sont ceux qui, « nés de pères et mères inconnus, ont été trouvés exposés dans un lieu quelconque ou portés dans les hospices destinés à les recevoir ». Ce qui caractérise ces pauvres créatures, c'est le mystère qui plane sur leur filiation. Quels parents leur ont donné le jour? sont-ils légitimes ou naturels? quelle est leur nationalité? Quelle est leur commune d'origine? Autant de questions qui restent sans réponse.

Les enfants abandonnés, dans la terminologie légale, sont ceux qui, « nés de père ou de mère connus, et d'abord élevés par eux ou par d'autres personnes, à leur décharge, en sont délaissés, sans qu'on sache ce que les pères et les mères sont devenus, ou sans qu'on puisse recourir à eux. » Le sort de l'enfant abandonné vaut, sans doute, mieux que celui de l'enfant trouvé, puisque son origine est fixée; mais, comme lui, il est mis à la charge de la charité publique par la faute de parents indignes. La jurisprudence administrative a cru pouvoir faire entrer dans cette catégorie les enfants dont les parents sont détenus ou condamnés pour faits criminels ou de police correctionnelle (1).

Enfin une troisième classe comprend les orphelins pauvres, c'est-à-dire ceux qui « n'ayant ni père ni mère, n'ont aucun moyen d'existence ».

La langue administrative a pris l'habitude d'employer une expression qui ne figurait pas dans le décret de 1811, celle d'*enfants assistés*. C'est aujourd'hui un terme générique, qui comprend les trois espèces que je viens de définir. Pour prévenir l'abandon de leurs enfants par les filles mères, on fut amené, quand on abolit les tours, à leur accorder des secours en argent. Ce mode d'assistance fut étendu aux femmes mariées et prit le nom de secours aux nouveau-nés. Enfants secourus, enfants assistés, l'expression se généralisa, et aujourd'hui, elle désigne tous ceux qui, à un titre quelconque, participent au service départemental.

L'assistance du pauvre, qu'il soit enfant, adulte ou vieillard, devant être donnée au sein de la commune, par elle, par son bureau de bienfaisance, par son hospice, il est très important de préciser exactement quels enfants vont lui échapper, pour entrer dans le groupe des protégés du département. A cet égard, il faut distinguer, selon moi, les enfants trouvés et abandonnés d'une part, les orphelins pauvres, de l'autre.

La situation des premiers est parfaitement définie, les traits qui la caractérisent, sont perceptibles au premier regard. La commune n'aura à supporter pour eux que la part collective que lui imposera le conseil général.

Des deux caractères légaux, au contraire, auxquels on reconnait l'orphelin pauvre : 1° la perte de ses père et

(1) Circ. du 15 juillet 1811.

mère; 2° le fait de *n'avoir aucun moyen d'existence*, le second contient un certain vague, qui permet au préfet d'être plus ou moins exigeant dans les conditions d'admission, qu'il insère en son règlement. La perte de ses parents, ne saurait constituer à elle seule un droit pour l'enfant pauvre, d'être admis à l'assistance départementale. Si la commune à laquelle il appartient, possède un hospice qui puisse le recevoir, si un de ses parents consent à le recueillir et que le bureau de bienfaisance soit en état de lui fournir des secours, il n'est plus exact de dire qu'il « *ne possède aucun moyen d'existence* ». Ce n'est qu'à défaut de tous ces modes de secours, que le préfet lui ouvrira l'accès de l'hospice dépositaire. Ce sont là les conclusions qu'a développées, devant le Conseil d'État le ministre de l'intérieur, dans un pourvoi formé par la ville de Boulogne contre une décision du préfet du Pas-de-Calais, qui avait refusé d'admettre parmi les enfants assistés, deux orphelins pauvres recueillis par leur aïeul (1). L'arrêté réglementaire du préfet définissait les orphelins pauvres : « ceux qui, n'ayant plus ni père ni mère, ne trouvent aucun moyen d'existence (jusqu'ici c'était la reproduction du décret de 1811), *soit à raison de l'indigence de leur famille, soit parce que le bureau de bienfaisance et la commune du domicile de secours sont dans l'impossibilité de pourvoir à leurs besoins*. » C'est l'insertion de cette dernière phrase que le pourvoi arguait d'illégalité.

Le ministre conclut en ces termes au rejet du pourvoi: « Les orphelins pauvres ne sont pas nécessairement des enfants ayant droit à l'assistance départementale. La législation sur le service des enfants assistés ne contient, en

(1) Cons. d'Etat, 28 janv. 1876.

ce qui les concerne, aucune règle faisant formellement exception au principe général, d'après lequel, en matière d'assistance publique, le devoir incombe surtout à la commune. » C'est exactement la théorie que je soutiens. Remis aux soins de l'hospice communal, si personne ne consent à le recueillir, secouru par le bureau de bienfaisance, si quelqu'un accepte sa garde, l'orphelin pauvre ne relève de l'assistance départementale, que si ce double moyen de secours vient à lui manquer ; et alors il ne forme plus qu'une espèce dans la classe des enfants abandonnés. Un argument matériel, mais non sans valeur, peut être apporté à l'appui de ma doctrine : l'arrangement même des textes, dans le décret de 1811. Tandis qu'un titre spécial est réservé aux enfants trouvés, les enfants abandonnés et les orphelins pauvres sont réunis dans un titre unique (1).

Il est vrai qu'un avis du Conseil d'État du 20 juillet 1842 semble conclure dans le sens d'une assimilation complète. Il dit qu'il y aura lieu, pour le ministre de l'intérieur, « de continuer à *autoriser* les préfets à assimiler les orphelins pauvres aux enfants trouvés et abandonnés ». A cela je répondrai que cette assimilation est purement administrative, et qu'il n'y a aucun argument à en tirer, pour définir la pensée du législateur. Puis les termes même de l'avis: *les préfets sont autorisés*, n'impliquent-ils pas une faculté exceptionnelle, dérogatoire au droit commun, plutôt que l'énoncé d'une règle générale ?

Pour être reçu dans l'hospice dépositaire, l'enfant

(1) Dans l'espèce précitée, le Conseil d'État n'eut pas à examiner la question quant au fond, la ville de Boulogne ayant été déclarée non recevable à attaquer la décision préfectorale statuant sur les questions d'admission.

devra satisfaire aux conditions indiquées au règlement préfectoral. Le décret du 25 mars 1852 fait rentrer dans les attributions du préfet, le soin de régler « le mode d'admission ». Aujourd'hui celle-ci se fait à bureau ouvert, ce qui veut dire que l'enfant doit être présenté et accepté par une commission composée d'un ou plusieurs administrateurs de l'hospice, du chef du bureau de la préfecture chargé du service des enfants assistés, et de l'inspecteur départemental. Mais leur décision n'étant définitive qu'avec l'approbation du préfet, c'est en réalité un arrêté de ce fonctionnaire qui prononce l'admission. Cette décision constitue un acte de pure administration, contre lequel on ne peut recourir que par la voie gracieuse devant le ministre. Au cas, où le refus d'admission, prononcé par le préfet serait maintenu par le ministre, la décision de ce dernier ne pourrait être déférée au Conseil d'État. Notre législation ne reconnait jamais à l'indigent, fût-ce à l'enfant assisté, un droit aux secours dont la violation par un acte administratif pût servir de base à un recours contentieux (1).

(1) Telle a été la décision du Conseil d'État, dans l'affaire de la ville de Boulogne.

CHAPITRE III

Du concours financier des hospices

Si l'hospice choisi comme dépositaire est obligé de pourvoir aux dépenses intérieures, sans recours possible contre les autres hospices du département, ce n'est pas à dire que ceux-ci soient affranchis de toute contribution au service. Mais pour eux la charge se résoud simplement en un concours financier. Chaque année le receveur doit verser à la caisse du trésorier général le produit des fondations que l'intention des bienfaiteurs a affectées spécialement à l'entretien des enfants assistés. La loi du 5 mai 1869 a, sur ce point, fixé à un taux déterminé la quotité d'une contribution pécuniaire dont le décret de 1811 s'était contenté de poser le principe. Sans doute, il y a là une petite déviation infligée à la volonté du bienfaiteur, qui, en gratifiant, en vue des enfants assistés, l'hospice de sa ville, avait pensé que sa libéralité leur serait distribuée par ce dernier. Mais l'intérêt du service exigeait la concentration de tous ces fonds, et le législateur a cru pouvoir passer outre, puisque d'ailleurs les fondations conservent leur affectation générale.

Souvent des difficultés se produisent sur le point de savoir si la disposition d'un testament, d'une donation avait bien en vue d'une façon spéciale et exclusive, le service des enfants assistés. Certains préfets ont estimé que l'autorité administrative était compétente pour arbitrer le montant de l'obligation qui, de ce chef, pèse sur les hospices, et cette prétention s'est manifestée sous la forme de conflits élevés devant l'autorité judiciaire, à l'occasion d'oppositions faites par les hospices à des contraintes décernées contre eux. L'Administration se réclamait d'une disposition analogue que nous retrouverons: la loi du 30 juin 1838 donne compétence au conseil de préfecture pour statuer sur l'indemnité que les hospices doivent au département, en représentation des frais de traitement des aliénés, dont ils avaient charge autrefois. La situation n'est-elle pas identique? Sans doute, disait-on, le conseil de préfecture est un tribunal d'attributions; ce n'est pas lui qui devra statuer en cette matière; mais c'est à l'Administration, au ministre, juge de droit commun du contentieux administratif, que la compétence est dévolue. Cette argumentation n'a pas prévalu au Conseil d'État, et avec raison; le raisonnement par analogie est vicieux, quand il prend pour base une disposition exceptionnelle, dérogatoire au droit commun. Il est vrai que la loi de 1869 a imposé aux hospices une obligation spéciale, dont la mise en œuvre, l'exécution doit se réaliser sous l'autorité du préfet, qui peut seul prendre les mesures propres à assurer le recouvrement. Mais c'est à cela que se borne son intervention; il ne saurait, sans empiéter sur la compétence de l'autorité judiciaire, réclamer pour lui, ou pour la juridiction administrative l'interprétation des legs et donations qui contiennent la libéralité (1).

Il est important de remarquer que la dette des hospices envers le département ne prend naissance que « s'il y a fondation, don ou legs spécial » au profit des enfants assistés. Ces expressions doivent être interprétées limitativement. Si un hospice, sans y être obligé par ses titres

(1) Trib. des conflits, 11 déc, 1873.

de fondation, a, de son plein gré, consacré tout ou partie de ses revenus à l'entretien des enfants, cette affectation volontaire ne saurait suffire pour faire naître à sa charge l'obligation d'en verser le montant à la caisse départementale. C'est la doctrine qu'a admise le Conseil d'État dans un arrêt du 13 juillet 1877. Faisant l'interprétation pure et simple de l'article 5 de la loi de 1869, il reconnut « que les seules libéralités qui puissent être employées au payement du service des enfants assistés, sont celles qui ont été faites au profit de ces enfants; et qu'aucune disposition ne permet d'employer audit service les revenus des hospices, qui, par des motifs de bonne gestion, ou par suite d'arrangements ou de conventions, auraient cru devoir, postérieurement aux libéralités reçues par eux, restreindre leur service à l'assistance des enfants. »

Notons en passant qu'il y a là un exemple qui montre très bien que, si le Conseil d'État n'étend pas en principe la théorie de l'excès de pouvoir au cas de violation de la loi, en dehors d'un texte exprès, en fait il comprend sous ce nom les fausses interprétations, qui sont au fond de vraies violations de la loi.

CHAPITRE IV

Du concours financier des communes

Ce n'est pas seulement par leur hospice que les communes participent au service ; une contribution directe leur est imposée, qu'elles doivent verser en recette, au budget départemental.

Sous le décret de 1811, le montant de cette participation était indéterminé, et l'autorité chargée de la fixer jouissait d'une liberté absolue, qui eût permis de rejeter sur les communes le fardeau presque complet de la dépense. La loi du 5 mai 1869 a imposé une limite à ce concours. Son article 5, après avoir énuméré les différentes recettes, au moyen desquelles il est fait face au service, énonce le contingent communal, en stipulant « qu'il ne peut excéder le cinquième des dépenses extérieures ». Si ce chiffre était dépassé, il serait désormais loisible aux localités de se pourvoir contre cette imposition devant le Conseil d'État. Mais comment évaluer ce contingent? Celui-ci doit-il être calculé sur l'ensemble des dépenses extérieures, ou, sur le chiffre restant, après déduction des fondations et legs, et du produit des amendes de police correctionnelles, ou mieux d'une part de ces deux recettes?

Quant on lit attentivement la loi du 5 mai 1869, on voit que celle-ci, après avoir défini les dépenses intérieures et les dépenses extérieures, donne une nomenclature des voies et moyens à l'aide desquels il sera pourvu à l'ensemble du service sans distinction. Pour donner une base facile à déterminer à la contribution de l'Etat et à celle des communes, le législateur emprunte au budget des dépenses deux de ses indications : le chiffre des dépenses intérieures et celui des dépenses extérieures. Au cinquième des premières il fixe le concours de l'Etat, au cinquième des secondes celui des communes, laissant au département le soin de parfaire la différence. Mais on ne saurait voir là le principe d'une affectation spéciale de la recette à la dépense. Ces divers éléments, réunis en une masse commune, dans la caisse du trésorier général restent à la disposition du préfet, qui, sans faire aucune distinction quant à la provenance des deniers, ordonnance conformément au budget départemental. Telle est la pensée qui se dégage de la loi de 1869. Rien n'autorise à croire, que celle-ci ait entendu établir entre la dépense et la recette une corrélation intime qui oblige l'Administration à couvrir l'une par l'autre.

Cette observation est très importante, à mon avis, dans la question qui se pose sur la manière d'évaluer le contingent communal; grâce à elle, on enlève à ceux qui veulent le fixer en déduisant au préalable des dépenses extérieures une part du produit des fondations hospitalières et des amendes correctionnelles l'idée même qui conduit à ce mode de computation.

Si l'on admet l'affectation spéciale du contingent communal et de celui de l'État à chaque branche de dépense, la logique voudra qu'on procède à une affectation semblable des deux autres produits énumérés en premier lieu par l'article 5 de la loi de 1869. Aucune base n'existant dans la loi pour les distribuer entre les dépenses intérieures et les dépenses extérieures, on arrivera à une répartition proportionnelle au chiffre de celles-ci :

système fort arbitraire sans doute, dont il n'y a aucune trace dans les textes, mais qui constitue l'extension nécessaire d'un principe erronné, l'affectation du produit à la dépense. La conséquence sera que, après avoir porté en regard du budget des dépenses extérieures la part proportionnelle des fondations hospitalières et du produit des amendes, on pourra se demander si le contingent communal doit être calculé sur le premier chiffre, ou s'il faut, au préalable, en déduire ces deux éléments. Ces déductions s'enchaînent par un lien mental qu'on n'a pas assez observé.

Pour moi, au contraire, qui vois dans la fixation du contingent communal au cinquième des dépenses extérieures une simple base de calcul, l'idée ne peut même pas se présenter de lui faire subir une réduction proportionnelle du chef des deux produits indiqués à l'article 5. Les diverses recettes, portées à ce texte et dont le taux est fixe, sauf la subvention départementale, sont indépendantes les unes des autres. Vouloir modifier l'une par l'autre, ce me semble excéder les limites d'une simple interprétation. Sans doute le système que je défends, aura cette conséquence que, dans le cas où les fondations hospitalières ont fourni un produit considérable, comme elles ne réduisent pas le contingent communal, la charge du département se trouvera réduite à peu. Ce résultat a impressionné le Conseil d'Etat, qui, saisi de la question par le ministre de l'intérieur, a décidé dans un important avis du 5 juillet 1883, que le contingent des communes « ne devait être calculé qu'après déduction faite sur la dépense du service auquel il s'applique du produit des fondations, dons et amendes de police correctionnelle. » Que mon système puisse conduire à une exonération du département, je ne le nie pas. Mais ce résultat n'a rien de surprenant quand on réfléchit qu'en droit, le conseil général pourrait refuser d'allouer tout crédit au service des enfants assistés. Du moment que les communes ne payent pas davantage qu'on ne pouvait légalement leur imposer, à quel titre pourraient-elles se plaindre de ce que le département est insuffisamment grevé ou même complètement affranchi (1) ?

Par qui est fixé et réparti le contingent communal? Autrefois les conseils généraux proposaient seulement le chiffre du contingent et les bases de sa répartition; c'était le ministre qui statuait. Le décret du 25 mars 1852, déconcentra, en donnant au préfet le droit de procéder lui-même à l'opération. Ce fut la loi du 10 août 1871 qui décentralisa au sens exact du mot, en confiant aux conseils généraux le soin de statuer définitivement « sur la part de la dépense des enfants assistés qui sera mise à la charge des communes et sur les bases de la répartition à faire entre elles. » (Art. 46, § 19.) Il y a là deux opérations dictinctes, qu'il est essentiel de distinguer.

Dans la fixation du contingent, le conseil général sera libre en ce sens qu'il pourra par le chiffre plus ou moins élevé du crédit qu'il alloue au budget départemental, pour les dépenses extérieures, faire varier la contribution communale. Mais s'il portait celle-ci à plus du cinquième des dépenses exterieures, sa délibération pourrait être annulée, sur la demande du préfet. (Art. 47, loi du 10 août 1871.)

(1) Les mêmes considérations ont conduit le Conseil d'Etat, dans son avis du 3 juillet 1883, à décider que le contingent dû par l'État, porté au cinquième des dépenses intérieures, ne devait être calculé qu'après *déduction proportionnelle*, faite sur les dépenses du service auquel il s'applique, du produit des fondations, dons et legs et des amendes correctionnelles.

Le contingent fixé, il faut en faire la répartition entre les communes. La loi est muette sur ce point ; mais la jurisprudence administrative a cru conforme aux intentions du législateur, de prendre une double base, le chiffre des revenus ordinaires de la commune, et celui de la population. De cette façon, on fait contribuer chaque commune en raison du nombre probable de ses enfants, sans lui imposer un sacrifice qui se trouve excéder ses facultés ou lui soit inférieur. Si l'exécution du budget départemental laisse des fonds disponibles, les dépenses effectuées se trouvant inférieures au montant des prévisions, il y aura lieu, ce me semble, de diminuer dans une proportion correspondante la subvention communale. Sinon, la loi se trouverait violée, *ex post facto* sans doute mais d'une façon très réelle. Il n'y aura pas de restitution à faire, mais l'excédent devra venir, l'année suivante, en déduction de la somme qui sera imposée aux communes.

On s'est demandé si les communes sont tenues de participer collectivement à la dépense, ou si au contraire la contribution prévue par l'article 5 de la loi de 1869 peut être exigée de celles-là seules dans lesquelles les enfants assistés ont leur domicile de secours. Pour les aliénés, la loi du 30 juin 1838 (art. 28, § 1) stipule expressément le concours de la *commune du domicile* du malade. Doit-il en être de même pour les enfants assistés?

Pour eux, le décret de 1811 prévoyait simplement « un concours des communes ». Les circulaires ministérielles ont établi ce principe, qu'il s'agit d'un concours imposé à *toutes* les communes du département, suivant leur ressources. La loi de 1869 ayant employé les mêmes expressions, a évidemment entendu ratifier cette pratique. Une commune ne saurait donc élever la prétention d'échapper à la contribution, sous prétexte qu'elle ne possède aucun enfant assisté. Il y a là un véritable forfait, et la simple possibilité éventuelle d'en avoir, suffit pour l'obliger à contribuer. Le motif de la loi se conçoit très bien. Elle est partie de cette idée, qu'il serait souvent difficile de constater, dans l'étendue du département, le domicile de secours des enfants trouvés et abandonnés ; il faudrait se livrer à des enquêtes préjudiciables à la morale publique, découvrir les traces de la mère, fouiller ses antécédents, s'éclairer sur son existence, pour fixer le domicile de secours de son enfant. On comprend, qu'en face de ces difficultés, mieux ait valu imposer une contribution uniforme à toutes les communes du département, cela dût-il paraître injuste au cas où une localité ne possède aucun enfant admis à l'assistance départementale. (Avis du Cons. d'État du 31 mars 1881.)

Tout ce qu'on peut concéder, c'est que le conseil général atténue ou fasse disparaître cette contribution des localités dont les ressources sont insuffisantes. Mais c'est là une pure faculté, laissée à l'appréciation de l'assemblée départementale et que celle-ci doit exercer avec la plus grande réserve. La décharge ou la réduction ainsi obtenue ne saurait, à mon sens, avoir pour conséquence de rejeter sur les autres communes le fardeau enlevé à l'une d'elles ; ce serait au département de supporter cette somme, sur les fonds de son budget.

Quant au versement des sommes dues par chaque localité, il se fait dans la caisse du trésorier général, sous le titre de *cotisations municipales*. Elles sont portées en recette au budget départemental.

En résumé, si je cherche à définir comment et en quelle mesure le service des enfants assistés constituait, dans l'esprit du législateur de 1811, une dérogation au principe général que l'assistance publique est organisée, en France, au sein de l'association communale, ma conclusion sera, que cette dérogation était moins grande qu'on ne se l'imagine. Sans doute l'exécution du service était enlevée aux localités, mais la charge financière pesait lourdement sur les ressources locales. L'État limitait sa contribution ; en n'imposant aucune limite au concours des communes et des hospices, il s'ouvrait à la fois la possibilité de s'affranchir lui-même et de rejeter sur eux le fort de la dépense. C'est ce qu'il fit. Ce fut seulement sous la Restauration, à mesure que la personnalité du département se développait, à mesure que son budget se constituait comme être comptable distinct, qu'on songea à reporter le poids de la dette sur le département, qui se trouva ainsi succéder à l'État. La logique conduisait à cette conception. C'était un agent du département, le préfet, qui exécutait le service, choisissait l'hospice dépositaire, y admettait les enfants ; il était naturel de laisser peser sur cette dernière personne morale la plus grosse partie du fardeau. Ce fut l'objet de la loi de 1869, de préciser d'une façon exacte les obligations de chacun ; restreignant, par une sorte de mouvement en arrière, la contribution pécuniaire des hospices et des communes elle entendit laisser au département le plus fort de la charge, établissant ainsi une corrélation plus complète entre la dépense et le service. C'est même cette conception, la crainte de voir le département s'exonérer trop complètement, qui a inspiré au Conseil d'État son très important avis du 5 juillet 1883.

TITRE VI

Contribution communale au service des aliénés

CHAPITRE I

Considérations générales

Lorsque le pauvre, obligé de vivre du produit de son travail, est atteint d'aliénation mentale, il devient indigent au sens exact du mot. Si aucun de ses parents ne consent à le recevoir, à l'entretenir, il tombe fatalement à la charge de la charité publique. C'est un devoir moral, pour la société, de pourvoir à ses besoins d'une façon temporaire, si la guérison est possible, d'une façon définitive, s'il est atteint d'un mal incurable, quand la nécessité de protéger le public ne commande pas de procéder à un internement immédiat. Toute loi sur les aliénés se présente donc avec ce double caractère : elle constitue à la fois une loi de *police* et d'*assistance*. C'est par le second côté qu'elle rentre dans le cadre de cette étude.

L'aliéné, en tant que client de l'assistance publique, se trouve dans une situation, de tout point comparable à celle de l'enfant assisté. On concevrait qu'à l'un et à l'autre le législateur ait ouvert une créance effective contre la société, un droit au secours. Mais, chez nous, on a écarté si scrupuleusement tout ce qui ressemble à la charité obligatoire, qu'on n'a accordé à ces personnes aucune action directe. Le recours indirect exercé en leur nom, ou plutôt à leur occasion, par l'établissement qui les a secourus, contre leur commune, garanti par l'inscription d'office, a paru répondre à tout ce qu'exigeait leur triste situation.

Longtemps, les aliénés, en France, furent abandonnés aux hasards de leur destinée. Les fous furieux étaient enfermés dans les prisons ou dans les couvents. Les aliénés ordinaires étaient traités comme des êtres malfaisants, dont personne ne voulait se charger. L'Hôtel-Dieu de Lyon ne consentait pas à les recevoir, parce que, disait-il en 1600, il n'était pas « destiné à recevoir les malades de l'esprit, mais ceux du corps. » Vers la fin du xviiie siècle, on leur consacra des salles spéciales dans les hôpitaux. Mais ce secours était bien insuffisant, et beaucoup de cahiers de 1789 demandèrent l'établissement d'hospices particuliers, pour les fous et les furieux (1).

La loi du 16-26 mars 1790 (art. 9) vint donner un semblant de satisfaction à ces doléances, en prescrivant que les personnes détenues pour cause de démence, seraient visitées, afin d'être élargies « *ou soignées dans les hopitaux* qui seraient désignés à cet effet. » Cette loi ne reçut aucune exécution. Quelques hospices acceptèrent cette charge nouvelle ; la plupart persistèrent dans un refus opiniâtre, fondé sur ce que leurs titres de fondation s'opposaient à l'adjonction de ce service. Cette résistance se conçoit fort bien quand on réfléchit que beaucoup d'aliénés ont des ressources, et que, pour eux, le traitement dans

(1) En 1644, les frères de Saint-Jean-de-Dieu fondèrent la maison de Charenton, exclusivement affectée au traitement des fous.

un établissement charitable est difficile à admettre. Impuissant à organiser un service qui eût exigé d'énormes ressources, le législateur de la Révolution se borna à prononcer des peines sévères contre ceux qui, en laissant divaguer des fous, auraient causé des accidents. On continua à suivre les errements du passé. Les fous furieux sont internés dans les maisons de répression. Les aliénés riches trouvent, dans leur famille ou dans des établissements privés, les secours que comporte leur lamentable état. Seul, le pauvre, l'aliéné indigent est laissé à qui veut bien le recueillir ou l'assister!

L'Administration pourtant arriva peu à peu à lui ouvrir la porte des hospices et hôpitaux, au moins dans les grandes villes, où l'état financier de ces établissements permettait de procéder à des aménagements spéciaux. Mais, jusqu'en 1838, la question de savoir au moyen de quelles ressources il serait pourvu à l'entretien de l'aliéné indigent, resta dans le doute, tranchée en des sens différents, suivant les localités. Ici on considérait la dépense comme une charge de la commune domicile de secours. Là les hospices l'acceptaient, même quand aucune fondation spéciale ne leur en avaient imposé l'obligation. Dans quelques départements enfin, on la considérait comme une dette départementale, qui devait être acquittée sur certains centimes additionnels. Pour les aliénés indigents, traités dans les hôpitaux de Paris, un arrêté du ministre de l'intérieur avait fait peser la dépense en premier lieu sur la commune, n'appelant le département qu'à jouer un rôle subsidiaire, à fournir le complément en cas de besoin. Cette pratique fut appliquée dans plusieurs départements mais elle manquait de base légale. C'était le cahos le plus complet!

Envisagée comme loi d'assistance, l'œuvre de 1838

réalisa un double bienfait. D'abord elle procura à l'aliéné indigent un lieu de retraite assuré, elle le fit échapper à l'arbitraire des commissions hospitalières, en obligeant tout département à avoir un asile distinct ou à traiter avec un établissement public ou privé, en vue de ce service. Ensuite elle régla d'une façon précise à qui incomberait la dépense, soit que le traitement du fou soit temporaire, comme celui du malade à l'hôpital, soit que le séjour à l'asile fût comparable à celui de l'incurable à l'hospice.

Le service des aliénés, comme celui des enfants assistés, est aujourd'hui un service départemental, placé sous la surveillance directe du préfet. Au point de vue de l'exécution matérielle, il se dégage plus complètement du concours des localités. Tandis que les enfants assistés sont recueillis dans un hospice communal désigné par l'Administration, les aliénés indigents doivent être reçus dans un établissement départemental, complètement distinct des établissements hospitaliers; et, pour mieux marquer la différence entre deux maisons dont l'une s'ouvre devant la seule maladie, dont l'autre exige la présentation préalable d'un certificat d'indigence, la pratique a introduit pour la première le nom d'*asile*, inconnu à la loi de 1838. Il est vrai qu'il existe encore en France des hospices qui se sont engagés, par traités passés avec le département, à recevoir les aliénés qui leur seront envoyés. Mais, dans ce cas, l'hospice ne supporte pas la dépense; en échange du service qu'il rend, le département lui alloue un prix (1).

(1) Il existait en France, en 1881, quarante-six asiles départementaux traitant 37.858 personnes. Plusieurs départements en ont deux: ce sont les Bouches-du-Rhône, la Charente-Inférieure, la Gironde, le Nord, la Seine-Inférieure, la Seine-et-Oise.

Quant à l'acquittement des dépenses occasionnées par l'aliéné indigent, elles sont aussi, en principe, pour le département, sauf le concours à exiger des hospices et des communes. Le principe est le même que pour les enfants assistés, mais il s'en faut de beaucoup qu'il soit réalisé de la même façon.

L'aliéné indigent peut entrer à l'asile de deux façons fort différentes : ou à la suite d'un placement d'office, ordonné par le préfet, aux termes de l'article 18 « lorsque son état compromet l'ordre public ou la sécurité des personnes », ou à la suite d'un placement volontaire, obtenu comme mesure d'assistance conformément à l'article 25-2°. Dans cette seconde situation, il ressemble fort au malade qui sollicite son admission à l'hôpital.

La loi de 1838 stipulait « que les circonstances et les conditions de l'admission seraient réglées par le conseil général sur la proposition du préfet, et approuvées par le ministre ». (Art. 25-2°.) Par cette approbation, le ministre peut écarter les tendances de cette assemblée à exclure les pauvres par des entraves avouées ou déguisées, et à priver l'institution de celui de ses caractères qui la rattache à l'assistance publique. Dans sa circulaire, il indiquait quelques-unes des clauses à rejeter, qui rentrent dans cet ordre d'idées. Ainsi, il ne convient pas d'exiger que la famille de l'aliéné ou une personne solvable, prenne l'engagement de payer sa pension ; que l'admission soit, avant d'être prononcée, soumise individuellement à l'examen du conseil général. Serait également condamnable la disposition qui subordonnerait l'entrée à l'asile à la constatation que l'aliéné n'est pas en état de pourvoir à son entretien, ou qui exigerait l'engagement préalable du conseil municipal de la commune domicile de secours de payer une partie de la dépense.

Lorsque le préfet ordonne un placement d'office, il intervient comme agent de l'État, investi d'un pouvoir de police générale, et échappe au contrôle de l'assemblée départementale. Dans le cas où il accorde un placement volontaire, il est plutôt l'exécuteur de ses volontés, puisqu'il doit se renfermer dans les limites du règlement qu'elle a dressé.

En fait pourtant, l'aliéné indigent est presque toujours placé d'office à l'asile, en vertu de l'article 18 de la loi de 1838. Cela tient à ce que le plus souvent il est dangereux par ce motif que sa surveillance est fort difficile, souvent même impossible. Le préfet se trouve ainsi échapper aux conditions restrictives que le conseil général a pu apporter à l'admission considérée comme mesure d'assistance.

Envisageant ici l'assistance publique principalement dans ses rapports avec la commune, j'aurai à faire connaître l'appui que celle-ci prête au département : 1° quant à l'exécution matérielle du service, par l'intermédiaire de son hospice ; 2° quant au concours financier qui lui est imposé, soit à elle directement, soit, dans certains cas, à ses établissements hospitaliers.

CHAPITRE II

Concours des hospices dans l'exécution matérielle du service

Les hospices communaux peuvent être appelés à jouer un rôle effectif dans le service des aliénés en trois ordres de circonstances, que je diviserai, pour la plus grande clarté du sujet. Ils peuvent : 1° posséder un établissement spécial, exclusivement affecté au traitement de ces malades ; 2° bien que destinés à secourir tous les maux sans distinction, avoir un quartier pour les fous ; 3° même en dehors de tout aménagement particulier, être contraints par la municipalité à offrir à ces malheureux que la sécurité publique commande d'interner, un abri provisoire, en attendant qu'un arrêté du préfet leur ait ouvert la porte de l'asile départemental.

§ 1

Le législateur de 1838 trouva nombre d'hospices en possession d'établissements distincts, consacrés au traitement des aliénés, mais placés, quant à la gestion du patrimoine, sous l'autorité des commissions. Il ne pouvait être question de les désaffecter. Mais leur administration devait être modifiée dans le sens des principes posés par la loi nouvelle. Celle-ci, pénétrée de cette idée, que, dans un service où de si graves intérêts peuvent être engagés, il faut concentrer la responsabilité, au lieu de la répartir, de la diviser sur plusieurs têtes, avait confié la direction des asiles d'aliénés à créer à un directeur nommé par le ministre. A côté de lui, on plaçait bien une commission de surveillance nommée par le préfet; mais celle-ci ne possédait aucun pouvoir de décision. Appelée à formuler des avis sur les projets qui seraient soumis au conseil général, à réaliser un contrôle permanent sur le directeur, à provoquer l'intervention de l'Administration, si des irrégularités se produisaient, sans pouvoir blâmer directement, cette commission différait complètement des commissions hospitalières.

Conservant aux hospices la propriété des établissements d'aliénés qu'ils possédaient, il fallait au moins leur appliquer une organisation administrative dictée par une pensée de haute police. Beaucoup de commissions regimbèrent contre une mesure qui semblait les dépouiller, et certaines déférèrent à la juridiction des actes de l'Administration qui, suivant elles, constituaient une atteinte à la propriété hospitalière. C'était un point de vue bien faux, une singulière inintelligence du rôle juridique des corps moraux préposés par la loi à l'administration d'un service public! La propriété des personnes morales de droit public ne ressemble en rien à celle des particuliers. Comme le faisait remarquer Mirabeau, dans le mémorable débat élevé au sein de la Constituante sur la propriété ecclésiastique, l'établissement auquel une fondation est faite dans un but déterminé, est plutôt un « dispensateur », un dépositaire, qu'un vrai propriétaire. Peu importe que la loi change les administrateurs de ce patrimoine, qu'elle substitue à un organe vieilli, un organe nouveau, plus conforme aux nécessités du moment; elle agit dans la plénitude de son pouvoir, et, dès l'instant qu'elle respecte le but, la pensée des fondateurs, elle échappe à toute critique. Ici le patrimoine affecté aux indigents aliénés conservait sa destination ; la mesure était aussi correcte que celle qui consisterait à disjoindre de l'hôpital les secours à domicile à lui confiés, pour les remettre à un bureau de bienfaisance.

§ 2

D'autres fois (et c'était plus fréquent), l'hospice s'était contenté d'ouvrir un quartier distinct aux aliénés, ces malades ne formant plus qu'une fraction de la clientèle de l'établissement. Le traitement des aliénés étant mis à la charge du département, il ne convenait pas de laisser les commissions hospitalières libres d'organiser, à leur gré, des salles destinées à ce service. L'ordonnance du 18 décembre 1839, dans son article 12, prit deux mesures : 1° pour le passé, elle subordonna le maintien de ces quartiers à une autorisation du ministre de l'intérieur ; 2° pour l'avenir, elle n'accorda aux hospices la possibilité d'ouvrir des quartiers spéciaux que si cinquante aliénés au moins pouvaient être reçus et traités. Cinquante aliénés forment un chiffre élevé pour les petits hospices. Le désir du législateur de séparer le service des aliénés des services hospitaliers généraux, ne pouvait se manifester plus nettement. L'Administration témoigne de son côté pour les quartiers d'aliénés une grande défaveur, et il faut reconnaître qu'à part Bicêtre et la Salpêtrière, ils sont généralement très inférieurs aux autres asiles.

Ils offrent d'ailleurs des vices de constitution inhérents à leur nature. Ils ne peuvent traiter qu'un nombre restreint d'aliénés, ce qui rend les frais généraux proportionnellement considérables, les moyens curatifs bornés et incomplets. Aussi, depuis longtemps, la tendance est-elle à leur suppression. « Il serait à désirer, portait un rapport adressé au roi, vers 1838, de pouvoir renoncer à ces quartiers, et de ne conserver dans ces hospices que de simples lieux de dépôt temporaire. Mais, jusqu'à ce moment, il y a insuffisance d'établissements publics ou privés, consacrés au traitement des maladies mentales et les quartiers établis dans les hospices seront longtemps encore des auxiliaires indispensables. » Depuis, de grands progrès ont été faits dans cette voie de suppression, puisqu'il ne reste plus que quatorze quartiers d'aliénés dans les hospices de France (1) !

Quant au mode d'administration, on se heurtait à une grave difficulté. Il ne pouvait être question de les confier à une personne investie de la même autorité que le directeur d'asile; les conflits avec la commission eussent surgi à chaque instant. On ne pouvait, en sens inverse, reporter sur une commission dont les membres exercent des fonctions gratuites, les lourdes responsabilités d'un agent, soumis à des obligations légales très étroites. L'ordonnance de 1839 prit un moyen terme. Au lieu d'un directeur, elle installa à la tête du quartier un *préposé responsable*, chargé de veiller à tout ce qui tient à la liberté et à la garde des malades, de pourvoir aux admissions et aux sorties, de faire les rapports exigés par la loi, de correspondre enfin avec l'autorité supérieure.

(1) Les hospices qui ont encore des quartiers d'aliénés, sont ceux des villes suivantes:

Aurillac, Saint-Brieuc, Morlaix, Montpellier, Tours, Nantes, Orléans, Pontorson, Vannes, Paris (la Salpêtrière et Bicêtre), Montauban, Niort, Poitiers. En 1881, ils ont traité 7.842 malades. (*Ann. stat. de la France*, 1884.)

Quant à la régie du quartier, sous le rapport des aménagements matériels, quant à la gestion financière, elles appartiennent à la commission hospitalière, qui délibère comme sur les autres services généraux. A la commission de surveillance des asiles, celle-ci emprunte son droit de contrôle sur la police intérieure ; mais elle s'en sépare nettement, en ce qu'elle est investie d'un pouvoir propre, au lieu de borner son action à l'émission de simples avis.

Le concours matériel prêté, dans cette hypothèse, au département par les établissements hospitaliers, n'est d'ailleurs pas gratuit ; il forme l'un des termes d'un contrat à titre onéreux.

Quelques difficultés ont surgi sur l'autorité compétente, pour fixer le prix de journée des aliénés traités dans les hospices communaux. On sait que la loi de 1838 a imposé aux départements cette double alternative, ou de créer un asile spécial, ou de traiter avec un établissement public ou privé. (Art. 1er.) Dans le premier cas, c'était le préfet qui réglait le tarif en toute liberté; dans le second, les prix de journée ne pouvaient être fixés que par un traité, débattu entre le préfet, au nom de son mandant, le département, et l'établissement étranger. Le traité devait être approuvé par le ministre.

En 1871, la loi du 10 août a donné aux conseils généraux le droit de statuer définitivement « sur les recettes de toute nature des établissements d'aliénés départementaux » ; elle a transporté du ministre à ces assemblées le droit d'approuver les traités passés avec des établissements étrangers, dans l'intérêt de ce service. (Art. 46-17°.) Il y a eu décentralisation, mais la situation juridique de l'autorité publique, à l'égard des hospices communaux, n'a pas changé. Si un hospice a été adopté par le département pour exécuter le service ou lui venir en aide, le conseil général ne peut pas lui imposer sa volonté. Il est obligé de traiter avec lui par l'intermédiaire du préfet, de puissance à puissance, comme si le débat s'engageait avec un établissement privé.

Ces solutions si logiques, ont pourtant été contestées. Des préfets ont prétendu imposer un tarif à des hospices communaux, qui possédaient des quartiers spéciaux d'aliénés. C'est ce que fit le préfet du Rhône, à l'encontre de l'hospice de l'Antiquaille, à Lyon. Il se fondait sur les termes de l'article 26-2° de la loi de 1838, portant « que la dépense des personnes placées dans les *hospices ou établissements publics d'aliénés*, serait réglée d'après un tarif arrêté par le préfet. » La portée du texte, par sa généralité même, semblait justifier cette prétention, d'autant mieux que le paragraphe 3 de ce même article, formant antithèse avec le premier et s'occupant des cas où il y a des traités à passer, prévoyait uniquement celui où le département aurait contracté avec un établissement privé. Sans doute, le préfet du Rhône pouvait invoquer la lettre du texte, mais il avait contre lui l'esprit de la législation aussi bien que le bon sens. La loi de 1838 avait eu le tort d'employer, dans le paragraphe 2 de l'article 26, une expression beaucoup trop compréhensive, dans le paragraphe 3, de ne pas prévoir la possibilité de traités passés avec un établissement public, notamment avec un hospice communal. Mais c'était le cas ou jamais d'interpréter la loi par son esprit plutôt que par ses termes. A ce titre, le conseil général des hospices de Lyon était recevable à demander au ministre de réformer le tarif que le préfet voulait lui imposer, en exécution de la délibération de l'assemblée départementale, et en cas de refus, à déférer la décision au Conseil d'État pour excès du pouvoir (1).

Il peut être intéressant au point de vue des principes, de se demander si un hospice qui soigne ainsi des aliénés, sans y être obligé par ses titres de fondation, pourrait *proprio motu* se décharger de ce service. L'affirmative me semble incontestable; l'hospice ne saurait être tenu de ce chef qu'en vertu d'obligations nées d'un contrat régulièrement passé par ses représentants.

§ 3

Les hospices peuvent être tenus de prêter leurs locaux d'une façon temporaire au service des aliénés. Je veux parler de l'obligation que leur impose l'article 24 de la loi de 1838, de recevoir provisoirement les personnes qui leur sont adressées par les maires, en cas de danger imminent, pour attendre la décision du préfet, ordonnant leur placement dans un asile. Autrefois les abus étaient constants. Les hospices refusaient de les recevoir, même à titre provisoire, et ils ne trouvaient un abri que dans les prisons, au milieu des prévenus et des condamnés, dont ils devenaient la risée et les victimes. Le mal était si grand, que le législateur de 1838 a cru nécessaire de dire en termes formels : « Dans aucun cas, les aliénés ne pourront être ni conduits avec les condamnés ou les prévenus, ni dirigés dans une prison. » (Art. 24.)

Cette obligation doit être restreinte à ses termes; le séjour provisoire à l'hospice ne saurait être imposé pour

(1) Conseil d'État, 6 juillet 1877.

les malades qui ne compromettent pas la sécurité publique, bien que leur présence au milieu de la population puisse donner lieu à des scènes regrettables au point de vue de la morale.

Cette mesure de police prise par les maires, leur permettait de vaincre la résistance d'une commission hospitalière, et de faire délivrer immédiatement le logement nécessaire. En vain celle-ci objecterait-elle que les salles sont pleines, l'hospice devrait offrir un abri à l'aliéné, dût-on le placer dans les locaux affectés aux employés, dût-on le mettre dans les salles ordinaires et le faire garder à vue (1).

L'article 24 de la loi de 1838 impose aux hospices une obligation dont les termes sont si impérieux, qu'ils ne pourraient, à mon sens, exciper, à l'encontre d'une décision du maire, leur envoyant provisoirement un aliéné, de la présence d'un asile dans la localité. Les portes de l'asile ne doivent s'ouvrir que devant un arrêté du préfet, ordonnant ou autorisant un placement. Le maire ne saurait puiser dans son pouvoir de « prendre toutes les mesures provisoires nécessaires », le droit d'interner à l'asile un fou furieux. L'esprit de notre législation ne peut autoriser le recours de la part d'un magistrat local à une mesure d'une si haute gravité.

La disposition ci-dessus a été étendue par le législateur de 1838, aux aliénés « *dirigés* par l'administration sur un établissement public ou privé ». Il s'agissait d'imposer aux hospices des villes que l'aliéné traversait, pour se rendre à l'asile, l'obligation de lui servir d'hôtellerie; et ici la mesure était plus large que dans le cas précédent, elle concernait *tous* les aliénés, ceux qui

(1) Circul. min. 18 sept. 1838.

étaient placés d'office, et ceux qui, sur la demande de leur famille, étaient admis au traitement, comme mesure d'assistance. Cette disposition offrait en 1838, une grande utilité. Aujourd'hui, en présence du développement et de la rapidité des moyens de locomotion, elle ne présente plus qu'une utilité secondaire.

Il est, du reste, à noter, que cette obligation, imposée à l'hospice, ne lui cause pas d'autre charge, que celle de l'appropriation des locaux. Quant aux frais de séjour que l'aliéné fait transitoirement dans l'établissement, la jurisprudence administrative a appliqué l'article 26-2°, qui donne au préfet, d'une façon générale, le droit de régler par un tarif « la dépense du séjour des personnes placées dans les hospices ou établissements publics. » Le montant de la dépense sera ajouté aux frais de traitement, et acquitté par le département, entre les mains du receveur de l'hospice.

CHAPITRE III

Du concours financier des hospices

A côté de l'aide matérielle, que les hospices peuvent être appelés à prêter au département, il en est une autre, de nature différente, et non moins importante : je veux dire le concours financier.

Les hospices sont tenus, aux termes de l'article 28-2°, de verser au département une indemnité proportionnelle au nombre des aliénés dont le traitement ou l'entretien était à leur charge avant 1838. M. Vivien exposait ainsi la disposition devant le Parlement. « Il n'y a qu'un cas où les hospices puissent être l'objet d'un recours ; c'est celui où ils se trouveraient soulagés d'une dépense à leur charge par l'admission dans un établissement spécial d'un aliéné qu'ils étaient obligés d'entretenir et de traiter. Dans ce cas, il est juste qu'ils payent une indemnité proportionnée au bénéfice qu'ils obtiennent. Ils la doivent, non comme un *tribut arbitrairement imposé*, mais comme une *restitution véritable* (1).

J'ai montré que les hospices sont tenus, d'après la loi de 1869, de verser, chaque année, à la caisse départementale, le produit de leurs fondations, faites au profit des enfants assistés, sans qu'il y ait à établir aucune corrélation entre ce versement et la charge effective, dont l'existence du service départemental les a exonérés.

(1) Rapport du 28 mars 1837.

Ici le principe du concours est tout différent. Les seuls hospices tenus au versement sont bien ceux qui, avant 1838, recevaient des aliénés en vertu de leurs titres de fondation, ou par suite d'un usage librement accepté; mais, au lieu d'un forfait, fixé une fois pour toutes, il y aura une dette à évaluer chaque année, un décompte à dresser par le préfet, et la somme réclamée sera en proportion du nombre d'indigents qui auraient été traités à l'hospice, si le service départemental n'avait pas existé.

Mais il importe de bien préciser dans quels cas le département peut recourir contre un hospice. La formule de la loi est très compréhensive; il suffit qu'il s'agisse « d'aliénés dont le traitement ou l'entretien était *à sa charge* ». On sait que, parmi les établissements hospitaliers d'avant 1838, les uns recevaient les aliénés pour obéir à leurs titres de fondation, les autres acceptaient ce service volontairement, en vertu d'un usage. Ces deux catégories d'établissements seront-ils également tenus de concourir à la dépense? Pour la contribution des enfants assistés, les premiers seuls sont soumis au versement, et j'ai cité des documents de jurisprudence écartant formellement toute prétention du département, à l'encontre de ceux qui auraient accepté spontanément ce service d'assistance. Ici, pas de distinction à faire; les termes de la loi de 1838 sont assez larges, pour embrasser les deux situations. Peu importe que la charge ait été imposée ou acceptée, dès l'instant qu'elle est reconnue.

Néanmoins, pour qu'il y ait lieu à indemnité, il faut que le traitement des aliénés à l'hospice ne trouve pas sa justification, sa raison d'être et sa cause, dans une contribution de la ville ou des localités voisines. On ne pourrait plus dire exactement que l'assistance des aliénés était une *charge* de l'établissement hospitalier, s'il rentrait dans ses débours par des allocations de cette espèce. Aussi, la jurisprudence a-t-elle écarté la réclamation du département chaque fois qu'entre l'assistance donnée par un hospice à des aliénés et le concours pécuniaire de leur commune, il y avait un lien de connexité, un rapport de cause à effet, faisant de l'un la conséquence de l'autre. (1)

Mais, en sens inverse, si ces deux faits ont simplement coexisté, sans être liés l'un à l'autre, comme les deux cause d'un seul et même contrat, l'hospice ne saurait tirer du concours qu'une ville lui a spontanément offert un prétexte pour s'exonérer d'un fardeau librement accepté par lui, alors qu'il pouvait répudier toute participation au service. Il y a bien charge, au sens légal du mot; et puisque l'hospice est délivré, il doit une indemnité correspondante (2).

C'est le préfet qui fixera, par arrêté, l'indemnité à demander à chaque hospice. Cet arrêté n'est pas un acte de juridiction; ce n'est à proprement parler qu'une prétention du département que le préfet représente. Si l'établissement conteste, soit le principe, soit le montant de l'indemnité, il pourra déférer au conseil de préfecture l'arrêté préfectoral, sous forme d'opposition à la contrainte décernée contre lui; la décision juridictionnelle intervenue pourra, à son tour, être portée en appel au Conseil d'État. L'article 28 *in fine*, qui attribue compétence au conseil de préfecture, doit être interprété largement, en tant qu'il s'agit de vider des questions administratives. Ainsi, je crois que la question du domicile

(1) Conseil d'Ét., Hosp. de Rouen, 19 janv. 1844.
(2) Conseil d'Ét., Hosp. de Montpellier 24 juin 1854.

de secours d'un aliéné, soulevée accessoirement, dans la fixation du décompte, pourra être examinée par ce tribunal d'exception, lors même que d'ordinaire, les difficultés de ce genre sont résolues par le ministre, juge de droit commun. Mais de la généralité des termes qui donnent compétence au conseil de préfecture, pour statuer sur l'indemnité hospitalière, il ne faudrait pas conclure à un empiètement possible sur le terrain de l'autorité judiciaire. Si un hospice recevait des fous avant 1838, en vertu de dons et legs spéciaux, et que la difficulté portât sur l'interprétation d'un acte de ce genre, le conseil de préfecture saisi de la question principale, devrait surseoir à statuer, et renvoyer l'interprétation sous forme de question préjudicielle devant le tribunal civil.

CHAPITRE IV

Concours financier des communes

En principe, la dépense des aliénés est une dépense départementale ; mais, en fait, le département n'intervient que pour combler la dépense laissée non couverte, après que le versement de l'aliéné et de sa famille, l'indemnité de l'hospice et le concours des communes, ont été réclamés.

Il est très important de savoir en quels cas l'aliéné sera réputé indigent, au sens de la loi de 1838, puisque cette qualité autorise le préfet à rejeter sur la commune domicile de secours une partie de la dépense. En droit, l'aliéné ne saurait prétendre limiter l'action du département aux revenus du capital qu'il possède. Tant que son patrimoine renferme un élément d'actif, il n'a légalement aucune aptitude à l'assistance gratuite. Cependant ce principe rigoureux conduirait à une suprême iniquité. Voici un ouvrier, chargé de famille, qui réussit à se constituer un modeste patrimoine, grâce aux économies qu'il a réalisées sur son salaire quotidien. Il est atteint d'aliénation mentale. Va-t-on autoriser le département à mettre la main sur ce faible pécule, juste au moment où la famille, privée du travail de son chef, en a le plus besoin ? Le ministre, dans sa circulaire du 5 août 1839, pensait que la loi devait être obéie littéralement ; mais il avouait « que l'application pourrait en devenir rigoureuse, s'il n'était laissé à cet égard une certaine latitude aux administrateurs, dispensateurs des deniers des pauvres et des contribuables. » Il admettait une dérogation possible au principe, mais se réservait le droit de statuer. Aujourd'hui, depuis les lois de décentralisation, pas de doute que l'appréciation des circonstances qui commandent ou de réduire le chiffre de la réclamation, ou de la supprimer complètement, ne rentre dans le pouvoir discrétionnaire du préfet, sauf le recours gracieux devant le ministre, au cas de refus.

En général, et par la force des choses, ce sont les communes, qui demandent elles-mêmes l'admission à l'asile de leurs habitants atteints d'insanité. Il y a là, en fait, une mesure d'assistance analogue à celle de l'article 3 de la loi du 7 août 1851, qui leur permet de faire traiter leurs malades à l'hôpital, moyennant un prix de journée. Mais elle est d'un usage autrement dangereux. Tandis que la dépense des malades ordinaires retombe tout entière à la charge de la commune, celle de l'aliéné est imputable au budget départemental, et se traduit, pour elle, en un simple concours, qu'elle s'efforcera d'éviter, en arguant de l'exiguïté de ses ressources. Aussi, le ministre de l'intérieur recommande-t-il que, pour les aliénés non dangereux, placés sur la demande de leur commune, le concours de celle-ci soit plus fort que pour les aliénés dangereux.

Il est à noter que, si la loi de 1851 suppose une demande de traitement hospitalier émanée de l'autorité municipale, cela n'est plus nécessaire lorsqu'il s'agit d'aliénés assistés par mesure de bienfaisance. Le particulier peut passer par dessus la municipalité, et obtenir du préfet l'assistance départementale avec la conséquence du concours obligatoire de la commune, sans que le conseil local ait même été consulté.

C'est par la contribution qui leur est imposée, que les communes prennent une place importante dans l'assistance des aliénés. A la différence des sommes réclamées aux hospices, et dont le versement constitue une véritable dette, la part de la commune se présente sous l'aspect d'un simple concours discrétionnaire, que le département peut réclamer ou non. Mais s'il est réclamé, il n'appartient pas à la commune de le refuser ; l'inscription d'office fournirait au préfet une arme pour vaincre toute résistance. (Art. 136-10°, loi du 5 avril 1884.)

Quelle est l'autorité chargée de fixer le chiffre du concours de la commune de l'aliéné? Dans la loi de 1838, c'était déjà le conseil général; mais alors son pouvoir était moindre qu'aujourd'hui.

Sous l'empire de la législation départementale existante, les délibérations de cette assemblée n'étaient exécutoires que moyennant l'autorisation du gouvernement, et le ministre conservait une action efficace sur la fixation de ce chiffre. Depuis la loi du 10 août 1871, la délibération du conseil général, prise sur ce chef, est devenue exécutoire par elle-même. C'est l'assemblée départementale qui statue définitivement, sur la proposition du préfet. (Art. 46, n° 19, loi de 1871.)

Quelle sera au juste la quotité de la part mise à la charge des communes? Si on consulte les textes de la loi de 1838, on voit qu'ils parlent d'un *concours*. Dès lors ne semble-t-il pas que le rôle de la commune ne doive jamais être qu'accessoire? C'est bien ainsi que la circulaire ministérielle du 5 août 1839 interpréta la pensée de la loi : « Vous savez, disait-elle aux préfets, que le concours des communes doit s'entendre dans le sens d'une subvention équitable, et non pas de manière à laisser la dépense tout entière à la charge des caisses municipales. Le mot *concours* n'exprime, en effet, que l'idée d'une *subvention subsidiaire*. Il a été formellement reconnu, et plusieurs fois exprimé, que la dépense des aliénés était, en principe, essentiellement départementale et que le département devait toujours en supporter la plus grande partie. » Mais, tout en maintenant le fort de la dépense au budget du département, c'était aux conseils généraux de faire varier le chiffre du concours, suivant les ressources des localités. « Eux seuls, disait le ministre, peuvent apprécier convenablement les diverses circonstances qui doivent influer sur le partage de la dépense. »

Faute de base légale, le ministre chercha une base administrative qui pût servir de règle aux assemblées locales. Le revenu communal lui parut la base la plus équitable, comme celle qui est la moins sujette aux difficultés d'application. La circulaire de 1839 posa les principes suivants: dans aucun cas, les communes ayant 100,000 francs de revenu et au-dessus, ne devront être appelées à supporter plus d'un *tiers* de la dépense de leurs aliénés indigents; les communes ayant 50.000 francs et au-dessus, plus d'un *quart;* celles ayant 20.000 francs, plus d'un *cinquième;* celles ayant 5.000 francs, plus d'un *sixième*. Enfin, les communes qui ont moins de 5.000 francs ne devraient être tenues de concourir à la dépense que dans une proportion moindre qu'un sixième, et qu'autant qu'elles pourraient fournir ce concours sans compromettre les autres services.

Ces bases très rationnelles, passèrent dans la pratique, et, comme il appartenait alors au gouvernement de rendre exécutoires, par son approbation, les délibérations du conseil général, il possédait un moyen très efficace d'en assurer la fidèle exécution. Mais depuis les lois de décentralisation de 1866 et de 1871, le ministre a perdu ce moyen d'action; les délibérations du Conseil général sont exécutoires par elles-mêmes, sauf la faculté pour le gouvernement d'annuler celles qui violent une loi ou un réglement. Or l'échelle ci-dessus exposée est une simple pratique administrative, formée en dehors de la loi, et pour suppléer à son silence. Le conseil général pourra s'en écarter, sans avoir à redouter un décret d'annulation.

Mais l'assemblée départementale, à laquelle il faut reconnaître le droit de fixer avec une certaine latitude, la part des communes, peut-elle faire plus? peut-elle enlever à celle-ci le caractère d'un simple concours, d'une contribution accessoire, pour rejeter sur les localités la part principale de la dépense? Pour moi, la pensée de la loi, éclairée par les débats parlementaires, commentée par les instructions ministérielles, défend au conseil général de donner au contingent communal un autre caractère que celui d'un simple concours. On l'a dit et répété dans la discussion, la dépense des aliénés est avant tout une dépense départementale, et les communes ne sont appelées qu'en seconde ligne.

Ce n'est pourtant pas l'opinion qui a prévalu. En 1849, le conseil général de la Seine-Inférieure, ou mieux une ordonnance rendue sur délibération de cette assemblée; avait décidé que les communes ayant 50.000 francs de revenus ordinaires et au-dessus, devraient concourir pour les soixante-dix centièmes de la dépense. La ville de Rouen se pourvut au Conseil d'Etat, pour excès de pouvoir, en invoquant l'esprit de la loi, son texte, ses précédents, son interprétation par les circulaires subséquentes. Elle reconnaissait bien que, vu le silence de la loi sur la quotité du concours, le droit rigoureux du département pouvait aller jusqu'à mettre à la charge des communes, les quarante-neuf centièmes, par exemple, de la dépense, mais que cette limite ne saurait être dépassée, sans excès de pouvoir (1).

Le ministre de l'intérieur fit remarquer, dans l'affaire, que la loi n'avait pas fixé la proportion du concours à exiger des communes, parce qu'il était impossible, à raison de leur situation financière, variable à l'infini, de poser une règle applicable à toutes. De ce motif incontestable, ressortait pour lui la preuve que la loi a entendu laisser au gouvernement un droit absolu, sans limite, de fixer le chiffre du concours communal. Cette argumentation ressemble fort, selon moi, à une pétition de principe. La pensée de la loi est certaine; elle a été de laisser les conseils généraux juges des situations locales. Mais leur a-t-elle laissée une liberté absolue ? Voilà ce qu'il faudrait démontrer, et ce que je ne puis admettre. Le ministre a eu tort de faire sortir des motifs qui ont inspiré la disposition légale une solution plus compréhensive, une somme de pouvoirs plus large qu'il n'était nécessaire. Le conseil général pouvait, sans conteste, remplir sa mission de juste appréciateur des circonstances locales, sans être investi du droit exorbitant de changer complètement l'assiette de la dépense des aliénés. Le commissaire du gouvernement affirmait dans cette affaire que c'est seulement au cas où le gouvernement mettrait la totalité de la dépense à la charge des communes, que celles-ci pourraient se plaindre de la violation du droit qu'elles ont de n'être tenues qu'à un concours.

(1) Conseil d'Ét., 3 août 1849, ville de Rouen.

Mais alors on tombe dans le ridicule ; avec ces idées, une allocation de crédit d'un centime par le conseil général, suffirait pour écarter toute plainte des communes !

Le 22 juin 1883, un pourvoi de même nature fut introduit devant le Conseil d'État par la ville de Marseille, et rejeté par application des idées qui avaient prévalu en 1849. Celles-ci se fortifiaient d'un argument nouveau. Lors de la discussion de la loi du 10 août 1871, qui se borna, sur ce point, à supprimer l'approbation du gouvernement, un député proposa de faire déterminer par un règlement d'administration publique, les bases de la répartition à faire entre les communes, de la dépense des aliénés ; le motif de son amendement, était l'inconvénient d'un état de choses qui permettait aux conseils généraux de mettre la totalité de la dépense à la charge des communes. L'Assemblée nationale, en repoussant cette proposition, a donc donné son adhésion implicite au système qui était suivi.

Que cette solution soit conforme à la loi, ou qu'elle lui soit contraire, le résultat est important à constater. Elle aboutit à rejeter sur les communes le fardeau pécuniaire de l'assistance des aliénés. C'est un hommage rendu à ce principe, que le pauvre doit être secouru dans sa commune, ou, à défaut, aux frais de celle-ci.

Un caractère important de la contribution communale, c'est qu'elle ne se répartit pas, comme celle des enfants assistés, d'une façon uniforme et collective entre toutes les localités. Elle se solde individuellement, par aliéné ; si bien que la commune qui n'a aucun aliéné en traitement à l'asile, n'aura rien à acquitter. Cette différence se justifie pleinement. Tandis que la fixation du domicile de secours est fort difficile à établir pour les enfants trouvés, la question est susceptible d'une solution plus aisée; quand il s'agit des aliénés.

C'est sur la quotité du concours communal, plutôt que sur son chiffre absolu, que le conseil général a à se prononcer. Si le préfet, dans le projet de budget départemental, évalue le chiffre de ce concours, tant par le nombre d'aliénés en traitement que par le chiffre probable de ceux qui seront admis durant l'exercice, c'est afin de fournir à l'assemblée une base aux crédits prévisionnels qu'elle-même doit allouer. « Je pense, disait le ministre, que la meilleure marche à suivre, consiste à déterminer d'abord quelles sont les communes qui doivent, s'il y a lieu, être exemptées de tout concours; puis, après cette première distinction, à diviser les communes susceptibles de concourir en diverses catégories suivant ce qui a été indiqué ci-dessus, et à fixer la proportion du concours à exiger des communes, placées dans chacune de ces catégories (1). »

Une très intéressante difficulté s'est produite sur le mode de fixer le concours de la commune, quand celle-ci possédait, avant 1838, un hospice propre, obligé de recevoir ses aliénés, ou même quand elle avait simplement le droit de les envoyer en traitement dans un établissement charitable étranger. Il ne s'agit pas du cas où ce service n'était que la contre-partie d'une subvention municipale; il faut supposer que l'hospice, en recevant gratuitement les aliénés de sa ville ou des localités voisines, obéissait à ses titres de fondation, ou suivait un usage constant et reconnu.

Les communes dont je parle, bénéficiaient ainsi

(1) Circul. du 5 août 1839.

d'une véritable immunité, et le traitement gratuit assuré à leurs aliénés constituait une très sérieuse économie pour leurs finances.

Que fit la loi de 1838 ? Deux choses : 1° Elle imposa à l'hospice qui, avant cette date, aurait dû recevoir des aliénés, l'obligation de participer à la dépense imposée dès lors à l'asile départemental. 2° Elle permit de demander aux communes un concours subsidiaire. Il était, du reste, bien entendu que les recours devraient être exercés dans cet ordre, le département n'intervenant que pour combler le déficit. Son intérêt manifeste était donc d'obtenir ainsi la plus grosse somme possible, afin de ne conserver à sa charge qu'une minime part de la dépense.

La question qui se posa, au lendemain de la loi de 1838, fut de savoir si la part de son revenu que l'hospice devait consacrer au traitement des aliénés de la commune A, désormais due au département, à titre d'*indemnité*, ne devait pas venir en déduction du *concours* que le département imposerait à celle-ci. L'affirmative s'imposait en équité. Ne pas réduire le contingent communal des sommes versées par l'hospice, c'eût été enlever à la commune bénéficiaire l'émolument des fondations faites à son profit, ou l'immunité acquise par un usage immémorial. Ce fut la solution admise par le ministre, dans sa circulaire de 1839. « Lorsqu'une commune possède un hospice, disait-il, ou lorsqu'il existe dans un hospice une fondation, faite au profit d'une commune, l'indemnité payée par lui, pour l'entretien des aliénés de la commune, doit profiter à cette dernière et tourner à sa décharge, en ce qu'elle ne doit être appelée à payer que le surplus de la dépense mise à sa charge, qui ne serait pas couvert par l'indemnité déjà acquittée par l'hospice. » L'application de ces principes pouvait être facilement assurée par un ministre, qui avait lui-même fixé d'une façon préfixe le taux du contingent à réclamer de chaque commune, et, qui plus est, avait le moyen pratique de faire respecter ses prescriptions, par son approbation donnée à la décision du conseil général. Les doléances de la commune, qui avait à se plaindre de la non-observation de ces règles, lui arrivaient directement; il pouvait accueillir une réclamation équitable, destinée à faire respecter la pratique que lui-même avait insinuée.

Malheureusement, depuis 1838, les choses ont changé. J'ai dit que, d'après la jurisprudence, le concours à réclamer des communes, devait être entendu d'une façon très large, si large que le conseil général pouvait, sans excès de pouvoir, transformer en dette principale une dette accessoire. J'ai montré, que la délibération de cette assemblée étant exécutoire par elle-même, le ministre avait perdu le moyen de faire respecter les règles qu'il avait fixées, en tant que supérieur hiérarchique, à ses agents. De ces faits combinés, il résulte que contre le chiffre du concours imposé à une commune, sans que déduction préalable ait été faite de l'indemnité payée par l'hospice au département, celle-ci ne saurait protester. Il n'y aurait pas dans cette omission, la base d'un recours pour excès de pouvoir au Conseil d'État, car, pour cela, il faut une violation de la loi, qui n'existe pas, puisque le conseil général est libre de fixer *souverainement* et *sans limitation* le contingent communal.

Le résultat, c'est que la commune perdra ainsi le bénéfice des fondations qui lui étaient affectées, pour le traitement de ses fous indigents. Ce sera le département qui, en dernière analyse, réalisera indirectement et par voie d'économie sur ses propres deniers, un gain auquel il ne pouvait prétendre. C'est fâcheux, au point de vue de l'équité, mais c'est le droit strict!

La question est venue, ces dernières années, à plusieurs reprises devant le Conseil d'État, dans des circonstances si curieuses, que je ne puis résister au désir de relater l'affaire. Celle-ci présente d'ailleurs une mise en jeu remarquable des divers recours administratifs.

La ville d'Angers, avant la création d'un asile dans le département, envoyait ses aliénés indigents dans son propre hospice. Leur traitement résultait-il des titres de fondation, dons ou legs? Le point était discutable en droit; mais, en fait, la question fut entendue en ce sens par l'Administration, et le département réclama à l'hospice l'indemnité prévue par la loi de 1838. C'est alors que la municipalité émit la prétention, fort rationnelle, conforme à l'interprétation ici donnée de cet article, de diminuer d'autant le contingent assigné, et dont elle ne contestait d'ailleurs pas le chiffre. Elle refusa de voter le crédit nécessaire pour faire face à la dépense, tel que l'avait fixé le conseil général. Inscription d'office au budget communal; recours pour excès de pouvoir au Conseil d'État, formé par la ville contre l'arrêté préfectoral. Le Conseil écarta le pourvoi, sans même examiner le fond de l'affaire, sur cette simple constatation « que le contingent de la ville d'Angers dans la dépense de ses aliénés indigents, à l'asile départemental, calculé d'après les bases fixées par le conseil général, constitue une dépense obligatoire. » Il faisait remarquer, en terminant, que sa décision n'apportait aucun obstacle à ce que la ville fît valoir « *devant le juge compétent*, les droits qui pourraient résulter pour elle de l'obligation où auraient été les anciens hospices de recevoir exclusivement les indigents de la commune d'Angers (1).

Battue sur ce pourvoi, la ville introduisit alors une action devant le conseil de préfecture, pour faire juger que la dotation consacrée par l'hospice aux aliénés devait aller, de préférence, aux pauvres d'Angers, et cela en vertu des titres de fondation eux-mêmes. Elle appliquait extensivement l'article 26 de la loi de 1838, qui donne compétence à cette juridiction pour statuer sur les demandes d'indemnité formées contre les hospices par le département. Le conseil de préfecture se reconnut compétent pour apprécier si des titres résultait bien, au profit des pauvres d'Angers, un droit exclusif, et trancha la question en déboutant la ville. Celle-ci revint devant le Conseil d'État, cette fois par la voie de l'appel; elle obtint que l'arrêt du conseil de préfecture fût cassé, car en interprétant des legs et donations, ce tribunal administratif avait empiété sur le domaine des juges civils; mais d'une décision rendue sur le litige par la haute juridiction, il ne pouvait être question. Celle-ci se borna à répéter, comme dans sa première décision, mais avec plus de précision, « que la délibération du conseil général ne faisait pas obstacle, à ce que la contestation fût portée devant l'*autorité judiciaire* ».

Ce point est incontestable! Mais, à vrai dire, je ne vois pas ce que la ville pouvait gagner à faire déclarer par le tribunal de première instance que l'hospice était tenu de traiter gratuitement ses pauvres atteints d'aliénation mentale. Cette déclaration aurait été purement platonique!

L'obligation de l'hospice, en admettant qu'elle exis-

(1) Conseil d'État, 15 mai 1874.

tât ne pouvait se résoudre en dommages-intérêts, car l'inéxécution ne lui était pas imputable à faute. Elle résultait de la volonté du législateur, qui a chargé de ce service le département. De bénéfice réalisé par l'hospice, il ne pouvait non plus être question, puisqu'il était obligé d'acquitter entre les mains du département une indemnité proportionnelle. Admettre contre lui l'action récursoire de la ville, c'eût été le faire payer deux fois, et consacrer une suprême injustice.

Je crois donc que les conseils généraux devraient user avec plus de modération de la liberté excessive que la loi de 1838, et surtout les lois de décentralisation de 1866 et 1871 leur ont laissée relativement au chiffre de la dépense des aliénés indigents, qu'ils peuvent rejeter sur les communes. Le législateur de 1838 leur a témoigné une confiance autrement large que celui de 1869, puisqu'il n'a pas limité à un maximum le taux de ce concours. Aussi doivent-ils, dans les cas analogues à celui que je viens d'exposer, sinon d'après les termes de la loi, du moins d'après l'équité, diminuer la part de la commune, de l'indemnité proportionnelle acquittée par l'hospice à sa décharge. Agir autrement, ce serait spolier les localités des avantages dont la générosité des particuliers les a gratifiées.

La loi de 1838 permet, on l'a vu, au département de se récupérer des frais occasionnés par l'aliéné, au moyen d'un quadruple recours exercé successivement contre lui, s'il a des ressources, contre ceux de ses parents tenus de l'obligation alimentaire, contre l'hospice qui autrefois l'aurait secouru, et enfin contre la commune domicile de secours. Il est important de se demander si le fait que le département a négligé d'agir contre un parent tenu alimentairement, a pour conséquence de le mettre désormais à l'abri de toute poursuite, ou bien si la commune peut s'armer contre lui d'une action que les termes de la loi supposent exercée uniquement par le département. Pour moi, la question n'est pas douteuse. En versant dans la caisse du trésorier général une fraction des frais de traitement de l'aliéné, la commune a, pour ainsi dire, acquitté la dette du parent tenu de l'obligation alimentaire. D'après les principes généraux du droit, elle sera subrogée aux droits du département, et pourra exercer le recours que les textes confèrent expressément à celui-ci. Le fait que la commune ayant refusé d'acquitter de bon gré la somme à elle réclamée, s'est vue imposer cette contribution par un arrêté préfectoral, portant inscription d'office à son budget, n'infirmerait en rien la vérité des principes.

Cette solution est d'autant plus nécessaire en pratique, que le plus souvent l'autorité départementale est fort mal renseignée sur les liens de famille qui unissent l'aliéné à telle ou telle personne, et engendrent l'obligation alimentaire. L'autorité municipale sera mieux placée pour se livrer, sur les lieux, à des recherches investigatrices, et découvrir les parents qui, s'ils avaient payé directement une fraction de la dépense, auraient diminué d'autant le concours communal.

Il est du reste bien à noter que toutes les difficultés qui s'élèvent sur ce recours pour dette alimentaire rentrent exclusivement dans la compétence des tribunaux civils.

En résumé, si je cherche à définir exactement la part que la commune prend à l'assistance des aliénés indigents, je formulerai ainsi mes conclusions : En ce qui touche l'exécution du service, son intervention est bien minime, puisque ses hospices, à part quatorze quartiers subsistant encore, sont déchargés de tout concours direct, et qu'on ne saurait considérer comme une participation sérieuse l'obligation d'offrir un abri provisoire aux fous furieux. Il ne reste donc que les charges financières. Ici, l'examen de la loi, et surtout de la jurisprudence, autorise à exprimer un jugement tout opposé ; la tendance est de rejeter sur les communes une très forte part des dépenses de l'aliéné indigent. Cet esprit a été favorisé par le manque de précision du législateur de 1838, qui, en n'imposant pas au concours communal une limite déterminée, a rendu possible une interprétation de ses volontés, qu'on peut taxer d'inexacte et d'abusive ; par la complicité du législateur de 1871, qui a ratifié de son silence une pratique connue, au lieu de protester contre elle, alors qu'il en avait une si belle occasion.

TITRE VII

Domicile de secours

Un des traits caractéristiques de notre temps, c'est, sans contredit, l'extrême mobilité avec laquelle les populations se déplacent, le courant de plus en plus intense des classes rurales vers les villes. Que ce spectacle effraye les moralistes, on le conçoit aisément, car il a pour conséquence de rompre les liens de la famille, d'enlever à celle-ci sa cohésion. Qu'il touche quelque peu l'économiste, plus froid dans ses appréciations, on le comprend encore, car ce mouvement est parfois le résultat de causes artificielles, et il engendre des conséquences regrettables. Mais il n'empêche qu'il y ait des causes économiques profondes, qui, dans tous les pays civilisés, expliquent ce déplacement dans l'assiette de la population, causes multiples, dont la principale réside dans les nécessités du travail industriel. C'est un fait qui s'impose au législateur, qu'il peut modérer par son action, mais qu'il ne saurait éliminer.

Comme cette extrême mobilité affecte surtout les classes pauvres, celles qu'aucun lien n'attache au sol, et qui sont poussées par le besoin, souvent ces émigrants tombent à la charge des localités où ils s'installent. Pourront-ils demander l'assistance, et dans quelles conditions? C'est le problème du domicile de secours.

Théoriquement, il peut recevoir trois solutions, dont

deux ont tous les inconvénients des solutions absolues; une troisieme, espèce de conciliation entre les deux autres, est de nature à mieux satisfaire et la raison, et les nécessités de la pratique.

On peut proposer d'identifier le domicile de secours avec le domicile civil, quant à son acquisition, sa conservation et sa perte. Cette solution n'est pas soutenable, quand on songe que le domicile civil, dans une localité, s'acquiert par la simple coexistence de deux conditions : l'une matérielle, l'établissement réel, l'autre mentale, l'intention de s'y fixer, démontrée par des déclarations officielles ou, à défaut, par les circonstances. (Art. 102-105 du Code civil.) Soumettre l'acquisition du domicile de recours à des conditions d'une réalisation si facile, ce serait en réalité l'affranchir de toute entrave. Autant vaudrait dire que la simple présence dans une commune, rend apte à y être assisté (1).

Une autre solution consisterait à fixer le domicile de secours au seul lieu de la naissance, si bien que l'individu, quelles que soient ses absences, quel que soit le caractère errant et mobile de son existence, serait assuré de retrouver dans son pays aide et assistance. On créerait ainsi un lien de plus avec le lieu d'origine, bien propre à favoriser l'esprit de retour. Cette manière de résoudre la question vaut mieux que la précédente ; mais elle n'est pas sans inconvénient. Est-il raisonnable d'imposer à une commune le devoir moral d'assister un individu qu'elle a perdu de vue, qui ne tient plus à elle que par le faible lien d'un souvenir ? C'est pourtant l'esprit qui

(1) Si j'énonce cette solution, ce n'est pas seulement pour compléter l'exposé des solutions possibles du problème, c'est aussi parce qu'elle a été proposée par quelques conseils généraux dans l'enquête de 1872.

a inspiré le législateur belge de 1874, et je me réserve de revenir plus loin sur les palliatifs au moyen desquels il a essayé de corriger les imperfections naturelles de cette conception.

Le système mixte est celui qui, partant du deuxième point de vue, admet concurremment la possibilité d'acquérir l'aptitude aux secours publics par le séjour prolongé dans une localité. Je ne parle point d'une présence réelle, qui se double de l'intention nécessaire pour acquérir le domicile ; il suffit d'une résidence prolongée dans des conditions telles, que le réclamant puisse être considéré comme affilié à la famille communale.

Ce sont là, dans leur essence, les idées qui ont passé dans la loi du 24 vendémiaire an II (titre V), appliquée encore aujourd'hui par notre jurisprudence, faute de textes plus modernes. Cet emprunt à une législation disparue peut paraître illogique, et il pourrait venir à l'esprit de contester l'application des règles posées pour une situation différente. Il faut se rappeler en effet que, lorsque ce texte fut édicté, notre pays était placé sous le régime de l'assistance obligatoire par l'État. Si le pauvre changeait de domicile, il n'était pas nécessaire de lui imposer un stage bien long, pour acquérir le droit d'être secouru dans la localité; l'obligation pesant sur l'État, la créance était exigible en tous lieux, et le séjour d'un an, imposé dans la nouvelle commune, avait le caractère d'une simple formalité administrative, destinée à rendre possible aux pouvoirs publics la fixation des sommes à répartir. Cela est si vrai que, dans tous les pays où l'on admet l'assistance communale, le séjour d'une année est considéré comme insuffisant pour acquérir le domicile de secours ; on exige trois, quatre, cinq ans, et, en Belgique, il y a peu de temps, on allait jusqu'à huit ans.

Bien que la législation révolutionnaire ait sombré, la pratique moderne a cru pouvoir en recueillir une épave : la théorie du domicile de secours. Rationnellement, on conçoit que celle-ci soit indépendante du point de savoir si le pauvre a un *droit* ou une simple *aptitude* aux secours. Un stage d'un an eût été difficilement acceptable, au début du siècle, pour prendre place dans un système d'assistance purement communale ; aujourd'hui, vu l'extrême mobilité des populations, il peut être tenu pour suffisant.

L'application de la loi de vendémiaire ne se rencontre guère que pour les enfants assistés et les aliénés. Cela tient à ce que, l'assistance étant en France facultative de son principe, il ne peut y avoir de recours à exercer que dans ces deux cas exceptionnels, où le secours revê le caractère obligatoire ; partant c'est seulement dans ces circonstances que sera soulevée la question du domicile de secours.

Pour être admis au traitement à l'hôpital, l'indigent n'est soumis à aucune condition de domicile. Ce fut là, on s'en souvient, la grande innovation de la loi de 1851, inspirée par une pensée à la fois humanitaire et rationnelle. La question de savoir en quelle commune l'indigent a son domicile général de secours, tel qu'il résulte de la loi de vendémiaire an II, ne se posera pas non plus, car notre législation n'accorde contre elle aucune action récursoire de l'hôpital.

Les règles du domicile de secours devaient autrefois être observées par les commissions d'hospices, quand elles dressaient leurs règlements intérieurs, et fixaient les conditions auxquelles serait subordonnée l'admission des vieillards ou des infirmes. Depuis la loi du 7 août 1851, je crois qu'il faut déduire de l'article 2, qui leur fait une délégation sans réserve du droit de régler les questions d'admission, sous l'autorité du préfet, la possibilité de méconnaître ces prescriptions. Ainsi, pas de doute qu'une commission hospitalière pourrait exiger deux ou trois ans de séjour dans la localité, pour acquérir aptitude à l'assistance de l'établissement.

Quant à l'admission aux secours à domicile, l'ordonnance du 31 octobre 1821 (art. 17) donne à la commission du bureau de bienfaisance le pouvoir d'en régler les conditions, et parmi elles figure, au premier rang, celles du domicile de secours. La loi de vendémiaire s'imposera-t-elle aux auteurs du règlement? D'abord, il faut éliminer l'hypothèse où ils se contenteraient d'une durée de séjour inférieure à un an à raison de leurs abondantes ressources. La question n'offre de l'intérêt que dans le cas où ils voudraient exiger un stage plus long. Je crois que la loi de vendémiaire, en tant qu'elle impose à l'indigent un séjour d'un an dans la localité, pour y acquérir le droit à l'assistance, pose un principe général, qui doit prévaloir toutes les fois qu'un texte législatif n'y a pas apporté dérogation expresse. Pour les hôpitaux, pour les hospices, des exceptions ont été formulées. Mais, pour les bureaux de bienfaisance, je cherche en vain dans nos lois une semblable dérogation. Je vois bien que l'ordonnance de 1821 recommande aux préfets de prescrire la rédaction d'un règlement intérieur; mais les dispositions qui règlent le domicile de secours s'imposent au pouvoir exécutif aussi bien qu'aux commissions charitables. Celles-ci ne sauraient sans excès de pouvoir allonger arbitrairement le délai d'un an. Le seul moyen pour le bureau de bienfaisance de maintenir l'équilibre entre ses revenus et ses distributions, consistera dans la diminution soit du nombre des personnes admises, soit de la somme des secours à accorder à chacune.

Le véritable champ d'application de la loi de vendémiaire, c'est, ai-je dit, le service des enfants assistés et celui des aliénés. Il y a là des infortunes dont le soulagement s'impose avec une rigueur impérieuse. Quel que soit l'endroit où sa destinée le jette, l'enfant abandonné, l'aliéné sera reçu dans l'hospice dépositaire ou dans l'asile du département, où la charité publique le rencontre, sans que des questions oiseuses de domicile puissent être soulevées. C'est seulement quand il s'agira de solder la dépense, que le département qui l'a recueilli dans ses établissements, cherchera à quelle circonscription départementale il se rattache. Pour l'enfant assisté, le débat sera limité entre le département, qui a donné le secours et celui auquel l'enfant appartient. On se rappelle en effet, que, pour ce service, la contribution communale est réglée en suite d'un véritable forfait, sans qu'il y ait lieu de rechercher, pour une commune déterminée, le nombre de ses enfants assistés, ni même si elle en a. Au contraire pour les aliénés, un deuxième débat s'élèvera entre le département, qui a dû payer le traitement, donné à un individu domicilié dans sa circonscription, et la commune domicile de secours ; celle-ci se verra demander individuellement une part de la dépense, tout comme si l'aliéné avait été reçu dans l'asile même du département.

La pensée inspiratrice de la loi de vendémiaire, qui définit le domicile de secours « le lieu où l'homme nécessiteux a droit aux secours publics » a été, de le placer au lieu de la naissance, comme règle générale, sauf la possibilité d'en acquérir un autre par un séjour habituellement d'un an, par exception de six mois. Tout individu reçoit de la loi un domicile charitable, qu'il conserve, tant qu'il n'en a pas acquis un autre; c'est un principe formellement inscrit dans nos textes, que nul ne peut en cumuler deux.

Mais, où est au juste le domicile naturel ? L'article 2 le place au *lieu de naissance.* Pourtant, si le législateur avait borné là ses dispositions, il aurait commis une imprudence extrême. Un enfant peut naître dans un lieu, par accident, sans qu'on puisse en déduire l'existence d'un lien sérieux entre lui et la localité. Il eût été peu juste de déplacer arbitrairement les charges d'assistance au gré d'événements fortuits. Aussi, le lieu de naissance n'est pas celui où il a vu effectivement le jour, c'est celui où sa mère a son *domicile habituel*, au moment où il est né.

Bien plus, fidèle à la pensée qui a inspiré la disposition, je crois qu'il faut interpréter cette expression comme synonyme de *résidence*, non y voir le domicile civil, que devait définir le législateur de 1804, et qui se caractérise par le concours de ces deux conditions, la présence réelle en un lieu et l'intention d'y rester. Ces conditions peuvent se réaliser instantanément ; c'eût été bien inutile de dire que le lieu de naissance de l'enfant est au domicile habituel de sa mère, si celle-ci avait pu, en transportant arbitrairement son domicile, déplacer le lieu légal de la naissance, par suite changer la commune qui serait appelée éventuellement à secourir l'enfant dans ses infortunes futures. Pour moi, il faut chercher le lieu où la mère avait l'habitude de résider, avant la naissance de l'enfant, non le lieu du domicile civil, qu'elle a entendu se donner. Cette interprétation est tout à fait conforme à l'esprit de la loi de l'an II, et je m'y rallie d'autant plus volontiers, que le texte a ajouté au mot *domicile* le qualificatif *habituel*, qui exclut l'idée d'un domicile acquis instantanément.

En interprétant ainsi le mot *domicile*, on évite de tomber dans des distinctions délicates, qui exigent, en dehors de l'examen des faits, des recherches minutieuses d'intention. Ainsi, je lis le passage suivant, dans un article de revue, du reste fort remarquable : « Une fille enceinte peut venir à Paris, pour une affaire, pour un temps limité ; elle peut y venir aussi dans le but de cacher sa grossesse, de faire ses couches, et avec l'intention de retourner après dans son pays. Dans ce cas, si elle accouche à Paris, on ne peut pas dire que cette ville est sa résidence habituelle, et que son enfant y a son domicile de secours, quoique Paris soit le lieu où cet enfant est né, et son lieu de naissance devant la loi civile. *Mais* si elle vient dans le but de cacher sa grossesse et *de s'y fixer après ses couches*, ce qui doit résulter de son premier établissement, de ses occupations et des faits postérieurs à sa délivrance, Paris sera son lieu de domicile habituel, et son enfant y aura droit au domicile de secours. Tout peut se réduire à une question d'intention (1). » L'auteur de cet article me semble avoir commis précisément l'erreur qui consiste à voir dans les mots *domicile habituel* employés par la loi de l'an II, la traduction des mots *domicile civil*. Il l'avoue lui-même, quand il dit que tout se résoud en une question d'intention. La solution qu'il consacre par cet exemple a le double défaut d'être d'un maniement peu pratique et de consacrer une injustice. Il sera fort difficile pour une administration publique de chercher dans l'esprit de cette femme l'existence d'intentions qu'elle n'a peut être pas elle-même à un degré bien net. Puis n'est-il pas contraire à l'esprit de la loi d'admettre que, par un simple

(1) *Revue générale d'Adm.* 1881, article de M. Élie de Biran.

effet de sa volonté, accompagné d'un déplacement matériel quelques jours seulement avant la naissance de son enfant, elle rejette sur l'Assistance publique de Paris une charge qui devait peser sur la commune où elle avait l'habitude de résider ?

Ce domicile de secours naturel est conservé aussi longtemps qu'on ne lui substitue pas un domicile acquis. Il n'est pas susceptible d'une prescription extintive *non utendo*. Quand même vous auriez quitté depuis trente ou quarante ans le lieu où était votre domicile de naissance, vous conserverez intacte votre aptitude à y être assisté, et si vous êtes atteint d'aliénation mentale, votre commune pourra être grevée d'une part de la dépense malgré ses protestations qu'elle ne vous connaît plus ; la seule condition, c'est que vous n'ayez nulle part acquis un nouveau domicile

Si l'individu qui demande l'assistance a acquis à l'étranger un domicile de secours, il ne faut pas hésiter à dire que sa commune d'origine ne peut pas lui opposer la perte de son domicile naturel. La loi française ignore le traitement que font à ses nationaux les législations étrangères.

La loi du 24 vendémiaire an II accorde à tout citoyen la faculté de demander l'assistance, jusqu'à vingt et un ans, dans sa commune d'origine. Comme il est obligé, jusqu'à sa majorité, de suivre ses parents ou tuteurs, même dans leurs déplacements les moins justifiés, la prudence exigeait qu'on lui assurât la possession de son domicile de secours originaire, jusqu'au moment où lui-même pourrait en choisir un autre. Devenu majeur, il le fera par une résidence d'un an dans une autre localité, mais il n'est pas nécessaire que ce délai s'écoule tout entier après sa majorité ; il suffit que six mois seulement se placent après ce moment (1). (Art. 8.)

N'admettre l'aptitude aux secours publics qu'au lieu de la naissance, c'eût été consacrer une fixité peu compatible avec les nécessités de l'existence. Aussi la loi de vendémiaire a-t-elle posé ce principe, qu'on peut acquérir le domicile de secours par le séjour d'un an dans une commune. Ce délai me paraît suffire. Il a l'avantage de coïncider avec la durée des charges locales auxquelles l'indigent est, au moins virtuellement, soumis.

Dans la législation de l'an II, l'acquisition du domicile de secours était soumise à la formalité de l'inscription au greffe de la municipalité. C'était là une formalité qui, sous un régime d'assistance obligatoire, pouvait être considérée comme une mesure de garantie, destinée à prévenir les abus. C'est bien ainsi que l'a envisagée la jurisprudence, car, le système disparaissant, la formalité a été emportée elle aussi.

Quant aux caractères que doit présenter la résidence dans une localité, pour servir de base à l'acquisition du domicile de secours, on peut éprouver quelque embarras, car la loi ne précise pas; elle parle simplement « du séjour d'un an dans une localité ». Cependant, en s'inspirant de ses motifs, qui sont de restreindre la charge des communes aux seuls individus qui ont acquis chez elles une sorte de *jus civitatis*, la jurisprudence a admis que cette résidence devait réunir le double caractère d'être choisie librement, et de présenter une certaine stabilité. Ainsi un condamné, par son séjour en prison, un militaire, par son séjour dans une ville de garnison, ne sauraient acquérir le domicile de secours, car ces

(1) Cons. d'Et., 9 mar. 1870.

résidences sont imposées, et la première condition fait défaut. Ce serait la seconde qui manquerait, si la personne tombée dans l'indigence, bien qu'ayant fixé son domicile en un lieu, se contentait d'en faire le centre de ses affaires, n'y venant qu'à de longs intervalles.

Je crois que les fonctionnaires civils ont la capacité d'acquérir le domicile de secours au lieu où ils exercent. Sans doute, ils n'ont pas la liberté de choisir leur domicile, au sens exact du mot. Mais, en allant au fond des choses, on reconnaît que leur présence dans un lieu est bien volontaire, en ce sens qu'elle est la conséquence d'une fonction librement acceptée. De plus, ils sont, comme tous les citoyens, soumis aux charges locales. Conformément à ces idées, j'admettrai, à l'encontre d'une décision ministérielle, qu'une personne affiliée à une association religieuse, ne perd pas la faculté de se constituer un domicile de secours. La loi civile ne reconnaît plus la validité des vœux religieux, notamment de celui d'obéissance. Dès lors est-il possible d'admettre que la présence d'une de ces personnes en un lieu, fût-ce par ordre de ses supérieurs, ne soit pas le résultat d'une volonté libre, au moins légalement?

Il est très important de remarquer que le domicile de secours, tel qu'il est organisé par la loi de vendémiaire, est quelque chose d'essentiellement personnel. L'époux ne le transmet pas à sa femme, le père ne le communique pas à son enfant. C'est même là un des caractères les plus critiquables de notre législation sur la matière. On pourrait citer de nombreux cas, où les principes posés par elle ont pour résultat direct de rompre l'unité de la famille. Voyons quelques exemples. Un individu de Lyon épouse une femme de Paris, et le ménage s'installe à Marseille. L'enfant qui naîtra de ce mariage aura, *ipso facto*, son domicile de secours dans cette dernière ville; tant que les parents n'auront pas, par un séjour d'une année, acquis un domicile charitable commun, ils conserveront l'aptitude aux secours au lieu de leur ancienne résidence, et il y aura pour les membres de la famille trois domiciles différents. Si le père devient fou, il sera envoyé au département du Rhône ; si c'est la mère qui est atteinte de ce mal, son traitement incombera à celui de la Seine. L'enfant est-il abandonné par ses parents, il sera mis à la charge ou du département des Bouches-du-Rhône ou de celui de la Seine, suivant qu'il sera jugé par le ministre que la mère a séjourné à Marseille assez longtemps, pour qu'on puisse voir là, plutôt qu'à Paris, « son domicile habituel ». Mieux vaudrait, ce me semble, décider que l'enfant mineur suit le domicile de secours de ses parents, la femme celui de son mari, comme cela a lieu en matière civile.

Je sais bien que la disposition de l'article 8 de la loi de vendémiaire, qui laisse à l'enfant son domicile naturel jusqu'à sa majorité, s'explique par un bon motif, celui de protéger l'enfant contre les hasards d'une vie aventureuse de ses parents. Mais ce système offre aussi de graves inconvénients. Ainsi, une femme, après avoir mis au monde un enfant, dans la localité qu'elle habitait avec son mari, va se fixer dans une ville éloignée. Vingt ans après, l'enfant est atteint d'aliénation mentale. Qui va supporter la dépense? La logique voudrait que ce fût la commune et le département où il s'est fixé avec ses parents. Nullement! on renverra l'enfant à son département d'origine, et son traitement sera, en grande partie, rejeté sur une commune qui ne le connait plus depuis longtemps.

Le Conseil d'État a toujours écarté l'extension des

règles sur le domicile posées par le Code civil à la matière présente. La législation de l'an II constitue un ensemble de dispositions qui se suffit à lui-même (1).

La loi de vendémiaire prévoyait un certain nombre de cas exceptionnels, où l'admission aux secours était accordée avec une extrême facilité. Un seul mérite d'être examiné, parce que la faveur édictée répond à un besoin permanent de la société, non à une nécessité temporaire. C'est l'article 13 qui porte : « Ceux qui se marieront dans une commune, et qui l'habiteront pendant six mois, acquerront le droit de domicile de secours. » Dans une affaire, qui a abouti au Conseil d'État, le 8 août 1882, le ministre de l'intérieur concluait ainsi, en faveur d'une abrogation : « Les dispositions exceptionnelles, édictées par la loi de l'an II, telles que l'inscription au greffe de la municipalité, le double stage imposé aux domestiques, la *faveur accordée aux nouveaux époux*, relativement à l'acquisition du domicile de secours, ne sont plus en harmonie avec nos lois d'assistance, ni avec notre état social. Aujourd'hui qu'il n'existe plus un droit, mais une simple aptitude aux secours, les conditions mises à l'acquisition de cette aptitude, ne varient pas selon les cas; elles sont uniformes pour tous. » Cette doctrine est fort contestable; cette opinion est contraire à la thèse généralement admise, et qui a prévalu devant le Tribunal des conflits, lors de la dispersion des congrégations non autorisés, qu'une loi reste en vigueur, tant qu'une abro-

(1) C'est ainsi qu'il a décidé, le 8 août 1882, qu'une femme domiciliée à Provins, qui épousait un individu domicilié à Paris, et devenait folle, avant l'expiration d'une année, devait être considérée comme domiciliée encore à Provins, sans pouvoir invoquer l'article 108 du Code civil, qui confère à la femme le domicile de son mari.

gation formelle n'est pas intervenue (1). La pensée qui inspira l'article 13 est aussi vraie aujourd'hui qu'en l'an II : « Les citoyens que vous devez favoriser, dans le droit d'acquérir le domicile de secours, disait le député Bô à la Convention, sont ceux qui, obéissant au vœu de la nature, s'unissant par des liens civils, perpétuent l'état stationnaire de la population ; ils apportent avec leurs ménages une consommation double et de plus grands moyens de travail ».

Les difficultés relatives au domicile de secours sont assez fréquentes dans la pratique. Le décret du 25 mars 1852 (tabl. A, lettre O) attribue compétence au ministre pour statuer sur les règlements de domicile de secours, quand la question s'élève entre plusieurs départements. Il n'est pas indifférent de se demander si le ministre statue comme juge ou comme administrateur. En la première qualité, il doit statuer dans le délai de quatre mois, faute de quoi la demande est considérée comme rejetée, et donne ouverture au droit d'appel, devant le Conseil d'État ; puis sa décision doit être motivée. (Décret du 2 nov. 1864.) Je crois qu'il faut dire que le ministre, appelé à se prononcer sur le domicile de secours d'une personne, statue comme juge, car, il y a en présence deux parties qui contestent, un département qui cherche à rejeter sur un autre la dépense acquittée par lui. Quand il s'agit de déterminer dans les limites d'un même département la commune domicile de secours, c'est au préfet de statuer comme administrateur. Mais la décision de ce fonctionnaire peut être déférée au ministre par la voie gracieuse ; l'affaire prendra alors le caractère contentieux, pour aboutir en appel au Conseil d'État.

(1) Recueil des arrêts du Cons. d'État de Lebon, 8 août 1882.

Dans la plupart des législations européennes, le domicile de secours est régi par des règles analogues aux nôtres. Il s'acquiert par la naissance, le séjour et le mariage. Pourtant, la tendance générale est d'exiger un séjour supérieur à un an (1). Enfin, il est à noter que partout on respecte l'unité de la famille, en donnant à la mère et aux enfants le même domicile charitable qu'au chef de maison.

Depuis quelque temps, on se plaint beaucoup de ce que le flot de population des campagnes aux villes grossit sans cesse, et apporte dans les grandes cités des éléments fort gênants. Ce ne sont pas seulement des gens dont les ressources sont faibles et qui constituent pour l'assistance publique des clients assurés, ce sont aussi des mauvais sujets de toute espèce. La certitude qu'ils ont de trouver dans les institutions charitables des villes les plus larges secours, n'est pas sans exercer sur eux une certaine attraction. A peine arrivés dans la localité, ils tombent à la charge de la charité publique, et les pauvres de l'endroit se voient disputer par des nouveaux venus, complètement inconnus, des ressources accumulées pour eux. Beaucoup de bons esprits croient que la réforme de la loi de vendémiaire s'impose comme un palliatif nécessaire à ce mal, véritable complément d'une bonne loi sur les récidivistes. Comment juger la question?

Il convient d'abord de mettre hors du débat les enfants assistés et les aliénés, pour lesquels la législation en vigueur est suffisante; de même en est-il pour les vieillars et les infirmes reçus dans les hospices. Les seuls indigents pour lesquels l'organisation actuelle peut

(1) En Allemagne, la loi d'Empire du 6 juin 1870 exige deux années; en Belgique, la loi du 14 mars 1876, cinq ans.

offrir prise à critique, sont les malades traités dans les hôpitaux, et les malheureux secourus par les bureaux de bienfaisance. Le nouveau venu dont nous parlons, s'il tombe malade, fût-ce le jour même de son arrivée, sera reçu à l'hôpital; s'il est malheureux, il sera, au bout d'un an, admis aux secours à domicile. Comment exonérer les établissements charitables d'une dépense que l'humanité impose et qu'ils ne peuvent refuser, en face d'une nécessité pressante?

La Belgique a cru pouvoir résoudre cette délicate question, en portant à une durée plus longue le stage nécessaire pour acquérir le domicile de secours, et en organisant entre les communes, un système fort ingénieux de recours, pour les soins que leurs établissements ont été obligés d'administrer à des étrangers. Cette législation mérite d'être étudiée à un moment où la réforme de la loi de vendémiaire est à l'ordre du jour. On peut y puiser d'utiles enseignements.

La loi belge du 14 mars 1876 part, comme la nôtre, de ce principe, que tout individu a son domicile de secours au lieu de sa naissance. Mais ce domicile, au lieu d'être perdu par le séjour d'un an dans une autre localité, persiste tant que l'individu n'y a pas habité cinq années consécutives. L'augmentation du stage, pour donner l'aptitude aux secours publics, voilà la première pensée qui peut venir à l'esprit, comme remède à une situation fâcheuse.

Mais cette idée doit avoir un correctif obligé, on ne peut river les gens au sol qui les a vus naître. Aussi la loi belge dispose-t-elle « que tout indigent, en cas de nécessité, sera secouru provisoirement par la commune où il se trouve. » C'est ici qu'apparaît le trait original du système. La commune où l'individu réclame l'assistance à l'hôpital ou à domicile, accorde bien un *secours pro-*

visoire; mais elle est tenue d'en donner avis dans la quinzaine à la commune domicile de secours de l'indigent, sinon, elle est déchue du droit de réclamer les avances faites durant la période qui a précédé l'envoi de cet avertissement. Celle-ci, dûment prévenue, peut alors ou demander le renvoi de l'indigent pour le traiter ou le secourir elle-même, ou bien supporter les dépenses de traitement ou d'assistance, sur le recours exercé contre elle.

Un danger était à craindre : les communes n'allaient-elles pas regarder comme une injustice de se voir obligées au remboursement de secours accordés à un indigent, dont le plus souvent elles ont perdu le souvenir, et qui tombe à leur charge avec toute une famille? Le législateur y a pourvu en posant un autre principe; il diminue le fardeau qui pèse de ce chef sur la commune domicile de secours, en reportant les trois quarts de la dépense sur un *fonds commun*, institué dans chaque province, et placé sous l'autorité du gouvernement et de la députation permanente. Ce fonds est formé au moyen de versements auxquels participent toutes les communes du ressort, pour une somme fixée par la députation, d'après leur population, et dans chaque commune le conseil municipal reste libre d'en faire peser une fraction sur les établissements charitables de la localité. Ce fonds est appelé à fonctionner, quand l'indigent a été absent pendant plus de cinq années consécutives, sans acquérir corrélativement un nouveau domicile.

Une seule restriction est apportée au principe du recours : c'est lorsqu'il s'agit des frais de traitement en cas de blessures de domestiques à gage, d'ouvriers ou d'apprentis, si la blessure a été reçue pendant leur travail, ou à l'occasion de celui-ci.

Ainsi, dans ce système ingénieux et séduisant, tout

s'enchaîne avec une logique irréprochable. Le but poursuivi, c'est que les communes ne succombent pas sous le poids des dépenses occasionnées par de nombreux étrangers, sans lien avec elles. Avant de les admettre aux secours, on les soumet à un stage de cinq ans. Comme il peut être nécessaire de les assister, le secours ne leur est pas refusé, mais la charge est reportée sur leur commune d'origine. Comme celle-ci les a peut-être perdus de vue depuis longtemps, on ne lui impose qu'un quart de la dépense, en rejetant les trois autres sur un fonds commun (1).

Serait-il possible de transporter chez nous, cette création législative, pour remédier au mal, qu'on dénonce? y aurait-il là un palliatif efficace? Pour moi, je n'hésite pas à repousser l'application de ce système, car il conduit tout droit à l'assistance obligatoire. La loi belge s'est bien gardée de prononcer le mot; mais qu'importe, si la chose y est! Ce recours de commune à commune ne peut fonctionner rationnellement, que s'il existe chez l'indigent un droit direct au secours. On l'a bien démontré dans la discussion. Un orateur attaquant le projet, enserrait ses auteurs dans le dilemme suivant: « De deux choses l'une : ou vous reconnaissez le droit de réclamer un secours, et alors le droit doit pouvoir être réclamé directement à la commune du domicile; si l'indigent a un droit, c'est avant tout un droit direct, et vous devez organiser, dans votre loi, le mode d'exercer ce recours ; vous serez alors logiques en inscrivant ce droit indirect. Mais si vous repoussez ce droit au secours, vous devez repousser également, et, par une conséquence inévitable, le recours, *parce qu'il n'est pas possible qu'il y ait un recours pour une dette qui n'existe pas.* »

(1) Voyez la *Pasinomie* de 1876.

Pour établir chez nous un tel appareil administratif, il faudrait renverser le principe essentiel sur lequel repose notre organisation charitable, à savoir que l'assistance est facultative pour l'établissement qui la donne. Ce serait, assurément, pour écarter quelques abus, accepter bien légèrement un régime qui est considéré comme une plaie par les pays qui le possèdent, la charité obligatoire.

D'ailleurs, si on prend le recours en lui-même, que de bonnes raisons pour le repousser? Outre qu'il manque de base juridique, outre qu'il mène à l'assistance obligatoire, ne peut-on pas lui reprocher de violer cette règle de droit administratif, je dirai plus, de bons sens, que c'est à l'autorité qui fait la dépense, de voter les sommes destinées à la couvrir. Est-il admissible qu'un établissement charitable se fasse juge de la question de savoir si tel individu, qui se présente à lui, mérite d'être assisté, et accorde un secours dont il se récupérera intégralement contre une commune étrangère?

Enfin, contre ce recours, il est une raison d'équité indéniable. Qui donne aux villes les abondantes ressources à l'aide desquelles elles font face aux divers services d'assistance? C'est la population tout entière qui habite la circonscription, indigène ou étrangère. Ces avantages entraînent pour la commune une corrélation nécessaire: des charges diverses, et, parmi elles, celle de secourir les malades et les malheureux. Etablir le secours de la loi belge, ce serait violer cette règle, que les Romains formulaient dans l'adage: *Ubi emolumentum, ibi onus.*

En Allemagne, il existe bien un recours de ce genre; mais ses effets fâcheux sont atténués considérablement, par ce fait, que les dépenses d'assistance hospitalière qui dépassent six semaines, peuvent seules être réclamées à la commune domicile de secours.

Pour moi, il ne faut pas toucher au principe bienfaisant de la loi de 1851, qui ouvre la porte de l'hôpital devant tout individu tombé malade dans la commune, sans recours possible contre une autre. Il n'est pas désirable de voir augmenter le délai nécessaire pour être admis aux secours à domicile, distribués par le bureau de bienfaisance, pas plus qu'il n'est urgent d'emprunter l'action récursoire de la loi belge. La seule réforme possible consisterait à permettre aux communes de ne pas admettre à s'établir chez elles des individus sans ressources, ni moyens de travail, qui constituent une charge assurée pour leur budget charitable.

Jadis fonctionnait dans les communes du moyen âge une institution curieuse, qui répondait à cet ordre d'idées. Beaucoup ne permettaient pas aux gens sans ressources de s'installer chez elles. Elles exigeaient ce qu'on appelait un *acte de garant*. C'était une déclaration de la commune abandonnée, que l'émigrant continuerait à être secouru par elle, à la décharge de la table des pauvres de la localité où il se rendait. Je ne proposerai pas de revenir à cette pratique. Mais n'est-il pas raisonnable de permettre aux communes, sans attendre que la maladie ou l'indigence rende nécessaire l'assistance publique, de rapatrier à leur domicile de secours les individus qui s'établissent chez elles, sans avoir aucun moyen d'existence. On m'objectera, sans doute, qu'il y a là une atteinte à la liberté individuelle ; mais qu'on n'oublie pas que la liberté, si respectable qu'elle soit, a des limites, et qu'elle s'arrête où commence le droit d'autrui, qu'*autrui* soit un individu ou une collectivité.

Un projet de loi, déposé à l'Assemblée nationale par M. Maurice Aubry (1) me semble avoir réalisé ce qu'il

(1) *Journal officiel* du 22 juin 1871.

est permis d'espérer dans cette voie de *desiderata*. Son but était surtout d'assurer la constatation du domicile de secours, afin « de circonscrire l'exercice des droits et l'accomplissement des devoirs sociaux dans le périmètre des rapports appréciables. » Nul ne pouvait, d'après ce projet, réclamer l'assistance, s'il n'habitait la commune depuis une année, dont le point de départ remontait à une déclaration faite devant la municipalité et acceptée par elle, ou du moins par une commission issue de son sein. On donnait à celle-ci le droit de la refuser jusqu'à ce que le déclarant ait justifié qu'il a des moyens d'existence, en dehors des industries non patentées, qui s'exercent sur la voie publique ; et comme sanction de ce droit de refus, la municipalité pouvait ordonner le rapatriement aux frais de la commune d'origine.

Sous la législation actuelle, pourquoi les bureaux de bienfaisance ne s'appuieraient-ils pas sur ce que leur assistance est facultative, pour refuser sévèrement les secours à tout individu qui ne justifie pas, en bonne et due forme, de sa présence depuis un an dans la localité ? Le malheureux, ainsi repoussé, n'aura pas à reprocher au législateur d'être inhumain à son égard. Le conseil général alloue chaque année un crédit destiné à payer les frais de route des voyageurs indigents. S'il n'y a pas place pour lui, ici, aux distributions de la charité, au moins aura-t-il le moyen de regagner sa commune d'origine où l'assistance lui est ouverte (1).

(1) D'après la loi du 13 juin 1790, les indigents qui voyagent à pied reçoivent 3 sous par lieue, soit 15 centimes par quatre kilomètres. Ces secours, mis en 1838 à la charge des départements, sont alloués dans chaque commune gîte d'étape, par les soins de la municipalité, qui est ensuite remboursée de ses avances. En outre, lorsque les indigents ne peuvent pas faire la route à pied, l'Administration leur fournit des réquisitions adressées aux compagnies de chemin de fer, qui réclament le payement au préfet.

APPENDICE

De l'assistance dans les rapports internationaux

La présence de nombreux étrangers dans notre pays donne naissance à d'intéressantes questions qui se rattachent au droit international. On se demande si l'étranger est apte à recevoir des secours des établissements charitables, tout à l'égal du Français, ou s'il faut poser pour lui des règles différentes, le plaçant sur un pied d'inégalité par rapport à nos nationaux.

Pour se rendre compte de l'importance du problème, il faut savoir que le recensement de 1881 accusait, en France 1.001.110 étrangers, soit 3 0/0 de la population, et que dans ces derniers temps, chaque année voyait arriver un flot de 40.000 individus. Les causes de cet afflux sont multiples : la faible densité de notre population, l'abondance de nos capitaux, l'élévation du taux de nos salaires, les habitudes un peu molles de notre population ouvrière, qui détourne celle-ci des rudes labeurs, enfin les grands travaux publics, voilà autant de raisons qui expliquent la présence, au milieu de nous, de si nombreux étrangers. La législation n'est pas étrangère à ce fait ; on connaît les dispositions surannées du Code civil, qui laissent au fils de l'étranger né en France et y habitant, [illegible] qualité d'étranger, qui permettent à l'individu né en France d'un étranger, qui lui-même y est né, de répudier la nationalité française. Beaucoup de ces individus sont atteints de maladies, ou tombent dans la misère. Pourra-t-on leur opposer une fin de non-recevoir tirée de leur extranéité?

Si on voulait chercher une solution théorique, s'inspirant à la fois de la justice et de l'utilité, je crois qu'on pourrait raisonner ainsi : l'étranger qui vient dans notre pays apporter son travail et gagner loyalement sa vie, ne saurait être exclu des secours publics, s'il tombe dans une infortune temporaire. Outre que l'humanité protesterait, l'équité la plus élémentaire serait froissée au vif. Tant qu'il vit au milieu de nous, l'étranger est soumis aux contributions publiques; il est imposé à la contribution mobilière, comme le national; il est patenté, s'il exerce une profession ; comme consommateur, il participe à tous nos impôts indirects, établis par l'État et les localités. On ne remarque pas assez combien peut être forte, de ce chef, sa participation aux charges publiques. Dès lors, n'est-il pas juste qu'en échange on lui vienne en aide, qu'on l'admette à l'hôpital, s'il tombe malade, que le bureau de bienfaisance lui accorde des secours temporaires, s'il est dans le besoin? Mais je ne saurais consentir à ce qu'un étranger, installé dans notre pays sans être affilié à la famille française, devienne une charge permanente pour nos institutions charitables. S'il est vieux ou infirme, s'il est dans un état permanent de misère, s'il est aliéné, s'il est enfant abandonné, il me semble qu'un pays avec lequel il n'est uni par aucun lien légal, peut répudier sa charge, sans être accusé de rigueur, ni encourir le reproche d'un exclusivisme mesquin.

Conformément à ces idées, une législation rationnelle, devrait poser trois principes pour régler la matière :

1° Armer le gouvernement du droit d'expulser non seulement les mendiants, mais aussi ceux qui se présentent à nos frontières dans un état rendant inévitable le recours à l'assistance publique ;

2° Admettre l'étranger valide aux secours d'hôpital, s'il est atteint de maladie, aux secours temporaires à domicile, s'il est victime d'une infortune passagère ; il y a là une contre-partie des bénéfices que le pays tire de sa présence ;

3° L'écarter toutes les fois que sa situation exige une intervention permanente de l'administration charitable, et permettre au gouvernement de conclure avec les pays étrangers des conventions de rapatriement, avec ou sans restitution de frais.

Qu'est-ce en effet que l'Assistance publique? Une institution qui prend dans la poche des contribuables pour donner aux malheureux. N'y aurait-il pas une naïveté extrême à admettre cette transformation régulière et continue des deniers publics au profit d'étrangers, alors que nos pauvres sont insuffisamment secourus !

Lorsqu'on se demande quelles solutions sont adoptées dans notre pays, on éprouve quelque difficulté à répondre. Généralement, quand on veut savoir si l'étranger possède en France un droit déterminé, on consulte la loi ou les traités. Or, ici, la loi est muette, et les traités peu nombreux, ne visent que des situations déterminées.

La loi de vendémiaire an II, qui détermine les conditions du domicile de secours, ne contient aucune disposition ayant trait à l'étranger. De ce silence, il est difficile d'induire qu'elle entendait le comprendre dans ses dispositions, lorsqu'on réfléchit combien était alors troublé l'état de nos relations extérieures. C'est en ce sens que MM. Durieu et Roche ont pu écrire ces mots : « L'étranger, malgré sa résidence, ne fait jamais partie de la famille communale. S'il est secouru dans l'hospice ou dans l'hôpital de la localité, c'est le résultat de l'esprit charitable qui anime les populations. » Pour ces auteurs, le silence de la loi de vendémiaire équivaudrait à refuser formellement à l'étranger la possibilité d'avoir en France un domicile de secours.

Ce point de vue admis (et je crois qu'il s'impose), il faut en faire l'application partout où le législateur n'a pas parlé. Ainsi, la commission d'un bureau de bienfaisance exclurait-elle d'une façon absolue l'étranger de ses distributions, cette clause serait à l'abri de toute critique. Rien ne l'oblige à secourir l'étranger, et, si elle le fait, c'est de sa part une pure libéralité, pour laquelle elle ne saurait demander indemnité à l'État. Une distinction fort rationnelle et qu'il serait bon de voir entrer dans la pratique, est celle qui admet l'étranger aux distributions de secours temporaires en l'excluant des secours annuels dont le caractère fixe constitue une charge trop onéreuse pour l'assistance publique.

De même les commissions d'hospices resteraient dans les termes de la grande liberté que leur donne l'article 3 de la loi de 1851, de faire elles-mêmes leur règlement intérieur, en excluant du refuge hospitalier les vieillards et incurables étrangers.

La loi du 7 août 1851, sur les hospices, me semble au contraire avoir admis implicitement la possibilité pour l'étranger d'être reçu à l'hôpital, en cas de maladie et de blessure. Outre que cette faculté s'impose impérieusement, elle répond à la fois et à l'esprit favorable qui animait le législateur d'alors à l'égard de l'étranger, et aux termes de l'article 1 : « *Tout individu* privé de ressources, etc. » La loi, bien qu'elle n'ait pas visé nominativement l'étranger, a certainement entendu le comprendre dans cette disposition. Le gouvernement a si bien pensé que les choses devaient se passer ainsi, que, depuis longtemps, un crédit annuel est ouvert au budget de l'État pour indemniser les hôpitaux, qui ont donné des soins à des étrangers (1).

Restent les enfants abandonnés et les aliénés étrangers. Pour eux, silence complet des lois de 1869 et de 1838. La pratique a dû pourvoir à leur triste sort et ne pas les abandonner aux hasards de la charité privée. L'hospice dépositaire, l'asile départemental recueilleront chacun de ces infortunés, en attendant que le gouvernement ait pu obtenir leur rapatriement. Le département ne doit pas supporter la dépense, et c'est sur le crédit dont j'ai parlé, inscrit au budget de l'État, que sera fait le remboursement par le ministre.

Ici même des conventions internationales sont intervenues pour assurer la situation de ces personnes. Une convention franco-suisse du 27 septembre 1882, porte que « chacun des deux gouvernements s'engage à pourvoir à ce que, sur son territoire, les enfants abandonnés et les aliénés indigents de l'autre État soient assistés et traités à l'égal de ses propres ressortissants, jusqu'à ce que leur rapatriement puisse se faire sans danger. » Quant au remboursement des frais, le document stipule qu'il ne pourra être réclamé des caisses de l'État, auquel ces personnes appartiennent. Chaque gouvernement s'engage simplement, au cas où la personne secourue ou son parent tenu de l'obligation alimentaire serait en état de supporter la dépense, à prêter à l'autre, sur une demande faite par la voie diplomatique, « tout l'appui compatible

(1) Quant au remboursement à l'État français par les gouvernements étrangers des sommes dépensées pour leurs nationaux, il est si peu de pays qui y consentent, qu'on peut poser en règle, qu'elles restent définitivement à la charge de notre budget. Dans mes idées, ce refus des gouvernements étrangers n'est pas critiquable.

avec la législation du pays » en vue du remboursement.

Qu'il y ait un traité ou non, il est admis, dans l'usage des chancelleries, que le rapatriement de ces personnes doit être accepté par le pays d'origine. Mais la plupart des gouvernements se dérobent à l'acquittement des dépenses occasionnées au pays qui veut se débarrasser de ces individus. Bien plus, la Belgique et l'Italie considèrent comme sans filiation et sans nationalité les enfants naturels non reconnus, nés en France de leurs nationaux et refusent de les rapatrier.

Il est à noter que ces affaires doivent être réglées toujours par la voie diplomatique. « D'après les principes de notre droit public, disait le ministre aux préfets, vous ne devez pas correspondre directement avec les autorités des gouvernements étrangers. Vous ne devez pas non plus correspondre avec les agents français à l'étranger. Vous ne pourrez donc traiter les questions de rapatriement que par l'entremise du ministre des affaires étrangères (1). »

Dans les départements frontières les préfets peuvent prendre des arrêtés d'expulsion contre les personnes *qui ne résident pas*, et cette disposition est tous les jours employée contre les mendiants et vagabonds étrangers. (Art. 7 de la loi du 3 déc. 1849.) A l'intérieur, le ministre seul peut, dans un intérêt de police, prendre des arrêtés d'expulsion à l'égard des étrangers. Ce droit a surtout été exercé dans un but politique ou de sûreté générale. Mais la généralité des termes qui le consacrent, justifierait, ce me semble, son emploi dans notre matière ; le fait d'être sans ressources est une incitation directe à mal faire. *Malesuada fames est*, disait le poète. Une mesure préventive se traduisant sous la forme d'un

(1) Circ. minis. du 5 mai 1852.

arrêté d'expulsion ne saurait excéder la portée du texte.

Pour résumer la situation faite à l'étranger, dans notre pays, on peut dire que, si aucune disposition législative ne lui ouvre formellement l'accès aux secours publics, il reçoit en fait une très large assistance. Nos établissements charitables sont indemnisés par l'État, quand le secours était inévitable, s'imposait à eux comme une nécessité impérieuse; tel est bien le cas pour les malades et les blessés, les enfants abandonnés, les aliénés. Lors, au contraire, qu'il pouvait être différé sans inconvénient, comme pour le vieillard et l'infirme, l'indigent simple, il semble qu'on l'ait considéré comme une libéralité pure, devant rester à la charge de l'établissement qui l'a donné. Dans les rapports des États entre eux, les frais d'assistance sont rarement restitués; on admet qu'il y a une compensation entre les sommes déboursées de chaque côté, qui évite un minutieux règlement de compte.

Mais si cette pratique suffit, il est indispensable de donner au gouvernement le droit d'expulser les étrangers sans ressources, au cas où leur pays refuserait d'admettre nos nationaux aux secours publics. Il y a là une mesure de rétorsion, absolument justifiable dans son principe, et à cela la loi de 1849, largement entendue, suffirait. Cette réserve est si nécessaire qu'un pays qui tient à conserver un bon renom d'hospitalité, la Belgique, a conféré un droit semblable à son gouvernement. L'article 34 de la loi du 14 mars 1876 permet de renvoyer à la frontière de leur choix, les indigents étrangers, sur la demande des administrations charitables. C'est là une arme de représailles, mise en réserve pour le jour où des pays étrangers refuseraient l'assistance à des Belges. Les États-Unis ont été plus loin: une loi du 3 août 1882 a interdit aux indigents le territoire de la confédération.

TITRE VIII

De l'assistance publique à Paris

Il est dans l'ordre naturel des choses que la métropole d'un grand pays, et surtout d'un pays centralisé à outrance comme le nôtre, soit soumise à un régime administratif quelque peu différent de celui des autres communes. La présence du gouvernement, l'afflux continuel de population, qui se produit des extrémités vers le centre, créent une situation exceptionnelle, qui s'accommode fort mal du régime de droit commun. Qu'on n'accuse pas le législateur de créer arbitrairement un régime d'exception ; les faits s'imposent à lui, il est obligé de les accepter.

Si cela est vrai pour l'organisation municipale en général, c'est surtout en matière d'assistance, que cette vérité prend une netteté manifeste, une consistance indéniable.

Dès le début du siècle, ce grand service municipal a été soustrait à l'application des règles ordinaires De la loi du 16 vendémiaire an V, résultait, pour les communes de France, le double principe que les commissions hospitalières étaient des administrations collectives, à la fois délibérantes et agissantes, où la gratuité des fonctions prévalait d'une façon absolue. A ces deux idées, on fut amené à faire échec.

Le système hospitalier de Paris avait été restauré selon

les règles communes; mais la vie était lente à ranimer ce corps délabré. Ce fut un arrêté du 27 nivôse an IX, rendu sur le rapport de Frochot, qui créa une organisation nouvelle, en portant que « l'administration des hospices civils de la commune de Paris, serait composée d'un conseil général d'administration et d'une commission administrative ». Cet arrêté fixait à onze le nombre des membres du conseil, nommés par le ministre de l'intérieur; ce nombre fut plus tard porté à quinze. Un décret du 29 germinal an IX réunit aux attributions des administrations hospitalières les secours à domicile, et porta à six le nombre des membres de la commission, primitivement fixé à cinq. L'arrêté de nivôse décidait que les membres de la commission seraient salariés, et que leur traitement serait fixé par le ministre de l'intérieur.

Ce système, qui a été en vigueur durant toute la première moitié du siècle, était conçu d'après le principe de la division des pouvoirs, nouvellement posé en l'an VIII, et qui confie à des mains différentes la délibération et l'action. Le conseil général était le pouvoir délibérant, la commission, le pouvoir exécutif. Théoriquement, ce mécanisme aurait dû très bien marcher. Mais, en fait, ces deux autorités fonctionnaient simultanément, et détruisaient l'unité d'action, si indispensable. La commission était bien chargée de l'exécution des décisions prises par le conseil général ; ses divers membres s'étaient bien réparti chacune des branches de ce grand service, comme les membres d'un cabinet se distribuent les portefeuilles, en conservant, en tant que collectivité, une responsabilité générale devant le Parlement. Le mal était que la délibération n'était pas, en fait, séparée de l'action. Le conseil général pénétrait sans cesse dans les minuties de l'administration, chacun de ses membres était chargé de la surveillance d'un ou de plusieurs établissements, et, à ce titre, il réglait et dirigeait tous les détails intérieurs de l'hospice confié à ses soins.

Le rapporteur de la loi de 1849 jugeait en ces termes sévères l'institution : « Il n'y avait pas d'unité d'action possible, avec deux autorités qui fonctionnaient simultanément, toute responsabilité devenait illusoire. Le conseil général était à la fois pouvoir délibérant et administratif ; il se renouvelait lui-même et présentait seul ses candidats ; ce qui était un très grave inconvénient. Les membres de la commission administrative, indépendants les uns des autres, agissaient comme ils l'entendaient dans les divers services qui leur étaient confiés, en telle sorte que les mesures présentées étaient diversement exécutées. En un mot il n'y avait uniformité, ni dans le mode d'administration, ni dans les différents systèmes, ni dans les travaux exécutés. »

Le grand mouvement social de 1848 fit sentir la nécessité d'une réforme immédiate, et ce fut un des premiers actes de l'assemblée nouvelle.

Le pouvoir exécutif manquait de force, il était annihilé par l'intervention incessante du pouvoir délibérant. On lui en donna de deux façons :

1° En concentrant l'action aux mains d'un directeur unique, nommé par le ministre de l'intérieur, seul représentant des établissements de bienfaisance de la capitale ;

2° En enlevant au corps placé auprès de lui, tout droit de décision, en réduisant son rôle à exprimer des avis, dont le directeur peut tenir tel compte qu'il veut. Pour supprimer toute équivoque, au nom de conseil général d'administration, on substitua celui de *conseil de surveillance*, mieux en rapport avec la portée réelle de ses attributions. Tels furent les principes posés par la loi du 10 janvier 1849, conformément au projet du gouvernement, et à l'encontre des idées de la commission. Celle-ci essaya vainement de placer, à côté du directeur responsable, un conseil administratif, chargé de l'*assister*, c'est-à-dire de coopérer à l'administration.

Ce régime prenait exactement le contre-pied du système antérieur; en donnant à l'Administration active, non seulement l'exécution, mais la conception des mesures à prendre, il lui donnait une force excessive, au détriment du pouvoir délibérant, qu'il annihilait. Le conseil de surveillance n'émettant que des avis, le conseil municipal n'étant appelé par la loi du 7 août 1851 qu'à un rôle identique, le directeur de l'assistance publique, et son chef le préfet de la Seine, n'ont plus de responsabilité effective que devant le gouvernement qui les nomme. « Au lieu du système républicain, inauguré par l'arrêté des consuls, maintenu sous la Restauration, et par la dynastie de Juillet, écrit un auteur, on a aujourd'hui le principe monarchique constitutionnel, voté par une assemblée républicaine (1). » Il serait plus exact, à mon sens, de voir dans cette organisation le principe de la monarchie absolue.

Quant à la composition du conseil de surveillance, le rapporteur de la commission proposait d'inscrire dans la loi les règles relatives à ce sujet, « afin qu'elles ne fussent pas incessamment soumises à l'arbitraire, et variables à chaque changement de directeur ». Cet amendement ne prévalut pas. C'est un arrêté du 24 avril 1849 qui a réuni dans ce conseil, à côté du préfet de la Seine, pré-

(1) Maxime du Camp, *Paris, ses fonctions, ses organes et sa vie*, t. IV, p. 76.

sident, et du préfet de police, un certain nombre de membres, pris dans les administrations charitables et dans les grands corps de la capitale. Renouvelés par tiers tous les deux ans, ils sont tous nommés par le président de la République, sur la proposition du ministre (1).

Un des traits importants de la loi du 10 janvier 1849 fut de confondre dans une même direction, le service hospitalier et celui des secours à domicile. Le décret du 29 germinal an IX avait bien réuni les deux services; mais les bureaux de bienfaisance, dotés d'une existence propre, munis d'un personnel administratif spécial, avaient rompu le lien. La loi de 1849 le rétablit. Aujourd'hui, les bureaux de bienfaisance ne se fondent pas d'une façon complète dans l'administration de l'assistance publique; ils conservent leur existence civile distincte, ils ont leurs administrateurs, leur budget. Mais le directeur exerce sur eux une action au point de vue de la marche générale des affaires; il comble le déficit de leur budget, emploie leur entremise pour la distribution de certains secours. Chaque bureau a sa vie propre, sa fonction à accomplir, mais tous se rattachent étroitement à l'économie générale du système charitable.

De tout temps cette organisation a été attaquée. On lui reproche de donner l'omnipotence au gouvernement dans l'administration charitable de la ville de Paris, puisque celui-ci nomme le directeur, le conseil de surveillance, et que le conseil municipal, s'il est appelé à

(1) Les membres sont : deux maires ou adjoints, deux membres du conseil municipal, deux administrateurs de bureaux de bienfaisance, un conseiller d'État et un conseiller à la Cour de cassation, un médecin des hôpitaux, un membre de la chambre de commerce, un autre des conseils de prud'hommes, et cinq membres pris en dehors de ces catégories.

voter des fonds, n'a aucun moyen d'en vérifier l'emploi. En 1870, un décret du gouvernement de la Défense nationale donna une satisfaction partielle à ces revendications. Supprimant la direction générale, il confia exclusivement à l'autorité municipale le service des secours à domicile, et, pour le service des hôpitaux et hospices, constitua une administration distincte, placée sous l'autorité d'un conseil, dit *conseil général d'administration*, dont il nommait les membres. Toutefois, sur ce dernier point, l'organisation n'était que provisoire, et l'arrêté annonçait un décret qui adopterait le principe électif. Ce décret fut promulgué le 18 février 1871. « Mais, le 15 juin 1871, dit M. Ducrocq, un arrêté du président de la République, plus urgent que régulier, au point de vue du principe de la séparation des pouvoirs, s'empressait de remettre provisoirement en vigueur la loi de 1849, en attendant que l'assemblée nationale pût le faire dans une loi générale sur les établissements publics. (1) »

Qu'une modification s'impose, c'est ce qui me paraît incontestable. D'une façon générale, je crois que le gouvernement doit conserver dans les affaires municipales des métropoles une somme d'influence plus forte qu'ailleurs. Mais ici ne dépasse-t-on pas la mesure ? Le régime de droit commun, posé par la loi de 1879, pour les hospices et les bureaux de bienfaisance de province, ne réalise-t-il pas très heureusement ce concours des deux influences, gouvernementale et municipale? A Paris, le budget de l'Assistance est fourni pour moitié par les caisses locales. Il serait équitable de donner aux élus de la ville une place à côté des représentants du gouvernement dans le pouvoir délibérant. Mais pour que la

(1) *Cours de Droit administratif*, t. II, p. 680.

réforme soit sérieuse, et ne constitue pas une simple trompe-l'œil; il importe de conférer au conseil un véritable pouvoir de décision, analogue à celui des commisions de province. En empruntant au système actuel son directeur responsable pour lui confier uniquement le pouvoir exécutif, on aurait un sysrème qui me semble excellent. L'autorité agissante conserverait toute sa force ; le conseil ne serait pas réduit au rôle platonique d'émettre des avis qu'on n'écoute point, il serait investi d'un vrai droit de décision ; enfin en admettant dans son sein pour moitié les délégués de la municipalité, on donnerait à celle-ci une satisfaction suffisante, tout en laissant au gouvernement par le choix de l'autre moitié des membres, l'influence légitime qu'il peut réclamer dans les affaires charitables de la ville de Paris.

La législation du 7 août 1851, étant applicable aux hospices de Paris, il suffit de procéder ici par simple renvoi. Notre tâche sera de signaler au passage les particularités qui distinguent le service hospitalier dans la capitale, et résultent soit des dispositions des textes, soit d'usages reçus et établis.

Les revenus que l'assistance publique emploie au soulagement des pauvres, procèdent comme partout, de quatre sources : les revenus patrimoniaux, les produits intérieurs, les droits attribués et la subvention municipale.

Il est très important de remarquer que la taxe des pauvres, le plus important des droits attribués aux bureaux de bienfaisance, n'est pas perçue au profit de ces institutions, dans l'étendue de leurs circonscriptions respectives, mais bien pour le compte de l'Administration centrale, et ce n'est que justice. Les lieux de réjouissances, théâtres, cirques, expositions artistiques sont situés le plus souvent dans les quartiers du centre qui sont les plus riches et comptent le moins de pauvres. Attribuer au profit exclusif de l'arrondissement le produit de la taxe, serait inique, car les spectateurs viennent de tous les points de Paris ; on dépouillerait les quartiers excentriques, pourtant les plus besogneux. Il me semble y avoir là une petite atteinte à la loi du 7 frimaire an V. Mais la pratique suivie est inattaquable, en présence des avantages qu'elle présente.

Le lien de dépendance que j'ai signalé dans beaucoup de villes entre l'hospice et le mont-de-piété se retrouve à Paris, et donne même lieu depuis nombre d'années à un conflit aigu. Les lettres patentes du 9 décembre 1777 qui ont créé le mont-de-piété, déclaraient que ses bénéfices seraient entièrement appliqués au soulagement des pauvres et le décret du 8 thermidor an XIII (art. 98) portait que les excédents ou bonis, non retirés dans les trois mois de la reconnaissance, seraient versés à la caisse des hospices. La loi du 24 juin 1851 ayant décidé que cet établissement pourrait posséder en propre, et que l'excédent de recette devrait accroître sa dotation, de façon à abaisser l'intérêt et les frais du prêt à 5 0/0, pour le surplus seulement être versé aux hospices, l'administration du Mont-de-Piété de Paris réclame l'application à son profit de ces dispositions. A ses yeux, les excédents de recette ne constituent pas des bénéfices ; pour qu'il y ait bénéfice, il faut que tous les services soient satisfaits, et parmi eux se trouve l'amélioration du prêt, d'où la possibilité de conserver à cette fin les bonis et excédents. De son côté, l'Assistance publique réclame les avantages d'une situation acquise ; pour elle, les excédents de recette attribués par le décret de l'an XIII ne constituent que la rémunération de son concours financier, de sa garantie hypothécaire, et du loyer des locaux où s'exerce l'exploitation du Mont-de-Piété.

La fortune des hospices de Paris, sans doute est considérable; mais il y aurait erreur à se l'exagérer. « Il est de tradition dans le peuple de Paris, dit M. Maxime du Camp, que jamais pareil trésor n'a été vu dans aucun temps ni dans aucun lieu. C'est l'éternelle histoire des bâtons flottants. Si l'Assistance publique n'avait que les legs qui lui ont été faits et les dons que la charité lui envoie, les indigents mourraient de faim, et il faudrait fermer au moins la moitié des hôpitaux. » Entre les ressources normales et les obligations impérieuses, l'écart est énorme, et c'est la ville de Paris qui doit le combler. Depuis longtemps le conseil municipal vote annuellement une subvention à l'Assistance publique, et son chiffre va sans cesse en augmentant : de 5.146.000 francs qu'elle était en 1820, elle a passé, en 1882, à 17.071.000 francs sur un budget de 34.221.000 francs.

Quel est au juste le caractère de cette subvention? est-elle obligatoire pour la ville, ou simplement facultative? Si l'on consulte les textes généraux de la législation municipale applicable à Paris, notamment l'article 30 de la loi du 18 juillet 1837, maintenue provisoirement en 1884, en attendant qu'une loi spéciale soit élaborée, il semble que cette subvention soit facultative, que son vote par le conseil municipal, constitue l'exécution d'un devoir moral, plutôt que d'une obligation légale. Pourtant ce n'est pas l'opinion de l'Administration. J'ai exposé plus haut, dans ses termes généraux, la question qui se pose sur le caractère obligatoire de la subvention aux hospices, dans les villes à octroi. A Paris, le doute est moindre, car un texte formel, la loi du 27 vendémiaire an VII, restaurant cette imposition, portait : « Il sera perçu par la commune de Paris, un octroi municipal et de bienfaisance, conformément à un tarif annexé à la présente loi, spécialement destiné à l'acquit des dépenses locales, et *spécialement* à celles des hospices et des secours à domicile. » Forte de ce texte, l'Administration a toujours proclamé nettement, le caractère obligatoire de la subvention; elle invoque la loi du 24 juillet 1867, qui, après avoir declaré « applicables à la ville de Paris, les dispositions de la loi du 18 juillet 1837 », ajoute dans le même article 17 : « Il n'est pas dérogé aux dispositions spéciales, concernant l'organisation de l'administration de l'assistance publique, du mont-de-piété et de l'octroi de Paris. » Le droit privilégié de l'Assistance publique sur les revenus de l'octroi, lui semble tellement évident, qu'à la première difficulté, élevée sur ce chef, devant le conseil municipal, le préfet de la Seine n'a pas hésité à affirmer le caractère obligatoire de la subvention *ordinaire*, allouée par la ville (1).

Mais si cette subvention est obligatoire dans son principe, le chiffre en est fixé par le conseil municipal; ce qui entraîne pour lui un certain examen de son affectation, plutôt mental qu'effectif, car il ne saurait, sans excéder ses pouvoirs, tracer au directeur de l'Assistance publique des règles de conduite, ni subordonner le vote des crédits à l'accomplissement de ses prescriptions.

Une distinction doit d'ailleurs être faite parmi les crédits alloués. Depuis 1831 s'est introduite l'habitude de diviser la subvention en deux parties : l'une *ordinaire*, correspondant aux dépenses qui se présentent chaque année; l'autre *extraordinaire*, affectée aux travaux de construction, aux aménagements nouveaux. On admet

(1) Procès-verbal officiel du Cons. mun., séance du 31 janvier 1838.

que cette dernière conserve toujours un caractère facultatif, et reste subordonnée aux conditions que le conseil municipal veut mettre à son allocation.

Toutes ces énormes ressources sont centralisées dans les caisses de l'Assistance publique. C'est le directeur général qui, placé à la tête de tous les services, tant intérieurs qu'extérieurs, prépare le budget, ordonnance les dépenses, et présente chaque année un compte moral d'administration. Conformément à la loi du 24 juillet 1867, l'approbation du budget appartient au chef de l'État.

Si on veut se rendre un compte exact de la situation du directeur général, il suffit de se reporter à la loi du 7 août 1851. Toutes les attributions que ce document législatif confère aux commissions hospitalières, lui sont remises. C'est donc lui qui a l'initiative des mesures, les exécute seul, dans les cas très rares où ces corps administratifs ont la liberté de faire, le plus souvent avec l'autorisation du préfet de la Seine. On doit le considérer en droit comme ayant l'indépendance négative, en ce sens que le préfet de la Seine ne saurait lui imposer une mesure qu'il refuserait de prendre. Mais si le ministre venait à l'appui du préfet, pour déterminer l'initiative du directeur, force lui serait bien, ou d'agir ou de démissionner, puisque, nommé par le ministre, il peut être révoqué par lui arbitrairement. En dernière analyse, on peut affirmer que le gouvernement a la haute main dans les affaires charitables de la ville de Paris.

Aux termes d'un arrêté du Conseil général des hospices, du 17 juillet 1833, encore en vigueur, tous les dons et legs fait aux pauvres en général, acceptés par le directeur suivant le droit commun, sont partagés par moitié entre les bureaux de bienfaisance et les hospices, pour l'emploi en être fait conformément aux intentions des bienfaiteurs et aux dispositions insérées dans les actes qui autorisent l'acceptation.

Le directeur général a sous ses ordres un nombreux personnel qui forme l'administration centrale. Le service est partagé en quatre divisions. La première a dans ses attributions le personnel, le service de santé, les adjudications et les services généraux; la seconde, les hospices et hôpitaux, les secours à domicile et la perception du droit des pauvres; la troisième, le service des enfants assistés; enfin la quatrième, le domaine, le contentieux et la comptabilité.

Trois inspecteurs sont chargés de surveiller les établissements et le service des secours à domicile. Des employés, pris hors cadre, nommés *visiteurs*, constatent la situation des indigents qui réclament l'admission gratuite à l'hôpital et à l'hospice (1). Ce service ambulant a partagé la surface de Paris en zones très exactement délimitées, et ses agents, à force de parcourir le même quartier, finissent par le connaître dans ses moindres recoins.

Les hôpitaux et hospices de Paris sont placés sous l'autorité immédiate du directeur général ; celui-ci est représenté dans chaque établissement, par un directeur responsable devant lui seul, et qu'il couvre à son tour. Les uns, au nombre de huit, sont des établissements généraux, c'est-à-dire ouverts à toutes les maladies aiguës; les autres sont affectés au traitement de certains maux spéciaux, et leur nombre s'élève à sept.

Ces divers établissements sont absolument dénués de toute autonomie, au point de vue administratif. Non seulement, ils ne forment pas une personne juridique

(1) *Admin. de la ville de Paris et du Dép. de la Seine*, par M. Henri de Pontich, 1884.

distincte, mais leur dotation est fondue dans le patrimoine commun de l'Assistance publique. C'est cette administration qui dresse leur budget, établit l'état des dépenses, et les couvre avec des sommes fournies par la caisse centrale. A ce système, on a reproché d'augmenter notablement les dépenses, de rendre la comptabilité compliquée. Il me semble qu'il y a de l'exagération dans ces critiques. Le régime actuel se recommande en ce que, réunissant dans un fonds-commun toutes les ressources, originairement attribuées à chaque établissement, il assure à chacun des moyens corrélatifs à ses charges ; il permet d'atténuer certains frais généraux. La centralisation du régime hospitalier, dans une grande cité, est si hautement imposée par la nécessité des choses, qu'en ce moment une tendance très accusée se produit à Londres, dans ce sens ; la défaveur commence à peser sur le régime d'autonomie et d'indépendance, qu'on a jusqu'ici laissé aux hôpitaux. Beaucoup succombent sous le poids de leurs charges, et sont obligés d'aliéner leur dotation, pour y faire face. Le remède à la situation apparait pour les hommes d'Etat anglais dans l'adoption d'un régime de centralisation, analogue à celui de Paris (1).

(1) Outre ces hôpitaux autonomes, généraux ou spéciaux, il faut savoir que Londres est partagé, comme les comtés anglais, en unions de paroisses chargées de distribuer les secours à domicile. Les unions établissent des *workhouses* ; mais, à Londres, il y a aussi un régime particulier. Le *Metropolitan poor act*, de 1870, tout en laissant aux *Unions* la dépense d'entretien des pauvres secourus à domicile, a mis à la charge de la ville l'entretien des maisons de travail. Les unions possèdent des infirmeries spéciales. Enfin, il existe une autorité spéciale, les *Asylum's board*, plus spécialement sanitaire, qui a sous sa direction les établissements destinés aux maladies dites *infectious*.

On entre dans les hôpitaux de trois manières : d'urgence, par la consultation gratuite, ou par le Bureau central. Chaque jour, après la visite des salles, une consultation est donnée, à la suite de laquelle les médecins indiquent les malades dont l'état exige une admission immédiate. Celle-ci est prononcée par le directeur de l'établissement, sous sa responsabilité. Le nombre des lits vacants est aussitôt communiqué par lui au Bureau central, et, c'est ce dernier véritable organe de répartition, qui fait diriger sur les hôpitaux incomplètement occupés, les malades non reçus faute de place dans celui où ils se sont présentés. Autrefois, tous les malades devaient passer par le Bureau central ; c'était un lieu d'examen, qu'on devait toucher avant d'arriver à l'hôpital. Bien que l'admission centrale ait disparu comme règle générale, le bureau a néanmoins subsisté ; il constitue un point de concentration très utile pour le service des admissions, et donne lui-même des consultations, qui ont pour conséquence l'accès du traitement hospitalier.

L'admission dans les hospices est, comme partout, entourée de plus sérieuses formalités ; elle est prononcée par délibération d'une commission spéciale, chargée uniquement de ce service (1).

Malgré les sommes énormes dépensées par l'Assistance publique, le service des hôpitaux ne peut suffire à tous les besoins. Depuis une trentaine d'années, l'Administration s'est efforcée d'organiser le traitement à

(1) Elle se compose d'un membre du conseil de surveillance, président, d'un maire ou adjoint, de quatre administrateurs de bureaux de bienfaisance, de deux inspecteurs de l'Administration, et du chef de division des hospices et hôpitaux.

domicile, et dans ces derniers temps le nombre des malades ainsi traités s'est élevé à une moyenne annuelle de 71,000 personnes. Dans la voie où elle est entrée, elle n'a pas été poussée par la seule conviction théorique de la supériorité du secours à domicile sur l'assistance hospitalière ; l'exiguité des locaux lui a fait une nécessité d'élargir ce moyen de soulager l'immense misère qui se donne rendez-vous à Paris Le « secours d'hospice » appliqué aux malades, aux femmes accouchées, aux vieillards, a produit d'excellents résultats et réunit depuis longtemps tous les suffrages des hommes compétents. « C'est dans sa demeure, écrivait récemment M. le Directeur de l'Assistance publique, dans un rapport officiel, que le pauvre doit être aidé, secouru, soigné ; ce n'est que pour le pauvre sans domicile, que doivent s'ouvrir les portes de l'hôpital ; c'est enfin à l'aide du traitement à domicile, suffisamment doté, qu'on pourra diminuer le nombre des admissions dans les hôpitaux, et réaliser de ce chef une économie notable dans les dépenses du service hospitalier (1) ».

Les bureaux de bienfaisance, créés par la loi du 7 frimaire an V, à Paris, comme en province, sont aujourd'hui constitués dans chaque arrondissement. Pour subvenir aux besoins multiples de l'indigence, il fallait organiser des centres de secours qui, tout en prenant le mot d'ordre de l'Administration générale, en lui rendant des comptes, puissent agir isolément sur les misères au milieu desquelles ils se trouvent. Au point de vue juridique, ils sont dotés de la personnalité civile et peuvent, à la différence des hospices, recueillir nominativement des fondations. Ils diffèrent des institutions similaires de province : 1° Par

(1) Voyez *Le Temps* du 22 avril 1885.

le nombre de leurs membres ; 2° par ce fait que, au lieu d'être subventionnés par la municipalité, c'est l'Assistance publique qui se charge de pourvoir aux déficits de leur budget.

L'article 8 de la loi du 10 janvier 1849 portait qu'un règlement d'administration publique déterminerait l'organisation de l'assistance à domicile. C'est seulement cette année qu'un projet de décret a été délibéré par le Conseil d'État pour régler d'une façon précise cette très importante branche des secours publics (1). Jusqu'ici c'étaient de simples arrêtés du préfet de la Seine, délaissés par la pratique sur beaucoup de points, qui posaient des règles très imparfaites.

La commission administrative de chaque bureau comprend : le maire, président, les adjoints, douze administrateurs nommés par le préfet sur une liste triple de candidats, que *présente* le maire, et que *propose* le directeur général ; un secrétaire-trésorier, agent comptable, qui a entrée aux séances ; enfin un nombre illimité de commissaires et de dames de bienfaisance.

Le maire, représentant du bureau auprès de l'Administration centrale, préside les réunions de la commission. Celle-ci nomme un vice-président, un administrateur-secrétaire, pour suivre l'exécution de ses décisions, et un ordonnateur, chargé de délivrer aux créanciers leurs titres de payement.

Chaque arrondissement est divisé en zones distinctes, dont la surveillance est dévolue à un administrateur, qui peut se faire aider par des commissaires et des dames

(1) Bien que le décret n'ait pas encore été promulgué, je crois indispensable, à raison des importantes dispositions qu'il va édicter, d'en présenter un commentaire succinct ; je me permettrai, pour les besoins de ma cause, d'escompter la signature du chef de l'État.

de bienfaisance. L'administrateur reçoit, chaque semaine, les indigents de sa zone qui demandent l'assistance, à la maison de secours correspondante. C'est lui qui admet aux secours temporaires. Mais les demandes d'inscription à l'assistance annuelle admises par l'administrateur sont soumises à une commission spéciale, qui examine et contrôle les propositions faites. Le droit de décider appartient à la commission administrative.

Il est important de distinguer les deux espèces de secours *temporaires* et *annuels*, non seulement au point de vue de l'autorité compétente pour les accorder, mais aussi en ce qui concerne les personnes qui les peuvent obtenir. Tandis que les secours temporaires peuvent être donnés à toute personne, qui se trouve en état d'indigence momentanée, et en particulier par suite de blessures, maladies ou couches, les secours annuels sont reservés par le décret nouveau à trois catégories de personnes : 1° à celles atteintes d'infirmités ou de maladies chroniques ; 2° aux vieillards âgés de soixante-quatre ans révolus ; 3° aux orphelins âgés moins de treize ans. De plus il est stipulé « que les personnes de nationalité française, ayant leur domicile de secours à Paris, sont seules admises à recevoir des secours » ; ce qui contient une exclusion implicite des étrangers, et par à contrario la possibilité de les admettre aux distributions temporaires. Cette innovation, motivée par la présence, à Paris, d'un nombre toujours croissant d'étrangers sans ressources, résoud d'une façon fort heureuse le délicat problème de l'assistance internationale (1).

(1) En 1883, sur 1.000 indigents inscrits au bureau de bienfaisance, on comptait : 226,6 nés à Paris, 706,4 dans les départements, 67 à l'étranger.

L'assistance peut être distribuée sous forme de secours en nature ou en argent : dans le premier cas, au moyen de bons nominatifs ou au porteur; dans le second, au moyen de mandats toujours nominatifs. En principe, c'est la commission qui détermine, pour chaque indigent, la quotité des secours en argent, sur le rapport de l'administrateur divisionnaire. Cependant elle peut ouvrir à ce dernier un crédit en argent pour secours temporaires, qu'il délivrera sous forme de mandats nominatifs, payables par le secrétaire-trésorier.

Il peut être également ouvert au maire, mais avec l'approbation du préfet, un crédit qu'il peut employer en secours d'urgence.

Les secours annuels peuvent être payés sans acquit par le trésorier, aux porteurs de cartes nominatives, lesquelles constituent le titre des parties assistées.

Outre ces secours, imputés directement sur les fonds du bureau de bienfaisance, cet établissement éclaire l'Administration centrale dans la distribution des secours représentatifs du séjour à l'hospice, aux vieillards et infirmes. Lorsqu'une vacance se produit, la commission du bureau présente une liste de candidats à la commission centrale dont j'ai parlé, qui est chargée de statuer sur les admissions. Le payement de ces secours est effectué, à titre d'opération de trésorerie, par le secrétaire-trésorier.

Enfin, les bureaux prêtent leur office à l'Assistance publique pour distribuer les sommes imputées sur fonds départementaux, au profit des enfants assistés, et distribuées sous forme de secours aux filles-mères ou aux orphelins.

Comment les bureaux de bienfaisance vont-ils faire face à leurs multiples charges ? Avec le système de demi-autonomie auquel ils sont soumis, on semble aller droit à cette conséquence, que les disponibilités financières de chaque arrondissement seront en relation directe avec la richesse de ses habitants, non avec leur misère.

Et pourtant, on ne peut admettre que, dans une même agglomération urbaine, les indigents soient traités avec une plus ou moins grande libéralité, suivant qu'ils habitent le centre ou la périphérie! Depuis longtemps on y a pourvu, en faisant intervenir l'Administration centrale; celle-ci, à l'aide d'une subvention, vient assurer une égale distribution de l'assistance, jouer le rôle de dispensatrice équitable. Le décret nouveau va donner au principe une organisation nouvelle, qui mérite d'être signalée.

Le budget comprend deux espèces de dépenses : les *fixes* et les *variables*. Sous la première rubrique, on a réuni toutes celles que j'appellerai volontiers « les frais généraux de l'établissement » : traitements d'employés, loyers, frais de bureau. Non seulement, elles sont à peu près semblables d'année en année, mais elles ne varient pas sensiblement d'un arrondissement à l'autre. La deuxième catégorie, celle des dépenses variables, au contraire, atteint un chiffre très dissemblable, suivant qu'on passe d'un quartier à l'autre, puisque, comprenant les allocations de secours de toute espèce, elle est en corrélation étroite avec les misères à soulager. Elle se subdivise elle-même, en dépenses couvertes par des recettes particulières, et et en dépenses acquittées au moyen des fonds généraux.

Les dépenses fixes sont soldées intégralement par une première subvention de l'Assistance publique, dont le budget même contient la répartition entre les divers arrondissements.

Quant à la partie des dépenses variables imputée sur fonds spéciaux, on y fait face : 1° au moyen des libéralités qui comportent une affectation fixée ; 2° par les sommes d'une deuxième subvention de l'Administration centrale, qui ont reçu de celle-ci un emploi déterminé. Les dépenses variables pour lesquelles aucune recette corrélative n'a été prévue, sont alimentées par une triple source : 1° les dons et legs sans affectation ; 2° les recettes intérieures, produits de dons, quêtes, collectes, troncs, fêtes de bienfaisance ; 3° l'excédent de la deuxième subvention de l'Assistance publique.

Le système des subventions ne date pas d'hier, disais-je ; mais ce qui est nouveau c'est la division en deux parties, l'une fixe, l'autre variable, et le mode de calcul adopté pour établir cette dernière. La subvention variable est désormais répartie chaque année entre les bureaux pour moitié proportionnellement à la population de chaque arrondissement, et pour l'autre moitié en raison inverse du montant de la contribution personnelle et mobilière de chaque arrondissement divisée par le nombre total d'habitants. On espère ainsi établir un rapport entre le chiffre de la subvention et la quotité des facultés charitables de chaque circonscription.

De cette étude il ressort que les bureaux de bienfaisance, quoique reliés à l'Administration centrale, ne sont pas absorbés par elle. En résumant l'organisation nouvelle, on voit que le contact n'est établi que sur trois points :

1° Le bureau reçoit d'elle des subventions importantes. Ce n'est pas un don purement gracieux pour la totalité, car le droit des pauvres est perçu sur son territoire par l'Assistance publique. Il distribue pour elle les secours d'hospice et les allocations imputées sur le budget départemental. Enfin son budget est soumis à l'avis du Conseil de surveillance.

2° Sur le personnel le directeur général exerce une

certaine action. C'est lui qui propose au préfet les douze administrateurs sur une triple liste présentée par le maire. Il a l'œil ouvert sur le service médical exécuté par les bureaux, accueille les plaintes dirigées contre les médecins et peut les déférer disciplinairement au Conseil de surveillance.

3° Le bureau, au lieu de mettre en adjudication directement les fournitures dont il a besoin, peut se les procurer par l'Administration centrale, qui, opérant sur de grandes masses, les obtient à meilleur compte.

A part ces divers points, les bureaux ne relèvent que du préfet comme les institutions de ce genre, en province. Il est aussi à noter que leurs budget et comptes passent sous les yeux du conseil municipal.

Un troisième service, celui des enfants assistés, a été remis à l'administration de l'Assistance publique. Ce service est par essence charitable, et bien qu'il soit de droit commun confié au département on conçoit, que la très large place occupée par la ville de Paris dans le département de la Seine, la nécessité de posséder des hospices dépositaires pour recueillir une population enfantine s'élevant à plusieurs milliers de sujets, l'aient fait remettre au directeur général. Le préfet demandera au Conseil général de la Seine les crédits nécessaires ; ceux-ci seront inscrits au budget départemental, mais versés dans les caisses de l'Assistance publique de Paris, qui reste seule chargée du service.

Le service des aliénés, au contraire, en raison de son caractère mixte de police et de bienfaisance, est resté aux mains de l'autorité préfectorale, et l'Assistance publique n'a pas à s'en occuper.

En résumé, sauf les réserves que j'ai formulées sur la composition de ses organes, le système réalisé à Paris, pour administrer les secours publics, me paraît assez heureux, lorsque je l'envisage au point de vue de la division du travail charitable, si je puis ainsi dire. Le service des hôpitaux gagne à être concentré, en ce qu'il permet de répartir automatiquement les malades, partout où il y a des places vacantes, sans perte de temps ni retards inutiles; il facilite l'application de plans méthodiques, au point de vue de l'hospitalisation, et permet de réaliser des économies sur la dépense. Les bureaux de bienfaisance ont reçu à l'endroit de l'Administration centrale la somme de liberté nécessaire pour faire le bien, ne demandant à celle-ci qu'un concours financier, lui offrant au contraire leurs bons offices pour l'aider à distribuer ses revenus, sous forme de secours à domicile. Enfin le service des enfants assistés, détaché du département, sinon pécuniairement, du moins au point de vue de l'exécution, gagne à être remis aux mains d'une administration placée mieux que toute autre, pour pénétrer jusqu'aux misères les plus cachées de la capitale.

TITRE IX

Des hospices de Lyon

L'organisation hospitalière de Lyon mérite de fixer notre attention, à raison des particularités nombreuses qu'elle présente, et qui la font très nettement sortir du droit commun. De tout temps, il en a été ainsi ; et l'historien, qui fouille les archives de la vieille cité gallo-romaine, relève des traits originaux. Rien d'étonnant à cela, quand on songe que l'Hôtel-Dieu, fondé au VIe siècle, non loin du seul pont permettant de franchir le Rhône, voyait passer sous ses murs les convois militaires se rendant en Italie, les pèlerins allant en Terre-Sainte (1), que cette ville devint ensuite un grand centre commercial, le trait d'union de notre pays avec les cités de l'autre côté des Alpes ; qu'enfin l'industrie de la soie y attira, de tout temps, de nombreux étrangers.

Dès le début du siècle, on sentit que l'importance du patrimoine des hospices, la complexité des services que comportent les besoins d'une grande ville, s'accommodaient fort mal du régime administratif, posé par la loi de vendémiaire an V.

(1) Un vieil usage, remontant à ces temps reculés, encore appliqué aujourd'hui, consiste à recevoir à l'Hôtel-Dieu, à nourrir, blanchir et héberger pendant trois jours les indigents de passage. Depuis la création des asiles de nuit, le nombre des participants a sensiblement décru, mais la tradition est respectée.

Dès 1802, un arrêté du ministre de l'intérieur, en date du 18 janvier, constitua un conseil général d'administration, analogue à celui que nous avons vu établir à Paris vers la même époque. Le texte aujourd'hui applicable, qui maintient cette organisation, en la développant est une ordonnance du 30 juin 1845. L'idée fondamentale est de séparer la délibération de l'action, pour donner la première à un conseil général, composé de vingt-cinq membres, la deuxième à une commission exécutive, espèce de délégation émanée de ce corps. Le maire de Lyon est président-né, l'archevêque président honoraire; mais la présidence effective appartient à un membre élu par le Conseil. Les administrateurs nommés pour cinq ans, et renouvelables par groupe, sont choisis par le préfet, parmi les notables de la ville, dans le conseil municipal et les corps judiciaires.

La loi du 7 août 1851 ne changea en rien cette organisation. Deux députés demandèrent qu'on insérât un article formel, la déclarant non applicable aux hospices de Lyon. Mais l'Assemblée ayant délégué au Conseil d'État le soin de faire des règlements spéciaux sur la composition des commissions hospitalières, la proposition était sans portée et fut écartée (1).

La loi du 21 mai 1873 (art. 8), excepta des dispositions nouvelles qu'elle posait les établissements hospitaliers soumis à un régime exceptionnel. Lorsque la loi du 5 août 1879 introduisit au sein des commissions une représentation de l'autorité municipale, on pouvait se demander si ce principe ne devait pas réagir sur l'administration lyonnaise. Une lettre ministérielle résolut la question, en disant que l'article 8 de la loi de 1873 per-

(1) *Moniteur*, 9 avril 1851, p. 1042.

sistait avec toute sa force, et qu'il n'y avait pas lieu de toucher à ce qui existait. A Lyon comme à Paris, il est donc vrai de dire que les hospices sont soustraits à l'influence directe de la municipalité, en ce sens que c'est le représentant du gouvernement, le préfet, qui règle seul, comme il l'entend, la composition de leur personnel administratif. Bien mieux, les hospices de Lyon sont plus indépendants du conseil municipal que l'Assistance publique de la capitale, car ils sont assez riches pour se suffire à eux-mêmes. La demande d'une subvention annuelle ne vient pas offrir à l'assemblée locale l'occasion d'une immixtion directe dans les affaires charitables.

Une première question se pose, qui, de prime abord, met dans l'embarras. J'ai montré les causes qui ont amené le Parlement, en 1848, à confier à un directeur unique l'administration des secours publics à Paris ; j'ai dit que le Conseil général, par ses empiètements sur l'exécutif, avait causé une confusion fâcheuse, un complet désarroi. Comment se fait il que l'administration lyonnaise, à laquelle on a appliqué le même régime et qui, seule en France, le possède encore à l'heure actuelle, ait échappé à ces critiques ? La raison me semble résider dans ce fait, qu'à Lyon la commission exécutive s'est limitée à un rôle étroit, auquel son titre ne répond nullement. Ce n'est pas elle, comme on pourrait le croire, qui est l'agent d'exécution universel, des décisions du pouvoir délibérant ; elle borne son action à la représentation des hospices, dans leurs rapports avec les tiers. C'est elle qui passe les marchés, les baux, les ventes, conformément aux délibérations du Conseil. Un autre pouvoir exécutif existe ailleurs : dans chaque établissement est délégué un administrateur qui veille avec un soin attentif aux plus minutieux détails du service intérieur, sans l'autorisation duquel rien ne se peut faire. Responsable devant le conseil, il en réfère à lui quand il juge prudent de se mettre à couvert. Y a-t-il un marché à passer pour des fournitures à faire à la maison qu'il dirige, il s'adresse au pouvoir délibérant, qui prend une délibération dont l'exécution est confiée à la commission.

Grâce à cette combinaison, on a évité les accrocs, les froissements que la pratique a révélés à Paris, et qui résultaient de ce que deux autorités, le délégué du conseil et la commission, se rencontraient dans le même établissement, sur le même terrain. Le vrai caractère de cette conception, c'est en quelque sorte la dualité du pouvoir exécutif: à l'intérieur de chaque maison, le conseil est représenté par l'administrateur-directeur, dans ses rapports avec les tiers par la commission.

C'est d'ailleurs cette dernière qui a la haute main sur les affaires d'administration générale, qui veille à la conservation du patrimoine, prépare les budgets et dresse les comptes.

Il existe à Lyon huit établissements placés sous l'administration du conseil général : trois hôpitaux généraux, deux hospices, deux hospices-hôpitaux et un asile de convalescents (1). Dans chacun, l'administrateur est secondé par un administrateur-adjoint, qui le remplace en cas d'absence et, d'après un usage constamment suivi, est appelé à prendre sa place. C'est une sorte de coadjuteur avec succession future. Cet usage se recommande

(1) Ce sont, comme hôpitaux généraux : l'Hôtel-Dieu, la Croix-Rousse, Saint-Pothin (annexe de l'Antiquaille); comme hospices : le Perron (incurables), la Guillotière (vieillards) ; comme hospices-hôpitaux, la Charité et l'Antiquaille, enfin l'asile Sainte-Eugénie pour les convalescents.

par son caractère hautement pratique, car il permet à l'adjoint de se former de longue main aux fonctions qu'il exercera un jour. Cette institution s'impose d'autant plus que les fonctions sont essentiellement gratuites et qu'on ne peut exiger dès lors du directeur une assiduité irréprochable.

Un des traits originaux des hospices de Lyon, c'est leur richesse considérable, qui leur permet chaque année de faire face aux besoins de la ville, même d'étendre leur action charitable au dehors, sans demander un centime à la municipalité. Bien plus, ce sont eux qui subventionnent la ville, en admettant à l'hospitalisation gratuite les filles publiques. Il va sans dire qu'ils abandonnent complètement aux bureaux de bienfaisance, la part à laquelle ils pourraient prétendre, et dans le droit des pauvres, et dans les concessions des cimetières. En 1881, le budget hospitalier accusait, en droits constatés, un chiffre de 3.703.775 francs avec un excédent de plus de 100.000 francs. Le gros élément de la recette consiste dans le loyer des terrains que les hospices possèdent sur la rive gauche du Rhône, et qui, à lui seul, s'élevait à 1.406.482 francs en 1881.

Autrefois la fortune des hospices consistait presque entièrement dans ces immenses terrains, qui n'avaient qu'une valeur médiocre au point de vue de la culture. On ne pouvait songer à les aliéner, car une plus-value certaine résultant de l'extension de la cité était à prévoir; il fallait la conserver pour l'avenir, dans le but d'accroître le patrimoine des pauvres. C'est dans ces conditions qu'une sorte d'association se forma, sous le nom de *bail à construire*, entre l'Administration qui fournissait le terrain, et le locataire qui s'engageait à édifier. Les hospices se procuraient un revenu, conservaient la plus-value éventuelle; le particulier se procurait l'avantage d'un placement presque immobilier, sans avoir à faire la dépense d'une acquisition de terrain.

Ce contrat se présente juridiquement sous la forme d'un bail ordinaire, à durée limitée, n'excédant jamais douze ou quinze ans. Le preneur doit faire ses calculs, de façon qu'à l'expiration de ce délai, il ait reconstitué le capital immobilisé dans la construction; car à ce moment il doit enlever l'édifice, c'est-à-dire les matériaux de faible valeur, ne laissant que les remblais et fondations. C'est à lui de prendre ses combinaisons de façon que, dans le délai concédé, il ait, au moyen des loyers qu'il tirera de sa construction, acquitté son propre prix de location à l'Administration, servi l'intérêt de son capital, enfin reformé celui-ci par un prélèvement périodique et mis en réserve. Voilà pour le droit.

En fait, l'Administration a très bien compris qu'un délai aussi court que celui de douze ou quinze ans était insuffisant pour mener à bien une pareille opération. Aussi a-t-elle pris l'habitude de prolonger les baux aux mêmes locataires, en augmentant le loyer proportionnellement à la valeur locative, acquise par les masses environnantes. « Ce n'est pas un *droit de préférence* pour le preneur, mais c'est *une préférence*, écrivait récemment M. le Président des hospices, que loyalement l'Administration témoigne à ses locataires, lorsqu'il y a lieu à la prorogation du bail, et c'est pour maintenir cette tradition que l'Administration hospitalière a pu obtenir, en 1851, de l'autorité supérieure, qu'elle renonçât à imposer l'obligation de mettre les baux en adjudication. » Le constructeur n'a d'autre part aucun privilège à faire valoir au cas où la vente du terrain serait décidée; il ne peut échapper à l'éviction en acquérant lui-même de préférence à tout autre (1).

Telle est l'heureuse combinaison qui a permis aux hospices de conserver, pour les pauvres, cette plus-value naturelle, qui résulte du développement social, et qui, appliquée à la propriété privée, fait enrager si fort, et peut-être non sans raison, les adeptes des sectes socialistes. L'administration hospitalière a laissé le public croire à une situation plus stable, plus à l'abri des retours d'opinion pour le constructeur qu'elle n'est en réalité, si on examine la question du point de vue juridique. Convaincus que des prolongations de baux leur seraient octroyées, les capitalistes ont porté leur argent sur ce genre de spéculation ; les grands bâtiments ont succédé aux masures. L'Administration fera bien de conserver la pratique qu'elle a constamment suivie, de consentir des renouvellements de baux, afin de ne pas décourager les esprits entreprenants, ni jeter le discrédit sur un mode d'exploitation qui fournit à son budget un aussi beau denier que celui cité plus haut (2).

Le preneur doit verser à la caisse hospitalière un cau-

(1) Beaucoup de renseignements, reproduits dans cette étude, m'ont été communiqués très obligeamment par M. Sabran, président actuel du conseil d'administration, auquel je dois un remerciement public.

(2) La jurisprudence admet que les constructions édifiées sur les terrains des hospices sont immeubles par nature, tant qu'existe l'édifice et deviennent propriété mobilière, dès qu'elles sont démolies, (Code civ., art. 518.) En conséquence, elles peuvent être frappées d'hypothèque, du chef du locataire, sous la condition résolutoire de la démolition à la fin du bail. (Code civ., 2118).

(Cour de Lyon, 18 mars 1871 ; — 14 août 1868, D. P. 1871, 3. 33). — Le preneur étant obligé d'enlever les matériaux, sauf les rem-

tionnement en numéraire, égal au montant d'une année et demie du prix de bail. Les hospices se procurent ainsi un capital important, qui est remis au mont-de-piété, et lui sert de fonds de roulement. Comme à Paris, les bénéfices de cet établissement, qui constitue une simple annexe des hospices, tournent au profit des pauvres, et donnent en moyenne, une vingtaine de mille francs.

Le budget est depuis longtemps soumis à l'approbation du chef de l'État, conformément à l'article 15 de la loi du 24 juillet 1867, qui posait la règle pour les villes et établissements de bienfaisance, ayant trois millions de revenus. Depuis la loi du 5 avril 1884, qui a modifié cette règle pour donner en tous cas compétence au préfet, non explicitement, mais en vertu d'un jeu de principes que j'ai expliqué, il me semble que les hospices de Lyon devraient rentrer dans le droit commun.

La ville est partagée, au point de vue de l'admission des malades au traitement hospitalier, en circonscriptions relevant de chacun des trois hôpitaux généraux. Tout individu qui tombe malade est reçu à l'Hôtel-Dieu. d'abord parce que cet établissement est le plus vaste, ensuite à cause des principes de très large libéralisme qui depuis longtemps le caractérisent dans la distribution des secours. C'est un honneur pour Lyon d'avoir devancé la loi de 1851, bien plus, de l'avoir dépassée en générosité. Aux termes de cette législation, pour qu'un indigent soit reçu dans un hôpital, il faut qu'il tombe malade dans la commune. Mais si cette condi-

blais et fondations de mur, il y a renonciation par les hospices au bénéfice de la règle *Superficies solo cedit.* Dès lors, le droit réel immobilier de superficie se trouve constitué, et on sait qu'il est susceptible d'hypothèque. (Aubry et Rau, t. II, page 442, 4e édit.)

tion est suffisante, elle est indispensable ; le préfet ne saurait forcer l'Administration hositpalière à ouvrir ses portes à un individu atteint par la maladie dans une localité voisine. A Lyon, cette extension de l'esprit charitable est admise depuis longtemps, et l'Hôtel-Dieu reçoit dans ses lits, non seulement les malades de Lyon, mais ceux du département du Rhône, des autres départements, et même ceux de l'étranger si par impossible, on lui en envoyait. Cet usage remonte haut dans le passé, et s'explique historiquement. L'industrie de la soie attira de bonne heure à Lyon de nombreux étrangers dont beaucoup se fixaient dans la ville, après avoir fait fortune. Souvent, ils faisaient des libéralités à l'Hôtel-Dieu, et comme à cette époque la législation ne péchait pas par excès de tendresse pour les « aubains », ils stipulaient que leurs compatriotes seraient reçus et traités à l'égal des Français. Cette pratique ne va toujours pas sans abus, car souvent la présence de nombreux malades étrangers à Lyon oblige l'Administration à refuser les secours aux pauvres de la ville, ou à leur faire attendre longtemps leur admission (1).

Un hôpital spécial, l'Antiquaille, qui n'a guère d'égal que celui de Saint-Louis à Paris, reçoit les vénériens, dartreux, teigneux, herpétiques, et épileptiques.

Je ne puis passer sous silence l'organisation des Sœurs hospitalières lyonnaises, qui est unique en France, et dont le caractère semi-laïque, semi-religieux, est digne au plus haut point d'attirer l'attention. Ce qui les caractérise, c'est qu'elles ne doivent avoir aucune supérieure,

(1) Je tiens de M. le Président du conseil ce fait curieux qu'en certains hivers rigoureux, plus d'un tiers des lits était occupé par des malades expédiés par chemin de fer, des départements voisins.

ni former aucune congrégation, afin de ne pas affaiblir l'autorité de l'Administration. Recrutées par chaque établissement, les sœurs ne prononcent pas de vœux religieux, mais s'engagent par un contrat civil et individuel, à soigner les pauvres. Elles peuvent se retirer, si elles le veulent, comme être congédiées par l'Administration, si celle-ci n'est pas satisfaite de leurs services.

L'origine de cette organisation toute spéciale se trouve au xve siècle ; ce furent des filles repenties qui se vouèrent au service des pauvres, et virent peu à peu leurs rangs grossis par des femmes et filles dont la conduite était irréprochable. Dès le début, l'Administration marqua bien nettement le caractère de ces *servantes des pauvres* qui n'étaient pas et ne devaient jamais être des religieuses, au sens exact du mot.

Actuellement, elles forment trois catégories : les *novices*, les *prétendantes*, et les *sœurs croisées.*

Lorsqu'une jeune fille désire devenir hospitalière, elle est présentée par l'aumonier à l'administrateur de l'établissement, qui, après une enquête, l'admet comme novice. Au bout d'une année d'épreuves, si elle se sent le courage de remplir les pénibles fonctions qui l'attendent, elle est reçue comme prétendante, moyennant un modeste traitement de 80 francs par an. Au bout de douze ou quinze ans, si elle persévère dans sa vocation, elle demande à être croisée. C'est alors que le conseil, sur le rapport de l'administrateur, lui remet la croix. L'obtention de la croix, paraît-il, constitue le but suprême de l'ambition de la sœur hospitalière et la récompense de ses services. C'est à cette occasion qu'est passé l'engagement dont je parlais plus haut. La sœur croisée est adoptée par les hospices, qui promettent de la conserver jusqu'à la fin de sa vie, si sa conduite ne donne lieu à aucun reproche grave ; de son côté, elle reste libre de se retirer à toute époque.

Pour juger cette institution, je ne saurais mieux faire, que m'effacer derrière ceux qui la connaissent bien : « Les personnes qui voient de près ce fonctionnement, écrivait récemment M. le Président du conseil d'administration, restent frappées de la somme de zèle, de dévouement, d'abnégation, que déploient ces servantes des pauvres. Leur vie s'use vite dans ce dur et ingrat labeur, et le nombre de nos sœurs emportées avant l'âge, par l'extrême fatigue de leur profession, est malheureusement considérable. On peut, en parcourant les salles, voir la mort épier le plus souvent, les plus actives, les plus laborieuses, les plus méritantes de ces femmes. Et cependant malgré tout, le recrutement ne se ralentit pas, et nous avons actuellement, près de huit cents sœurs, pour soigner nos trente mille malades annuels, c'est-à-dire près de huit cents servantes des pauvres, donnant leur santé et souvent leur vie *sans attendre d'autre rémunération que l'espérance de finir leurs jours dans nos hospices, si elles n'ont pas démérité.* » Tout commentaire affaiblirait l'éloquence de cet aveu.

Il semble que la grande richesse des hospices de Lyon les désignait d'avance pour user de la faculté ouverte par les lois aux commissions administratives, de convertir en secours à domicile une partie des revenus hospitaliers. Le conseil général n'a pas usé de cette faculté dans les termes légaux ; il a organisé, dans plusieurs de ses hôpitaux, des consultations gratuites pour les indigents, atteints de maladies légères, ne nécessitant pas le traitement hospitalier. Ces malades, qui doivent se présenter munis d'un certificat d'indigence, émanant du maire ou du commissaire de police, du curé ou du pasteur, reçoivent gratuitement les remèdes à la pharmacie de l'établissement. En outre les hospices délivrent gratuitement les remèdes prescrits par les médecins du bureau de bienfaisance.

Le service des enfants assistés a été confié, en 1870, à l'autorité départementale. C'est un des hospices de Lyon, la Charité, qui a été déclaré dépositaire par le préfet. De ce chef, l'administration hospitalière reçoit du département des allocations indemnitaires à titre de frais de séjour. Mais, dans un esprit libéral, elle admet gratuitement, pourvu que leur séjour n'excède pas un mois, les enfants envoyés, sur réquisition de l'autorité judiciaire, par suite de la situation de leurs parents indigents, prévenus, accusés ou condamnés.

De plus, elle offre un asile aux enfants dont la mère ou le père veuf, domiciliés à Lyon, sont en traitement à l'hôpital, aussi longtemps que dure ce séjour ; les hospices prennent la charge de cette dépense, en la considérant comme le complément nécessaire de leur mission charitable.

CONCLUSION

Considérations sur l'assistance communale

De cette longue étude se dégage cette idée que l'assistance publique a été organisée en France au sein de l'association communale. Si deux exceptions, celle des enfants trouvés et celle des aliénés, semblent déroger à la règle, en réalité elles sont moins graves qu'il ne semble au premier abord, puisque les communes contribuent à la dépense dans une large mesure. C'est plutôt le service qui est enlevé à l'administration communale; la charge financière lui reste.

Bien que notre système d'assistance actuel ne soit pas sorti tout d'une pièce de la pensée du législateur, bien qu'il ne soit point le produit d'une conception unique, il n'en porte pas moins dans toutes ses parties un même caractère. Il s'est efforcé d'organiser les services de façon qu'aucune misère, aucune infortune ne reste sans soulagement. Transportons-nous pas la pensée, je ne dis pas dans une agglomération urbaine, mais dans la plus pauvre commune de notre pays, et voyons ce qui a été fait pour ses habitants. Pour secourir ceux qu'une adversité temporaire jette dans l'indigence ou qui d'ordinaire ne peuvent, au moyen de leur modeste salaire, résoudre pour eux et leur famille le problème de la vie, on a permis avec une grande facilité la création de bureaux de bienfaisance; on a doté ces établissements de certains revenus propres. Quant à ceux qui tombent malades, et qui, en raison de la gravité de l'affliction dont ils sont atteints, ne sauraient trouver dans leur famille des soins assez éclairés, la loi du 7 août 1851 a permis à leur commune de les faire traiter moyennant un prix de journée très modique dans l'hôpital voisin. Le conseil général doit tracer autour de chaque établissement des « circonscriptions hospitalières », pour recueillir les enfants abandonnés, les aliénés indigents. Le décret de 1811 et la loi de 1838 offrent à la commune les bons offices du département qui peut même, si c'est nécessaire, la tenir quitte de toute contribution à la dépense. Les pauvres incurables, atteints de maladies qui en font pour leur voisinage un objet de répulsion et de dégoût, ne restent pas non plus sans secours. Comme pour le malade, la porte de l'hospice voisin peut s'ouvrir devant eux si la commune consent à acquitter les frais de séjour. Le seul point sur lequel l'habitant de la petite commune dont je parle, se trouve dans un état d'infériorité, est celui-ci : devenu vieux s'il est sans ressource, sa commune n'a pas la faculté de le placer à l'hospice voisin. Il n'y a pas là une omission du législateur; c'est au contraire une situation voulue de propos délibéré, et les motifs de la pensée législative tournent tout à l'honneur de l'habitant des campagnes. On a pensé que, vu la persistance plus tenace des liens de famille, au sein des populations rurales, il était inutile, voire même dangereux, d'offrir au paysan un moyen de se débarrasser de ses vieux parents.

Les services existent donc, les organes chargés d'administrer les secours sont créés, et, à ce point de vue, la plus petite commune n'a rien à envier à la plus grande cité.

Mais, et c'est là un nouvel aspect de la question, non le moins important, il ne suffit pas de créer un mécanisme, si ingénieux qu'il soit ; il lui faut un moteur, et, en cette matière, le moteur indispensable, celui sans lequel toute administration périt d'anémie, c'est le moyen financier. Ici, l'inégalité saute aux yeux ; elle résulte de la nature des choses. On a beau proclamer l'égalité, demander à cor et à cri un traitement identique pour tous les citoyens d'une même patrie, on n'empêchera pas ce fait que les ressources d'une petite bourgade n'atteindront jamais ceux d'une grande ville. Cette inégalité inéluctable que Larochefoucauld-Liancourt dénonçait à la Constituante en 1789, M. Tallon la signalait en termes semblables à l'Assemblée nationale de 1872. A la première date, on crut avoir trouvé la solution en mettant l'assistance à la chage de l'État. L'expérience s'est chargée de faire justice du système. Celui-ci est dangereux, parce que le fonds de la charité, confiée aux mains d'un personnage qui a de si vastes besoins qu'un État et surtout qu'un État moderne, risque fort d'être compromis et détourné de son affectation, parce que les communes chargées de distribuer le secours se montreront fort généreuses à faire des libéralités qui ne leur coûtent rien. Le seul procédé rationnel consiste à laisser aux localités le soin de réunir les moyens indispensables à l'exercice de la charité ; et comme, pour beaucoup, les ressources seront insuffisantes, ce sera en dernière analyse au département, à l'État, de venir, par des subventions accordées dans les cas strictement nécessaires, combler le déficit du budget charitable des communes. La précarité même de ces allocations sera la meilleure sauvegarde contre les exagérations des localités dans le sens d'une générosité imprévoyante.

Est-ce à dire qu'il n'y ait pas des réformes à introduire dans notre législation? Nullement; il serait puéril de croire à la perfection. Sans compromettre en rien les intérêts qui lui sont confiés, l'Administration supérieure pourrait se départir un peu de cette tutelle outrée dans laquelle elle enserre nos institutions charitables. Un peu plus d'autonomie laissée aux administrateurs locaux, en leur donnant un sentiment plus vivace de leur responsabilité, tournerait tout à l'avantage des pauvres. La bienfaisance administrative, par ses rouages compliqués, ses spécialisations forcées, qui transforment la philanthropie en un mécanisme automatique, comporte déjà assez d'inconvénients inhérents à sa nature, sans que la loi vienne par des règles étroites, augmenter cette infériorité originelle.

A un autre point de vue, l'organisation actuelle est défectueuse. Les secours médicaux, dans les campagnes, sont fort mal répartis. Alors que l'homme aisé a de la peine à faire venir le médecin à son chevet, faut-il s'étonner que parfois le pauvre ne soit pas secouru? On a songé à établir des médecins cantonaux, nommés par l'Administration et recrutés par elle, pour faire ce pénible service de l'assistance des campagnes. Un homme de bien, M. Lerat de Magnitot, ancien préfet de la Nièvre, a même attaché son nom à cette institution, qui a été appliquée dans plusieurs départements. Cependant l'idée ne semble pas avoir été accueillie avec enthousiasme. Dans l'enquête de 1872, la majorité des déposants demanda que le service des indigents fût assuré, en utilisant le concours des médecins actuellement en exercice. Ne serait-il pas possible en effet, de tracer autour de la demeure de chacun d'eux, des circonscriptions médicales, en leur assurant une juste rémunération, ou par l'abonnement des communes, ou par une rétribution proportionnée au nombre de visites et aux distances parcourues?

On a été plus loin dans cette voie de réformes, et on a proposé la création de comités cantonaux. En 1848, M. Dufaure se fit le parrain de cette idée, qui depuis a été souvent reprise, notamment en 1872. Des comités réuniraient au chef-lieu de canton, les délégués des bureaux communaux, les auxiliaires du service médical, pour constituer un vrai centre d'entente et de mutuel appui, destiné à entrer en pourparlers avec le conseil général, et à répartir entre les communes les sommes accordées par lui, ou par l'État. Cette conception, qui devait fatalement se faire jour en un temps où le canton était si fort en honneur, n'a pas rencontré beaucoup d'adhérents, et, me semble-t-il, cette défaveur se justifie pleinement. Créer un comité cantonal, c'est déplacer le centre d'action d'un service, qui, rationnellement doit fonctionner au sein même des populations qu'il est appelé à secourir. « Les secours localisés, disait M. Tallon en 1872, vont plus vite au besoin. Chaque commune est d'ailleurs jalouse de surveiller l'emploi de ses propres ressources, et l'immixtion d'une autorité cantonale dans leur administration, lui porterait ombrage. » S'il s'agit d'un simple concours pécuniaire à apporter, le conseil général y pourvoira tout aussi bien lui-même. Inutile d'ajouter un organe nouveau, qui ne ferait que compliquer et ralentir la procédure.

La nouvelle loi municipale, en permettant des conférences intercommunales, me paraît avoir apporté un argument de plus, pour écarter toute création de ce genre. Les communes pourront s'entendre pour traiter avec un médecin à de meilleures conditions, pour se procurer des secours pharmaceutiques, avec cet avantage de pouvoir se joindre à des communes d'un canton voisin.

Quant aux hospices qui existent dans les chefs-lieux de canton, on a songé à s'autoriser de leur existence pour généraliser le système, et arriver à en faire le point de rayonnement des secours médicaux dans la circonscription. Actuellement, il en existe 777 qui le plus souvent sont astreints, par leur titres, ou en vertu d'annexions d'anciennes maladreries, à recevoir les habitants des localités voisines. On multiplierait leur nombre, et lorsque le programme serait réalisé, on leur affecterait un caractère exclusivement cantonal.

Je respecte la pensée profondément généreuse qui est au fond de cette conception. Mais, en matière d'assistance, la générosité a ses limites; le problème financier réfrène les élans du cœur. Est-il bien utile de créer des établissements nouveaux, de s'imposer des frais énormes d'installation, alors qu'il existe des institutions, consacrées par le temps, dont il suffit d'élargir la base? Les promoteurs des hospices cantonaux oublient trop que les établissements existants sont tenus de s'ouvrir à l'habitant des campagnes. Pour moi, le problème de l'assistance médicale du paysan, se résoud en deux formules : 1° propager le traitement à domicile, au moyen de traités passés par les communes ou les bureaux de bienfaisance, avec les médecins existants dans la région ; 2° donner une plus large application au droit, qui est reconnu aux communes, de faire soigner leur malades à l'hôpital désigné par le conseil général, moyennant un faible prix de journée. Cette faculté, qui doit rester exceptionnelle, me semble susceptible de rendre de très grands services.

D'ailleurs, au point de vue moral, on peut se demander si l'assistance hospitalière, par ses procédés et son caractère, ne froisse pas les habitudes des populations rurales. Je demanderai la permission de citer un éloquent passage de M. Réveille-Pârise, qui est une réponse directe aux partisans des hospices cantonaux à créer : « La chaumière délabrée du paysan, dit-il, son réduit obscur, son grabat, son foyer, ont pour lui les liens secrets d'un vif et profond attachement ; puis sa femme et ses enfants entourent sa couche et savent le consoler. Il n'est pas jusqu'à ses voisins du village, jusqu'aux arbres qui l'entourent, jusqu'au bruit des travaux agricoles, au je ne sais quoi qu'il respire, au ciel qu'il voit, au moulin qui bat, dans le lointain, qui ne le fixent, en quelque sorte, au sol qui l'a vu naître, où il souffre, où il veut mourir, s'il est possible, la charrue à la main, sous le soleil. » Certes, il y a dans ce passage beaucoup de sentiment, beaucoup de poésie. Mais, pour qui sait dégager la pensée des ornements de la rhétorique, il y a là une considération morale d'une haute importance, dont le législateur, l'administrateur feront bien de s'inspirer.

En résumé, si l'organisation de l'assistance en notre pays est susceptible, comme toute œuvre humaine, de réformes partielles et de détail, je crois qu'il faut la respecter dans sa charpente, dans sa conception d'ensemble. Elle a su éviter l'écueil, contre lequel se sont heurtées d'autres législations. Par ses arrangements, sagement combinés, elle a permis à la charité publique de concourir avec la bienfaisance des particuliers, à cette œuvre commune : le soulagement de la misère sous toutes ses formes.

TABLE DES MATIÈRES

INTRODUCTION

Pages

Base économique de l'assistance publique ; son organisation en France et à l'étranger ; ses ressources financières 1

TITRE I

Notions historiques sur l'assistance publique 21

TITRE II

Des hôpitaux 37

CHAPITRE I. — Création, suppression, transformation. . 37

CHAPITRE II. — Organisation des commissions administratives ; attributions ; tutelle . . . 41

CHAPITRE III. — Du personnel des hôpitaux (secrétaire, receveur, économe, médecins et chirurgiens, pharmaciens ; sœurs, aumôniers et employés.). 58

CHAPITRE IV. — Du domaine hospitalier. 75

SECTION I. — Biens restitués ; biens concédés en remplacement ; dotation mobilière 75

SECTION II. — Actes de pure administration 87

SECTION III. — Actes de disposition 104

SECTION IV. — Marchés de travaux et de fournitures . . 131

Pages

SECTION V. — Actions judiciaires 134

SECTION VI. — Effets juridiques, quant aux biens hospitaliers des modifications au territoire communal 137

CHAPITRE V. — Des ressources des établissements hospitaliers 141

SECTION I. — Revenus propres. 141

SECTION II. — Droits attribués 141

§ 1. — Droit des pauvres 142

§ 2. — Droits successifs. 142

§ 3. — Produit des concessions de cimetière. 145

§ 4. — Bénéfices du mont-de-piété. 145

SECTION III. — Produits intérieurs. 148

§ 1. — Journées de militaires. 148

§ 2. — Frais de journées de malades placés par leur commune. 150

§ 3. — Recours contre le malade et sa famille. 151

SECTION IV. — Subventions diverses 152

CHAPITRE VI. — De l'admission dans les hôpitaux . . . 158

CHAPITRE VII. — Budget, comptes, emprunts. 169

TITRE III

Des hospices proprement dits 177

TITRE IV

Des bureaux de bienfaisance 185

CHAPITRE I. — Notions préliminaires 185

CHAPITRE II. — Création des bureaux de bienfaisance . . 193

CHAPITRE III. — Commission administrative, personnel, délibérations, tutelle 201

Pages

CHAPITRE IV. — Des ressources des bureaux de bienfaisance 208

SECTION I. — Revenus de la dotation 208

SECTION II. — Droits attribués 213

SECTION III. — Dons, quêtes et collectes. 227

SECTION IV. — Subvention municipale 231

CHAPITRE V. — De la distribution des secours 233

CHAPITRE VI. — Fournitures et travaux; actes de disposition et d'administration; budget et comptes 238

CHAPITRE VII. — De la représentation légale des pauvres. 241

CHAPITRE VIII. — Effets juridiques, quant aux biens des pauvres, des modifications du territoire communal 261

TITRE V

Contribution communale au service des enfants assistés 267

CHAPITRE I. — Considérations générales 267

CHAPITRE II. — Des hospices dépositaires. 274

CHAPITRE III. — Du concours financier des hospices . . 285

CHAPITRE IV. — Du concours financier des communes. . 288

TITRE VI

Contribution communale au service des aliénés. . . 295

CHAPITRE I. — Considérations générales. 295

CHAPITRE II. — Concours des hospices dans l'exécution matérielle du service 301

CHAPITRE III. — Du concours financier des hospices . . 310

CHAPITRE IV. — Du concours financier des communes. . 314

Pages

TITRE VII

Domicile de secours 329

APPENDICE

De l'assistance dans les rapports internationaux. . . 350

TITRE VIII

De l'assistance publique à Paris. 357

TITRE IX

Des hospices de Lyon. 379

CONCLUSION

Considérations génerales sur l'assistance communale. 391

TABLE 399

13117. — Tours, imp. Rouillé-Ladevèze, rue Chaude, 6.

www.ingramcontent.com/pod-product-compliance
Ingram Content Group UK Ltd.
Pitfield, Milton Keynes, MK11 3LW, UK
UKHW021842190726
13855UKWH00001B/112

9 782013 379717